Gonglu Qiaoliang he Suidao Gongcheng Shigong Anquan
Fengxian Pinggu Zhidu ji Zhinan Jiexi

公路桥梁和隧道工程施工安全风险评估制度及指南解析

交通运输部工程质量监督局　编著

人民交通出版社

内容提要

本书共分五部分,内容包括安全评估基本知识、《关于开展公路桥梁和隧道工程施工安全风险评估试行工作的通知》解读、《公路桥梁和隧道工程施工安全风险评估指南》解析、公路桥梁和隧道工程施工安全风险评估案例和附录。

本书可供公路桥梁和隧道工程施工、监理及建设管理人员使用。

图书在版编目(CIP)数据

公路桥梁和隧道工程施工安全风险评估制度及指南解析/交通运输部工程质量监督局编著.--北京:人民交通出版社,2011.11
ISBN 978-7-114-09505-4

I.①公… II.①交… III.①公路桥-桥涵工程-工程施工-安全评价-指南②隧道工程-工程施工-安全评价-指南 IV.①U448.145.1-62②U455.1-62

中国版本图书馆 CIP 数据核字(2011)第 235842 号

书　　名:	公路桥梁和隧道工程施工安全风险评估制度及指南解析
著　作　者:	交通运输部工程质量监督局
责任编辑:	刘永超
出版发行:	人民交通出版社
地　　址:	(100011)北京市朝阳区安定门外外馆斜街 3 号
网　　址:	http://www.ccpress.com.cn
销售电话:	(010)59757973
总　经　销:	人民交通出版社发行部
经　　销:	各地新华书店
印　　刷:	北京武英文博科技有限公司
开　　本:	787×1092　1/16
印　　张:	17.75
字　　数:	421 千
版　　次:	2012 年 3 月　第 1 版
印　　次:	2023 年 1 月　第 9 次印刷
书　　号:	ISBN 978-7-114-09505-4
定　　价:	45.00 元

(有印刷、装订质量问题的图书由本社负责调换)

《公路桥梁和隧道工程施工安全风险评估制度及指南解析》

编委会

主　　任：李彦武

副 主 任：黄　勇

委　　员：陈　萍　罗海峰　桂志敬　肖殿良
　　　　　陈济丁　周荣贵　李　伟

主　　编：李　伟　肖殿良

编写成员：陈　磊　王宏旭　李志强　赵海涛
　　　　　李杰男　刘琳琳　郭　鹏　廖雅杰
　　　　　张　宇　田　建　娄　峰

统　　稿：肖殿良　李　伟

审　　稿：钱寅泉　黄宏伟　彭建华

序

　　交通运输业是国民经济和社会发展基础性、先导性产业，在繁荣经济、提高人民生活质量方面起着至关重要的作用。随着交通运输业的快速发展，人民群众对交通运输科学发展、安全发展的呼声也越来越高。树立安全发展的理念，是交通运输科学发展的根本要求，是加快转变交通发展方式、推进现代交通运输业发展的内在要求，是践行"三个服务"的必然要求，是提高公共服务和社会管理能力的客观要求。对交通运输行业来说，离开安全这个前提，各项工作都失去了意义。

　　交通建设工程因建设环境复杂、施工条件差、不安全因素动态变化快、安全事故诱因复杂和主体从业人员（农民工）流动性大等原因，多年来安全事故呈现"易发、频发、多发"等特点，尤以公路桥梁和隧道工程（以下简称桥隧工程）最为突出，已成为交通建设的高风险工程。"十一五"期间，我国桥隧工程生产安全事故起数和死亡人数占事故总量的60%以上，且许多重特大事故基本都发生在桥隧工程上，社会影响极大。因此，控制好桥隧工程安全事故是改善交通建设领域安全形势的关键。

　　安全生产重在预防。风险评估作为行之有效的风险预防措施，已被各行业广泛采用。交通运输部高度重视桥隧工程安全风险评估工作，不断加强桥隧工程风险预控，先后出台了桥隧工程设计和施工阶段的风险评估制度和指南，倡导和大力推行风险评估制度的实施，促进安全生产形势长期稳定。交通运输行业的做法得到了社会各界的充分肯定，公路桥隧工程设计、施工安全风险评估已被国务院列为《安全生产"十二五"规划》的主要内容。

　　风险评估需要你我的关注和行动。部工程质量监督局组织编写的《公路桥梁和隧道工程施工安全风险评估制度及指南解析》一书，是交通建设领域风险评估工作的一次有益尝试和探索，希望这本书能够成为公路桥隧工程建设人员在安全生产工作中的好帮手。

交通运输部工程质量监督局局长

2011 年 11 月

前　言

　　风险的概念最早出现在19世纪末的西方经济领域中。工程风险评估是在运用经济学、结构系统可靠性原理、管理学、行为科学、运筹学、概率统计、计算机科学、系统论、控制论、信息论等多种学科和现代工程技术的基础上，结合现代工程建设项目的实际，逐步形成的边缘性学科。

　　风险评估是现代安全管理模式，体现了以人为本和预防为主的理念。在欧美国家，风险评估已被广泛应用到核工业、航天、国防、海洋工程、石油化工、大型工程建设等重要领域和高科技开发项目中。在我国，风险评估在安全生产领域也得到了一定应用，特别是煤矿、非煤矿山、危险化学品等行业，对于推进安全生产工作发挥了重要作用。风险评估在交通建设领域还处于起步阶段，2002年，上海市政工程局在崇明越江隧道工程可行性研究中，尝试开展了工程风险评估专项研究，对包括全桥、全隧、桥隧结合等方案进行风险评估。2007年，交通运输部为加强公路桥梁和隧道工程的安全管理，决定在公路桥梁和隧道工程设计、施工阶段开展风险评估工作。

　　从2008年至2011年近3年的时间里，依靠交通运输部科学研究院、交通运输部公路科学研究院等科研单位和基层质监、施工单位的技术力量，我们尝试开展了对公路桥梁和隧道工程施工安全风险评估的制度体系、理论方法、工程应用等系统的研究，历经大纲、初稿、征求意见稿等多个阶段，并深入工程现场进行调研与试用，不断完善评估制度，优化评估方法，于2011年5月出台了公路桥梁和隧道工程施工安全风险评估制度和指南。

　　《公路桥梁和隧道工程施工安全风险评估制度及指南解析》是这3年研究的一个总结，尝试提出了公路桥梁和隧道工程施工安全风险评估的基本理论体系，针对公路桥梁和隧道工程重大风险源研究制定了一套数学模式化的评估指标体系，实现了定量评估，达到了评估方法简单、易懂的目标。针对重特大事故的特点，突出抓重大风险源的预案预警预控，强化施工安全监控手段，提倡走本质安全型的行业安全监管之路。

　　本书是在交通运输部科技项目"桥隧工程施工安全风险评估管理制度与试点研究"、"大型公路桥梁工程安全生产重大危险源及事故隐患防治技术研究"等研究成果的基础上编写而成的,在编写过程中也得到了辽宁省交通工程质量与安全监督局、贵州省交通建设工程质量监督局、福建省交通建设质量安全监督局、湖南省交通建设质量安全监督管理局、安徽省交通工程基本建设质量监督站、重庆市交通委员会基本建设工程质量和安全监督站、北京市交通委员会路政局门头沟公路分局、辽宁庄盖高速公路建设指挥部、福建厦漳大桥有限公司等单位的支持,使得研究成果能够在具体工程中得以应用,特此致谢。

施工安全风险评估是一门新兴学科,公路桥梁和隧道工程施工的致险因素复杂,本书提出的风险评估理论与方法尚需随着交通建设行业对风险评估概念的认识的深入、对风险评估理念的逐渐认可,以及对风险评估方法研究的开展不断充实和完善,敬请各位专家、读者惠予指正。

编 者

2011 年 11 月 11 日

目 录

第一部分 安全评估基本知识

第1章 概论 ... 3
1.1 基本概念和术语 ... 3
1.2 安全评估的沿革 ... 4
1.3 安全评估的目的、意义及原则 ... 6
1.4 安全评估的内容及种类 ... 8
1.5 安全评估的基本程序 ... 10
1.6 安全评估的基本原理 ... 12

第2章 事故致因理论 ... 15
2.1 事故致因理论的产生与发展 ... 15
2.2 事故因果连锁理论 ... 17
2.3 扰动起源论 ... 19
2.4 能量意外释放论 ... 21
2.5 轨迹交叉论 ... 24
2.6 系统观点的人失误主因论 ... 27
2.7 综合原因论 ... 28

第3章 危险辨识与评估单元划分 ... 30
3.1 危险、有害因素概述 ... 30
3.2 危险、有害因素的分类 ... 32
3.3 危险、有害因素的辨识 ... 36
3.4 评价单元的划分 ... 38
3.5 建设工程施工中危险辨识 ... 40

第4章 主要安全评估方法 ... 45
4.1 安全评估方法分类 ... 45
4.2 安全检查表法 ... 46
4.3 预先危险性分析 ... 50
4.4 故障树分析法 ... 52
4.5 事件树分析法 ... 56
4.6 作业条件危险性评价法 ... 59

| 4.7 风险矩阵法 | 60 |
| 4.8 常用安全评估方法的比较 | 62 |

第5章 安全对策措施 ... 64
5.1 概述 ... 64
5.2 安全技术对策措施 ... 65
5.3 安全管理对策措施 ... 65

第二部分 《关于开展公路桥梁和隧道工程施工安全风险评估试行工作的通知》解读

第1章 编制说明 ... 69
1.1 背景与目的 ... 69
1.2 主要依据 ... 70
1.3 工作过程 ... 71
1.4 主要内容和特点 ... 71

第2章 内容解读 ... 72
2.1 评估目的 ... 72
2.2 适用范围 ... 72
2.3 评估定义 ... 72
2.4 评估内容 ... 72
2.5 评估原则 ... 73
2.6 评估范围 ... 73
2.7 评估程序 ... 73
2.8 评估小组 ... 75
2.9 评估方法 ... 75
2.10 资料收集 ... 76
2.11 评估报告 ... 76
2.12 评估费用 ... 77
2.13 实施要求 ... 77

第3章 实施及展望 ... 79

第三部分 《公路桥梁和隧道工程施工安全风险评估指南》解析

第1章 总则 ... 83
1.1 《指南》的适用范围 ... 83

1.2 《指南》推荐的评估方法 ……………………………………………………………… 83
第 2 章 术语 …………………………………………………………………………………… 84
第 3 章 总体风险评估 ………………………………………………………………………… 85
　3.1 一般要求 …………………………………………………………………………… 85
　3.2 桥梁工程 …………………………………………………………………………… 85
　3.3 隧道工程 …………………………………………………………………………… 88
第 4 章 专项风险评估 ………………………………………………………………………… 91
　4.1 一般要求 …………………………………………………………………………… 91
　4.2 风险源辨识 ………………………………………………………………………… 93
　4.3 风险分析 …………………………………………………………………………… 96
　4.4 风险估测 …………………………………………………………………………… 98
第 5 章 重大风险源风险估测 ………………………………………………………………… 99
　5.1 一般要求 …………………………………………………………………………… 99
　5.2 桥梁工程 …………………………………………………………………………… 101
　5.3 隧道工程 …………………………………………………………………………… 108
第 6 章 风险控制 ……………………………………………………………………………… 113
　6.1 一般要求 …………………………………………………………………………… 113
　6.2 一般风险源控制 …………………………………………………………………… 114
　6.3 重大风险源控制 …………………………………………………………………… 115
第 7 章 风险评估报告编制 …………………………………………………………………… 116
附录 3-1 常用评估方法特点 ………………………………………………………………… 118
附录 3-2 公路桥梁工程主要施工作业活动与典型事故类型对照表 ……………………… 122
附录 3-3 公路隧道工程钻爆法施工作业活动与典型事故类型对照表 …………………… 123
附录 3-4 公路桥梁典型的重大风险源风险控制建议（供参考） …………………………… 126
附录 3-5 公路隧道典型的重大风险源风险控制建议 ……………………………………… 133
附录 3-6 施工安全风险评估报告格式 ……………………………………………………… 138

第四部分　公路桥梁和隧道工程施工安全风险评估案例

第 1 章 桥梁工程 ……………………………………………………………………………… 143
　1.1 概述 ………………………………………………………………………………… 143
　1.2 工程概况 …………………………………………………………………………… 144
　1.3 总体风险评估 ……………………………………………………………………… 149
　1.4 专项风险评估 ……………………………………………………………………… 152
　1.5 重大风险源风险估测 ……………………………………………………………… 157
　1.6 风险控制措施 ……………………………………………………………………… 164

第2章 隧道工程 ·· 175
2.1 概述 ··· 175
2.2 工程概况 ·· 176
2.3 总体风险评估 ··· 183
2.4 专项风险评估 ··· 185
2.5 重大风险源评估 ·· 190
2.6 风险控制措施 ··· 199

附 录

附录 关于开展公路桥梁和隧道工程施工安全风险评估试行工作的通知 ············ 209
    附件 公路桥梁和隧道工程施工安全风险评估指南（试行） ····················· 215
参考文献 ·· 268

第一部分　安全评估基本知识

第1章 概 论

现代安全理论认为,安全是相对的,危险是绝对的。尽管我们在生产生活中采取了有效的预防控制措施,但事故还是有可能发生,并且可能造成人和物的损失,其原因是生产系统中客观上存在危险性。在一定条件下,若危险性失去控制或者防范不周,便会导致事故的发生。为了准确识别和有效地控制危险、有害因素,保障人们的安全和健康,减少事故损失,人们在不断总结事故预防的成功经验和失败教训的基础上,开发了安全风险评估技术。通过安全风险评估,可以找出生产过程中潜在的危险有害因素,特别是可以查出未曾预料到而被忽视的危险因素和职业危害,识别系统中存在的薄弱环节与可能导致事故和职业危害的发生条件,针对这些环节和条件,提出相应的对策措施,预防、控制事故和职业危害的发生。在安全风险评估中还可以进一步对一些后果比较严重的主要危险因素和职业危害采用定量分析方法,预测事故和职业危害发生的严重性,并制定减少和控制事故后果蔓延的对策措施,从而达到全过程、全方位地对安全生产进行控制的目的。

1.1 基本概念和术语

1) 安全与危险

"安"字指不受威胁、没有危险、太平、安全、稳定等,可谓无危则安;"全"字指完满、完整或没有伤害、无残缺等,可谓无损则全。工程上的安全性,是用概率表示近似客观量,用以衡量安全的程度。

危险是指系统处于容易受到损害或伤害的状态。从危险的概念来看,危险是人们对事物的具体认识,必须明确对象,如危险环境、危险条件、危险物质、危险因素等。

安全和危险是一对互为存在前提的术语。安全的实质就是防止事故,消除导致死亡、伤害、急性职业危害及各种财产损失事件发生的条件。

2) 事故

事故的含义可以用意外事件对行动过程的影响或对人员财产的影响后果来定义,即:事故是人们在实现目的的行动过程中,突然发生的、迫使其有目的的行动暂时或永远终止的一种意外事件。事故是指造成人员死亡、伤害、职业病、财产损失或其他损失的意外事件。

3) 风险

风险是危险、危害事故发生的可能性与危险、危害事故所造成损失的严重程度的综合度量。

风险的大小可以用风险率 R 来衡量。风险率等于事故发生的概率 P 与事故损失严重程度 S 的乘积：

$$R = P \times S \quad (1\text{-}1\text{-}1)$$

由于概率值难以取得,常用事故频率代替事故概率,这时上式可表示为：

$$\text{风险率} = \frac{\text{事故次数}}{\text{单位时间}} \times \frac{\text{事故损失}}{\text{事故次数}} = \frac{\text{事故损失}}{\text{单位时间}} \quad (1\text{-}1\text{-}2)$$

单位时间可以是系统的运行周期,也可以是一年或几年;事故损失可以表示为死亡人数、损失工作日数或经济损失等;风险率是两者之商,可以定量表示为百万工时事故死亡率、百万工时总事故率等,对于财产损失可以表示为千人经济损失率等。

4）事故隐患与危险源

事故隐患是指作业场所、设备及设施的不安全状态,人的不安全行为和管理上的缺陷,是引发安全事故的直接因素。

从安全生产角度来看,危险源是指可能造成人员伤害、疾病、财产损失、作业环境破坏或其他损失的根源或状态。它的实质是具有潜在危险的源点或部位,是爆发事故的源头,是能量、危险物质集中的核心,是能量传递出来或爆发的地方。

危险源存在于确定的系统中,不同的系统范围,危险源的区域也不同。例如：从全国范围来说,危险行业(如石油、化工等)的一个具体企业(如炼油厂)就是一个危险源；而从一个企业系统来说,可能某个车间、仓库就是危险源；一个车间系统中可能某台设备是危险源。因此,分析危险源应按系统的不同层次来进行。

事故隐患与危险源不是等同的概念,事故隐患是指作业场所、设备以及设施的不安全状态、人的不安全行为和管理上的缺陷。它实质是有危险的、不安全的、有缺陷的"状态",这种状态可表现在人或物上,如人走路不稳、路面太滑都是导致摔倒致伤的隐患；也可以表现在管理的程序、内容或方式上,如检查不到位、制度不健全、人员培训不到位等。

1.2　安全评估的沿革

1.2.1　安全评估的起源

安全评估在欧美各国被称为"风险评估"或"风险评价"(Risk Assessment)。安全评估是以保障安全为目的,按照科学的程序和方法,从系统的角度出发对工程项目或工业生产中潜在危险进行预先的识别、分析和评估,为制订基本防灾措施和管理决策提供依据。

安全评估技术起源于 20 世纪 30 年代,是随着保险业的发展需要而发展起来的。保险公司为客户承担各种风险,必然要收取一定的费用,而收取费用的多少是由所承担的风险大小决定的。因此,就产生了一个衡量风险程度的问题,这个衡量风险程度的过程就是当时的美国保险协会所从事的风险评估。

1.2.2　安全评估的发展

安全评估技术在 20 世纪 60 年代得到了很大的发展,首先应用于美国军事工业。国外在安全评估方面作了大量的工作，提出了许多实用的安全评估方法。1964年美国道(DOW)化学公司根据化工生产的特点，首先开发出"火灾、爆炸危险指数评估法"，用于对化工装置进行安全评估，该法已修订6次，1993年已出版第七版。它是以单元重要危险物质在标准状态下的火灾、爆炸或释放出危险性潜在能量大小为基础，同时考虑工艺过程的危险性，计算单元火灾爆炸指数(F&EI)，确定危险等级，并提出安全对策措施，使危险降低到人们可以接受的程度。由于该评估方法日趋科学、合理、切合实际，在世界工业界得到一定程度的应用，引起各国的广泛研究、探讨，推动了评估方法的发展。

1974年英国帝国化学公司(ICI)蒙德(Mond)分公司在道化学公司评估方法的基础上引进了毒性概念，并发展了某些补偿系数，提出了"蒙德火灾、爆炸、毒性指标评估法"。

1976年日本劳动省颁布了"化工厂安全评估六阶段法"，该法采用了一整套系统安全工程的综合分析和评估方法，使化工厂的安全性在规划、设计阶段就能得到充分的保证。由于安全评估技术的发展，安全评估已在现代生产经营单位管理中占有优先的地位。

欧共体1982年颁布《关于工业活动中重大危险源的指令》，欧共体成员国陆续制定了相应的法律。

国际劳工组织(ILO)也先后公布了《重大事故控制指南》(1988)、《重大工业事故预防实用规程》(1990)和《工作中安全使用化学品实用规程》(1992)，对安全评估提出了要求。2002年出版的《欧盟未来化学品政策战略白皮书》中，明确了危险化学品的登记及风险评估，并作为政府的强制性的指令。

1.2.3 我国安全评估的现状

20世纪80年代初期，安全系统工程引入我国，受到许多大中型生产经营单位和行业管理部门的高度重视。通过吸收、消化国外安全检查表和安全分析方法，机械、冶金、化工、航空、航天等行业的有关生产经营单位开始应用安全分析评估方法，如安全检查表(SCL)、事故树分析(FTA)、故障类型及影响分析(FMFA)、事件树分析(ETA)、预先危险性分析(PHA)、危险与可操作性研究(HAZOP)、作业条件危险性评估(LEC)等，有许多生产经营单位将安全检查表和事故树分析法应用到生产班组和操作岗位。这一期间的主要特点是安全系统分析方法的应用，解决的问题基本上是系统局部的安全问题。

1984年后，我国开始研究安全评估理论和方法，在小范围内进行安全系统评估的尝试。

1987年原机械电子部首先提出了在机械行业内开展机械工厂安全评估，于1988年1月1日颁布了第一个部颁安全评估标准《机械工厂安全性评估标准》，并于1997年进行了修订，颁布了修订版。该标准的颁布执行，标志着我国机械工业安全管理工作进入了一个新的阶段，修订版则更贴近国家最新安全技术标准，覆盖面更宽，指导性和可操作性更强，计分更趋合理。

与此同时，安全预评估工作随着建设项目"三同时"工作向纵深开展起来。1988年国内一些较早实施建设项目"三同时"的省、市，开始了建设项目安全预评估实践。经过几年的实践，在取得初步经验的基础上，1996年10月原劳动部颁发了第3号令《建设项目(工程)劳动安全卫生监察规定》，规定六类建设项目必须进行劳动安全卫生预评估。预评价是根据建设项目的可行性研究报告内容，运用科学的评估方法，分析和预测该建设项目存在的职业危险、有害因素的种类和危险、危害程度,提出合理可行的安全技术和管理对策,作为该建设项目初步设计中安全技术设计和安全管理、监察的主要依据。

2002年6月29日中华人民共和国主席令第70号颁布了《中华人民共和国安全生产法》,规定生产经营单位的建设项目必须实施"三同时",同时还规定矿山建设项目和用于生产、储存危险物品的建设项目应进行安全条件论证和安全评估。2011年3月2日中华人民共和国国务院令第591号发布了《危险化学品安全管理条例》,在规定了对危险化学品各环节管理和监督办法等的同时,提出了"生产、储存、使用剧毒化学品的单位,应当对本单位的生产、储存装置每年进行一次安全评估;生产、储存、使用其他危险化学品的单位,应当对本单位的生产、储存装置每两年进行一次安全评估"的要求。《中华人民共和国安全生产法》和《危险化学品安全管理条例》的颁布,进一步推动安全评估工作向更广、更深的方向发展。

2003年3月国家安全生产监督管理总局陆续发布了《安全评价通则》、《安全预评价导则》、《安全验收评价导则》、《安全现状评价导则》、《煤矿安全评价导则》、《非煤矿山安全评价导则》、《陆上石油和天然气开采业安全评价导则》、《民用爆破器材安全评价导则》、《烟花爆竹生产企业安全评价导则(试行)》和《危险化学品包装物、容器定点企业生产条件导则(试行)》等各类安全评价导则。

总的来说,我国安全评估工作开展较晚,无论是安全评估方法,还是安全评估的基础数据,与一些工业化国家还有很大的差距。例如,因为我国还没有建立系统的风险标准和基础数据库,所以在欧美等地区普遍采用量化的风险评估法的时候,我国还很少使用。我国目前的安全评估还停留在对生产过程的危险、有害因素的识别和分析,查找生产过程中的事故隐患,按照安全生产法律、法规和标准提出安全对策措施的阶段。

1.3 安全评估的目的、意义及原则

安全评估的领域包括工程、系统、生产经营行为和社会活动等。一般来说,生产经营活动的安全评估是安全评估的主要领域。生产经营过程中的安全评估是以实现工程、系统安全为目的,应用系统安全工程原理和方法,对工程、系统中存在的危险、有害因素进行识别与分析,判断工程、系统发生事故和职业危害的可能性及其严重程度,从而为工程、系统的设计、生产经营活动制订防范对策措施,为安全管理决策提供科学依据。

1.3.1 安全评估的目的

安全评估的目的是查找、分析和预测工程、系统中存在的危险有害因素及可能导致的事故的严重程度,提出合理可行的安全对策措施,指导危险源监控和事故预防,达到最低事故率、最少损失和最优的安全投资效益。安全评估要达到的目的包括以下四个方面:

(1) 促进实现本质安全化生产;
(2) 实现全过程安全控制;
(3) 建立系统安全的最优方案,为决策者提供依据;
(4) 为实现安全技术、安全管理的标准化和科学化创造条件。

1.3.2 安全评估的意义

安全评估的意义在于可有效地预防事故发生,减少财产损失和人员伤亡和伤害。安全评估与日常安全管理和安全监督监察工作不同,安全评估从技术带来的负效应出发,分析、论证和评估由此产生的损失和伤害的可能性、影响范围、严重程度及应采取的对策措施等。

在现代生产系统中,安全评估作为企业管理的重要组成部分,无论是在降低企业的经济损失、提高企业的生产效率,还是在提高企业的诚信度和全体员工的素质等方面,都具有十分重要的意义,可以概括为以下五个方面:

(1)安全评估是安全生产管理的一个必要组成部分;
(2)有助于政府安全监督管理部门对生产经营单位的安全生产实行宏观控制;
(3)有助于安全投资的合理选择;
(4)有助于提高生产经营单位的安全管理水平;
(5)有助于生产经营单位提高经济效益。

1.3.3 安全评估的原则

安全评估是关系到被评估项目能否符合国家规定的安全标准,能否保障劳动者安全与健康的关键性工作。由于这项工作不但具有较复杂的技术性,而且还有很强的政策性,因此,要做好这项工作,必须以被评估项目的具体情况为基础,以国家安全法规及有关技术标准为依据,用严肃的科学态度,认真负责的精神,强烈的责任感和事业心,全面、仔细、深入地开展和完成评估任务。安全评估应遵循科学性、公正性、合法性和针对性原则。

1) 科学性

安全评估涉及学科范围广,影响因素复杂多变。为保证安全评估能准确地反映被评估项目的客观实际和结论的正确性,在开展安全评估的全过程中,必须依据科学的方法、程序,以严谨的科学态度全面、准确、客观地进行工作,提出科学的对策措施,作出科学的结论。

2) 公正性

评估结论是被评估项目的决策依据、设计依据、能否安全运行的依据,也是国家安全生产监督管理部门进行安全监督管理的执法依据。因此,对于安全评估的每一项工作,评估单位和评估人员必须严肃、认真、实事求是地进行,都要做到客观和公正。既要防止受评估人员主观因素的影响,又要排除外界因素的干扰,避免出现不合理、不公正。

3) 合法性

安全评估机构和评估人员必须由国家安全生产监督管理部门予以资质核准和资格注册,只有取得资质的机构才能依法进行安全评估工作。

4) 针对性

进行安全评估时,首先要针对被评估项目的实际情况和特征,收集有关资料对系统进行全面地分析;其次要对众多的危险、有害因素及单元进行筛选,针对主要的危险、有害因素及重要单元进行重点评估,并辅以重大事故后果和典型案例分析、评估。

1.4 安全评估的内容及种类

1.4.1 安全评估的基本内容

理想的安全评估包括危险辨识、风险评估和风险控制三部分,具体见图1-1-1。

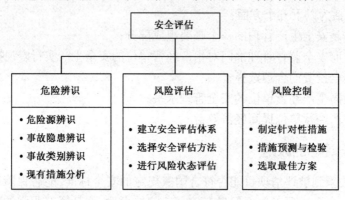

图1-1-1 安全评估的基本内容

危险辨识是指利用安全系统工程的理论和方法,分析系统及其各要素所固有的安全隐患,揭示系统内存在的各种危险、有害因素。危险辨识主要包括危险、有害因素分析,事故发生可能性分析和事故后果严重性分析。通过一定的手段测定、分析和判明危险(包括固有的和潜在的危险)、可能出现的新危险以及在一定条件下转化生成的危险,并且对系统中已查明的危险进行定量化处理,从而为评估提供数量依据。

风险评估是指利用现代的安全评估方法,根据危险辨识的结果,建立安全评估体系(指标),选择正确的安全评估方法,对系统进行风险状态的评估。随着现代科学技术的发展,在安全技术领域,由以往主要研究处理那些已经发生和必然发生的事件(被动模式),发展为主要研究处理那些还没有发生,但有可能发生的事件(主动模式),并把这种可能性具体化为一个数量指标,计算事故发生的概率,划分危险等级。所以,安全评估通过危险辨识、风险评估和风险控制,客观地描述系统的危险程度,指导人们预先采取相应措施,来降低系统的危险性。

安全评估是一个运用安全系统工程的原理和方法,识别系统、工程中存在的风险、有害因素,评估其危险程度,以及提出控制措施的过程。这一过程中包括危险、有害因素的识别,危险和危害程度评估,危险控制措施制定和检验。危险、有害因素辨识的目的在于识别危险来源;危险和危害程度评估的目的在于确定和衡量来自危险源的危险性、危险程度;危险控制的目的是采取针对性控制措施,以及评估采取控制措施后仍然存在的危险性是否可以被接受。在实际的安全评估过程中,这些方面是不能截然分开、孤立进行的,而是相互交叉、相互重叠于整个评价工作中。

1.4.2 安全评估的分类

安全评估的分类方法很多,根据不同分类标准和目的,有着不同的分类。

1) 按评估对象演变的过程、阶段分类

(1) 预先评估。预先评估是系统计划或设计系统的一个重点。因为通过评估和预测所获得的信息,可在事前评估阶段加以修正,系统安全性(特别是系统的固有安全性能)和投资效益等在很大程度上取决于这个阶段。

(2) 中间评估。中间评估是在系统研制过程中,用来判断是否有必要变更目标和为及时采取对策而进行管理的有效手段。

(3) 运行评估。当系统开发完成投入使用时,便可对整个项目进行评估。评估的要点应抓住安全性的评估、安全技术的评估、安全经济的评估和社会的评估。该评估是在定量地掌握已经达到目的安全水平的同时,确认目标以外的安全效果的方法。

(4) 跟踪评估。某个项目完成以后,在投入使用的过程中经过多年安全性调查和评估它对以后的安全工作有什么贡献以及所涉及的效果,这种评估也可以称之为"追加评估"。

2) 按工业安全管理内容分类

(1) 工厂设计的安全性评审。通过评审将新建工厂和应用新技术的不安全因素,消灭在计划、设计阶段。一些国家已将它用法律的形式固定下来。原劳动部令(1996)第3号《建设项目(工程)劳动安全卫生监察规定》中,正式提出评审问题,并在全国范围内贯彻执行。

(2) 安全管理的有效性评估。其可以反映企业安全管理结构的效能,事故伤亡率、损失率,投资效益等。

(3) 生产设备的安全可靠性评估。其是对机器设备、装置和部件的故障和人机系统设计、应用系统工程分析方法进行安全、可靠性评估的方法。

(4) 行为的安全性评估。对人的不安全心理状态的发现和人体操作的可靠度,可以通过行为测定来评估其安全性。

(5) 作业环境和环境质量评估。其是指作业环境对人体健康危害的影响和工厂排放物对作业和生活环境的影响。

(6) 化学物质的物理化学危险性评估。评估化学物质在生产、运输、储存中存在的物理化学危险性,或已发生的火灾、爆炸、中毒等安全问题。

3) 按研究目的、特定的安全领域分类

(1) 安全技术评估。其是指新科学技术成就的应用所产生的正负效果。例如对新装置、新产品的社会、经济效益的评估,涉及事故损失率、安全投资效益影响企业经济结构变化等方面的有关问题。

(2) 社会评估。其是对由职业安全与卫生有关的生产安全、生活安全、产品安全等而引起的社会问题的评估,例如对社会发展、社会生活、社会生态环境等方面的影响和危害。

4) 按评估方法的特征分类

(1) 定性评估。定性评估是指依靠人的观察分析能力,借助于经验和判断能力进行评估的方法。

(2) 定量评估。定量评估主要是指依靠历史统计数据,运用数学方法构造模型进行评估的方法。

(3) 综合评估。综合评估是指两种及以上方法的综合运用。这种综合常表现为定性方法和定量方法的综合,有时是两种以上定量评估方法的综合。由于各评估方法都有它的适用范围和特点,综合评估兼有多种方法的长处,因而可以得到较为可靠和精确的评估结果。

5) 按评估性质分类

(1) 系统固有危险性评估。这种评估主要是评估系统固有危险性的大小。这种危险一般与系统投入运行前的科技水平,主管部门的经济状况和领导决策有关。对固有危险性评估主要考虑系统发生事故的可能性大小和事故损失的严重程度。根据固有危险性评估结果,可以对系统危险性划分等级,针对不同等级考虑应采取的不同对策,以达到社会认可的安全指标。

(2) 系统安全管理状况评估。这种评估主要是从管理角度来评估系统的安全状况。所谓安全管理,是指技术安全管理、设备安全管理、环境安全管理、行政安全管理、安全教育管理等。通过这种广义管理,使系统安全性达到规定的要求,使固有危险性得到控制。

(3) 系统现实危险性评估。这种评估主要是评估通过系统安全管理尚未得到有效控制的系统固有危险性的大小,也就是对系统目前实际存在的、暂不能被控制的危险性进行评估。通过这种评估可以确定各有关部门应该掌握的各类危险源的分布情况和动态安全信息,以便重点加强控制,同时也为监察、监督、管理、保险等部门开展工作提供重要依据。

6) 按工程、系统生命周期分类

(1) 安全预评估。安全预评估是根据建设项目可行性研究报告的内容,分析和预测该建设项目可能存在的危险、有害因素的种类和程度,提出合理可行的安全对策措施及建议。

安全预评估实际上就是在项目建设前应用安全评估的原理和方法对系统(工程、项目)的危险性、危害性进行预测性评估。安全预评估形成的安全预评估报告,将作为项目报批的文件之一,同时也是项目最终设计的重要依据文件之一。

(2) 安全验收评估。安全验收评估是在建设项目竣工验收之前、试生产运行正常之后,通过对建设项目的设施、设备、装置实际运行状况及管理状况的安全评估,查找该建设项目投产后存在的危险、有害因素,确定其程度,提出合理可行的安全对策措施及建议。

(3) 安全现状评估。安全现状评估是针对系统、工程(某一个生产经营单位总体或局部的生产经营活动)的安全现状进行的安全评估,通过评估查找其存在的危险、有害因素,确定其程度,提出合理可行的安全对策措施及建议。

1.5 安全评估的基本程序

安全评估主要过程一般包括:前期准备,危险、有害因素识别与分析,评估单元划分,现场安全调查,定性、定量评估,提出安全对策措施及建议,作出安全评估结论,编制安全评估报告,安全评估报告评审等,如图 1-1-2 所示。

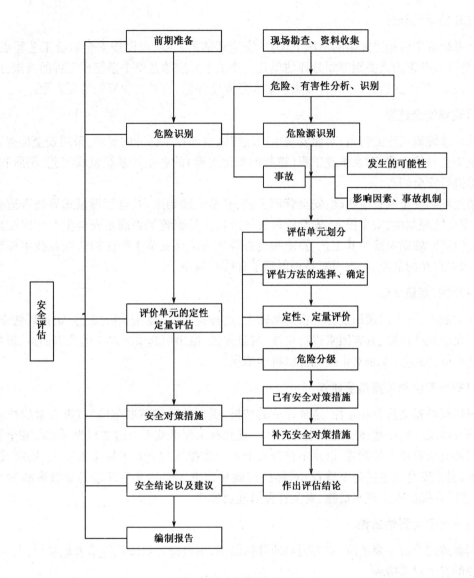

图 1-1-2 安全评估的一般过程

1）前期准备

明确评估对象和范围，必要时可进行系统或工程实际情况的现场调查，初步了解和熟悉系统或工程所处的实际状况，收集国内外相关法律法规、技术标准及与评估对象相关的行业数据资料。

2）危险、有害因素识别与分析

根据系统或工程的生产工艺、生产方式、生产系统和辅助系统、周边环境及气候条件等特点，识别和分析系统生产运行过程中的危险、有害因素，确定危险、有害因素存在的部位，存在的方式，事故发生的途径及其变化的规律。

3)评估单元划分

在系统或工程相当复杂的情况下,为了安全评估的需要,可以按安全系统工艺特点、生产场所、危险与有害因素类别等划分评估单元。评估单元应该是整个系统或工程的有限分割,并应相对独立,便于进行危险、有害因素识别和危险度评估,且具有明显的特征界限。

4)现场安全调查

针对系统或工程的特点,对照安全生产法律法规和技术标准的要求,采用安全检查表或其他系统安全评估方法,对系统或工程(选择的类比工程)的各生产系统及其工艺、场所和设施、设备等进行安全调查。

通过现场安全调查应明确:安全管理机制、安全管理制度、安全管理模式等是否适合安全生产,安全管理制度、安全投入、安全管理机构及其人员配置是否满足安全生产法律法规的要求;生产系统、辅助系统及其工艺、设施和设备等是否满足安全生产法律法规及技术标准的要求;系统中存在的危险、有害因素是否得到了有效控制等。

5)定性、定量评估

在对危险、有害因素识别和分析的基础上,选择科学、合理、适用的定性、定量评估方法,对可能引发事故的危险、有害因素进行定性、定量评估,给出引起事故发生的致因因素、影响因素及其危险度,为制订安全对策措施提供科学依据。

6)提出安全对策措施及建议

根据现场安全检查和定性、定量评估的结果,提出消除或减弱危险、有害因素的技术和管理措施及建议。对那些违反安全生产法律法规和技术标准或不合适的行为、制度、安全管理机构设置和安全管理人员配置,以及不符合安全生产法律法规和技术标准的工艺、场所、设施和设备等,提出安全改进措施及建议;对那些可能导致重大事故发生或容易导致事故发生的危险、有害因素提出安全技术措施、安全管理措施及建议。

7)作出安全评估结论

简要地列出对主要危险、有害因素的评估结果,指出应重点防范的重大危险、有害因素,明确重要的安全对策措施。

8)编制安全评估报告

依据安全评估的结果编制相应的安全风险评估报告,安全风险评估报告是安全评估过程的记录,应将安全评估对象、安全评估过程、采用的安全评估方法、获得的安全评估结果、提出的安全对策措施及建议等写入安全风险评估报告。

1.6 安全评估的基本原理

虽然安全评估的应用领域宽广,评估的方法和手段众多,而且评估对象的属性、特征及事件的随机性千变万化,各不相同,究其思维方式却是一致的。安全评估的思维方式依据的理论统称为安全评估原理。常用的安全评估原理有相关性原理、类推原理、惯性原理和量变到质变原理等。

1.6.1 相关性原理

相关性是指一个系统,其属性、特征与事故和职业危害存在着因果的相关性。这是系统因果评估方法的理论基础。

1) 系统的基本特征

安全评估把研究的所有对象都视为系统。系统是指由若干相互联系的,为了达到一定目标而具有独立功能的要素所构成的有机整体。系统有大有小、千差万别,但所有的系统都具有以下普遍的基本特征:目的性、集合性、相关性、阶层性、整体性、适应性。

2) 相关关系

系统的整体目标(功能)是由组成系统的各子系统、单元综合发挥作用的结果。因此,不仅系统与子系统,子系统与单元有着密切的关系,而且各子系统之间、各单元之间、各元素之间也都存在着密切的相关关系。所以,在评估过程中只有找出这种相关关系,并建立相关模型,才能正确地对系统的安全性作出评估。

系统的结构可用下列公式表达:

$$E = \max f(X, R, C) \tag{1-1-3}$$

式中： E——最优结合效果;

X——系统组成的要素集,即组成系统的所有元素;

R——系统组成要素的相关关系,即系统各元素之间的所有相关关系;

C——系统组成要素及其相关关系在各阶层上可能的分布形式;

$f(X,R,C)$——X,R,C 的结合效果函数。

对系统的要素集 X、关系集 R 和层次分布形式 C 的分析,可阐明系统整体的性质。要使系统目标达到最佳程度,只有使上述三者达到最优结合,才能产生最优的结合效果 E。

对系统进行安全评估,就是要寻求 X,R 和 C 的最合理的结合形式,即寻求具有最优结合效果 E 的系统结构形式在对应系统目标集和环境因素约束集的条件,给出最安全的系统结合方式。例如,一个生产系统一般是由若干生产装置、物料、人员(X 集)集合组成的;其工艺过程是在人、机、物料、作业环境结合过程(人控制的物理、化学过程)中进行的(R 集);生产设备的可靠性、人的行为的安全性、安全管理的有效性等因素在层次上存在各种分布关系(C 集)。安全评估的目的,就是寻求系统在最佳生产(运行)状态下的最安全的有机结合。

因此,在进行安全评估之前要研究与系统安全有关的系统组成要素,要素之间的相关关系,以及它们在系统各层次的分布情况。例如,要调查、研究构成工厂的所有要素(人、机、物料、环境等),明确它们之间存在的相互影响、相互作用、相互制约的关系和这些关系在系统的不同层次中的不同表现形式等。

3) 因果关系

事故和导致事故发生的各种原因(危险因素)之间存在着相关关系,表现为依存关系和因果关系。危险因素是原因,事故是结果,事故的发生是由许多因素综合作用的结果。分析各因素的特征、变化规律、影响事故发生和事故后果的程度,以及从原因到结果的途径,揭示其内在联系和相关程度,才能在评估中得出正确的分析结论,采取恰当的对策措施。例如,可燃气体泄漏爆炸事故是由可燃气体泄漏、与空气混合达到爆炸极限和存在点火源3个因素综合作用的结果;而这3个因素又是设计失误、设备故障、安全装置失效、操作失误、环境不良、管理不当等一系列因素造成的。

在评估过程中,借鉴历史、同类系统的数据、典型案例等资料,找出事故发展过程中的相互关系,建立起接近真实系统的数学模型,则评估会取得较好的效果。而且越接近真实系统,评估效果越好,结果越准确。

1.6.2 类推原理

类推推理是人们经常使用的一种逻辑思维方法,常用来作为推出一种新知识的方法。它是根据两个或两类对象之间存在着某些相同或相似的属性,从一个已知对象具有某个属性来推出另一个对象也具有此种属性的一种推理过程。常用的类推方法有:平衡推算法、代替计算法、因素推算法、抽样推算法、比例推算法、概率推算法。

1.6.3 惯性原理

任何事物在其发展过程中,从过去到现在以及延伸至将来,都具有一定的延续性,这种延续性称为惯性。利用惯性可以研究事物或评估系统的未来发展趋势。

1.6.4 量变到质变原理

任何一个事物在发展变化过程中都存在着从量变到质变的规律。同样,在一个系统中,许多有关安全的因素也都存在着从量变到质变的过程。在评估一个系统的安全时,也都离不开从量变到质变的原理。

第2章 事故致因理论

2.1 事故致因理论的产生与发展

  导致伤亡事故原因的理论研究已有一百多年历史。根据生产力的发展、生产方式的变化，生产关系所反映的安全观念的差异，事故致因理论有各种学说。

  20世纪初，资本主义世界工业化大生产飞速发展，美国福特公司的大规模流水线生产方式得到广泛应用。这种生产方式利用机械的自动化，但是这些机械在设计时很少甚至根本不考虑操作的安全和方便，几乎没有什么安全防护装置。工人没有受过培训，操作很不熟练，加上长达11~13h以上的工作日，伤亡事故频繁发生。

  1919年英国的格林伍德(M. Greenwood)和伍兹(H. H. woods)对许多工厂里的伤亡事故数据中的事故发生次数按不同的统计分布进行了统计检验。结果发现，工人中的某些人较其他人更容易发生事故。从这种现象出发，后来法默(Farmer)等人提出了事故频发倾向的概念。所谓事故频发倾向(Accident Proneness)，是指个别人容易发生事故的、稳定的、个人的内在倾向。根据这种理论，工厂中少数工人具有事故频发倾向，是事故频发倾向者，他们的存在是工业事故发生的主要原因。如果企业里减少了事故频发倾向者，就可以减少工业事故。这种理论把事故致因归咎于人的天性，至今仍有某些人赞成这一理论，但是后来的许多研究结果并没有证实该理论的正确性。

  这一时期最著名的事故致因理论，就是1936年由美国人海因里希(W. H. Heinrich)所提出的事故因果连锁理论。海因里希认为，伤害事故的发生是一连串的事件，按一定因果关系依次发生的结果。他用5块多米诺骨牌来形象地说明这种因果关系，即第一块倒下后，会引起后面的牌连锁反应而倒下，最后一块即为伤害事故。因此，该理论称为"多米诺骨牌"理论。多米诺骨牌理论建立了事故致因的事件链这一重要概念，并为后来者研究事故机理提供了一种有价值的方法。

  海因里希曾经调查了75 000件工伤事故，发现其中有98%是可以预防的。在可预防的工伤事故中，以人的不安全行为为主要原因的事故占89.8%，而以设备的、物质的不安全状态为主要原因的只占10.2%。按照这种统计结果，绝大部分工伤事故都是由于工人的不安全行为引起的。海因里希还认为，即使有些事故是由于物的不安全状态引起的，其不安全状态的产生也是由于工人的错误所致。因此，这一理论与事故倾向性格论一样，将事件链中的原因大部分归于工人的错误，表现出时代的局限性。从这一认识出发，海因里希进一步追究事故发生的根本原因，认为人的缺点来源于遗传因素和人员成长的社会环境。

  事故判定技术(Critical Incident Technique)最初被用于确定军用飞机飞行事故原因的研究。研究人员用这种技术调查了飞行员在飞行操作中的心理学和人机工程方面的问题，然后针对这些问题采取改进措施防止发生操作失误。第二次世界大战后这项技术被广泛应用于国外的工业事故预防工作中,作为一种调查研究不安全行为和不安全状态的方法,使得不安全行为和不安全状态在引起事故之前被识别和被改正。

1949年,葛登(Gorden)利用流行病传染机理来论述事故的发生机理,提出了"用于事故的流行病学方法"理论。葛登认为,流行病病因与事故致因之间具有相似性,可以参照分析流行病的方法分析事故。

能量意外释放论的出现是人们对伤亡事故发生的物理实质认识方面的一大飞跃。1961年和1966年,吉布森(Gibson)和哈登(Hadden)提出了一种新概念:事故是一种不正常的,或不希望的能量释放,各种形式的能量构成伤害的直接原因。于是,应该通过控制能量,或控制作为能量达及人体媒介的能量载体来预防伤害事故。根据能量意外释放论,可以利用各种屏蔽来防止意外的能量释放。

20世纪50年代以后,科学技术进步的一个显著特征是设备、工艺和产品越来越复杂。战略武器的研制、宇宙开发和核电站建设等使得作为现代先进科学技术标志的复杂巨系统相继问世。这些复杂巨系统往往由数以千、万计的元件、部件组成,元件、部件之间以非常复杂的关系相连接,在它们被研制和被利用的过程中常常涉及高能量。系统中微小的差错就可能引起大量的能量意外释放,导致灾难性的事故。这些复杂巨系统的安全性问题受到了人们的关注。人们在开发研制、使用和维护这些复杂巨系统的过程中,逐渐萌发了系统安全的基本思想。作为现代事故预防理论和方法体系的系统安全(System Safety)产生于美国研制民兵式洲际导弹的过程中。

1975年,约翰逊(Johnson)研究了管理失误和危险树(Management Oversight and Risk Tree,MORT),创立了系统安全管理的理论和方法体系。这是一种系统安全逻辑树的新方法,也是全面理解事故现象的一种图表模型。它把能量意外释放论、变化的观点、人失误理论等引入其中,又包括了工业事故预防中许多行之有效的管理方法,如事故判定技术、标准化作业、职业安全分析等。它的基本思想和方法对现代工业安全管理产生了深刻的影响。

1983年瑞典工作环境基金会(WEF)对瑟利(Surry)提出的人的信息处理过程及事故发生序列的安全信息模型进行了修改;1998年R.安德森(Andersson)综合三个事故序列信息模型提出了新的安德森模型,把安全信息方面的事故致因理论向前推进了一大步。

近十几年来,比较流行的事故致因理论是"轨迹交叉"论。该理论认为,事故的发生不外乎是人的不安全行为(或失误)和物的不安全状态(或故障)两大因素综合作用的结果,即人、物两大系列时空运动轨迹的交叉点就是事故发生的所在。预防事故的发生,就是设法从时空上避免人、物运动轨迹的交叉。与轨迹交叉论类似的理论是"危险场"理论。危险场是指危险源能够对人体造成危害的时间和空间范围。这种理论多用于研究存在诸如辐射、冲击波、毒物、粉尘、声波等危害的事故模式。

到目前为止,事故致因理论的发展还很不完善,还没有给出对于事故调查分析和预测预报方面的普遍和有效的方法。然而,对事故致因理论的深入研究,必将在安全生产工作中产生深远的影响。事故致因理论及其模型化在安全生产中具有以下重要作用:

(1)从本质上阐明事故发生的机理,奠定安全生产的理论基础,为安全生产指明正确的方向。

(2)有助于指导事故的调查分析,帮助查明事故原因,预防同类事故再次发生。

(3)为系统安全分析、危险性评价和安全决策提供充分的信息和依据,增强针对性,减少盲目性。

(4)有利于从定性的物理模型向定量的数学模型发展,为事故的定量分析和预测奠定基础,真正实现安全管理的科学化。

(5)增加安全生产的理论知识,丰富安全教育的内容,提高安全教育的水平。

图1-2-1是事故致因理论及其模型在安全生产中的作用示意图。

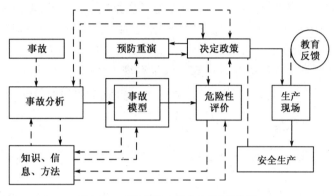

图1-2-1　事故模型在安全生产中的作用

2.2　事故因果连锁理论

2.2.1　因果继承关系

事故现象的发生与其原因存在着必然的因果关系。"因"与"果"有继承性,前段的结果往往是下一段的原因。事故现象是"后果",与其"前因"有必然的关系。因果是多层次相继发生的;一次原因是二次原因的结果,二次原因又是三次原因的结果,如此类推。事故发生的层次顺序见图1-2-2。

一般而言,事故原因常分为直接原因和间接原因。直接原因又称一次原因,是在时间上最接近事故发生的原因。直接原因通常又进一步分为物的原因和人的原因两类。物的原因是设备、物料、环境(又称环境物)等的不安全状态;人的原因是指人的不安全行为。

间接原因是二次、三次以至多层次继发来自事故本源的基础原因。

间接原因大致分为6类。

(1)技术的原因:主要机械设备的设计、安装、保养等技术方面不完善,工艺过程和防护设备存在技术缺陷;

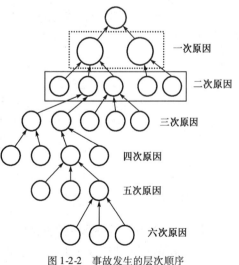

图1-2-2　事故发生的层次顺序

(2)教育的原因:对职工的安全知识教育不足,培训不够,职工缺乏安全意识等;

(3)身体的原因:指操作者身体有缺陷,如视力或听力有障碍,以及睡眠不足等;

(4) 精神的原因：指焦躁、紧张、恐惧、心不在焉等精神状态以及心理障碍或智力缺陷等；

(5) 管理的原因：企业领导安全责任心不强，规程标准及检查制度不完善，决策失误等；

(6) 社会及历史原因：涉及体制、政策、条块关系，地方保护主义，机构、体制和产业发展历史过程等。

在(1)~(6)类的间接原因中，(1)~(4)类为二次原因，(5)、(6)类为基础原因。

可将因果继承原则看成如下一个连锁"事件链"：损失←事故←一次原因（直接原因）←二次原因（间接原因）←基础原因。

追查事故原因时，从一次原因逆行查起。因果有继承性，是多层次的连锁关系。一次原因是二次原因的结果，二次原因是三次原因的结果，一直可以追溯到最基础原因。

2.2.2 事故因果类型

发生事故的原因与结果之间，关系错综复杂，因与果的关系类型分为集中型、连锁型、复合型。

几个原因各自独立共同导致某一事故发生，即多种原因在同一时序共同造成一个事故后果的，叫集中型，如图 1-2-3 所示。

某一原因要素促成下一个要素发生，下一要素再促成更下要素发生，因果相继连锁发生的事故，叫连锁型，如图 1-2-4 所示。

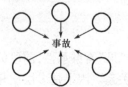

图 1-2-3 多因致果集中型

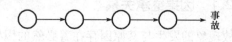

图 1-2-4 因果连锁型

某些因果连锁，又有一系列原因集中、复合组成伤亡事故后果，叫复合型，见图 1-2-5。单纯集中型或连锁型均较少，事故的因果关系多为复合型。

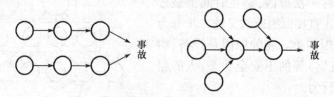

图 1-2-5 集中连锁复合型

2.2.3 起因物和施害物

所谓起因物，是指造成事故现象起源的机械、装置、天然或人工物件、环境物等；施害物是指直接造成事故而加害于人的物质。不安全状态导致起因物的作用，起因物促成施害物造成事故后果。

从物的系列而言，事故的发生是从远因到近因，由最早的起因物（物0）到施害物（物1），物1又会派生出新的施害物（物2），连续派生直至与人接触而发生人员伤亡的现象，见图 1-2-6。

第一部分　安全评估基本知识

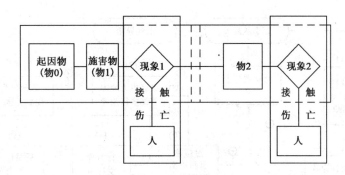

图 1-2-6　事故发生的物的系列

2.3　扰动起源论

2.3.1　扰动起源事故模型

1972年本奈(Benner)提出了解释事故致因的综合概念和术语,同时把分支事件链和事故过程链结合起来,并用逻辑图加以表示。他指出,从调查事故起因的目的出发,把一个事件看成某种发生过的事物,是一次瞬时的重大情况变化,是导致下一事件发生的偶然事件。一个事件的发生势必由有关人或物所造成。将有关人或物统称为"行为者",其举止活动则称"行为"。这样,一个事件可用术语"行为者"和"行为"来描述。"行为者"可以是任何有生命的机体,如车工、驾驶员、厂长,或者是任何非生命的物质,如机械、车轮、设计图。"行为"可以是发生的任何事,如运动、故障、观察或决策。事件必须按单独的行为者和行为来描述,以便把事故过程分解为若干部分加以分析综合。

1974年劳伦斯(Lawrence)利用上述理论提出了扰动起源论。该理论认为"事件"是构成事故的因素。任何事故当它处于萌芽状态时就有某种非正常的"扰动",此扰动为起源事件。事故形成过程是一组自觉或不自觉的,指向某种预期的或不测结果的相继出现的事件链。这种事故进程包括着外界条件及其变化的影响。相继事件过程是在一种自动调节的动态平衡中进行的。如果行为者行为得当或受力适中,即可维持能流稳定而不偏离,从而达到安全生产;如果行为者行为不当或发生过故障,则对上述平衡产生扰动,就会破坏和结束自动动态平衡而开始事故进程,一事件继发另一事件,最终导致"终了事件"——事故和伤害。这种事故和伤害或损坏又会依此引起能量释放或其他变化。

扰动起源论把事故看成从相继事件过程中的扰动(Perturbation)开始,最后以伤害或损坏而告终。这可称之为"P理论"(Perturbation理论)。

依上述对事故起源、发生及发展的解释,可按时间关系描绘出事故现象的一般模型,见图1-2-7。该图由(1)发生扰动到(9)伤害组成事件链。扰动(1)称为起源事件,(9)伤害称为终了事件。

图1-2-7外围是自动平衡,无事故后果,只使生产活动异常。图1-2-7还表明,在发生事件的当时,如果改善条件,亦可使事件链中断,制止事故进程发展下去而转化为安全。事件用语都是高度抽象的"应力"术语,以适应各种状态。

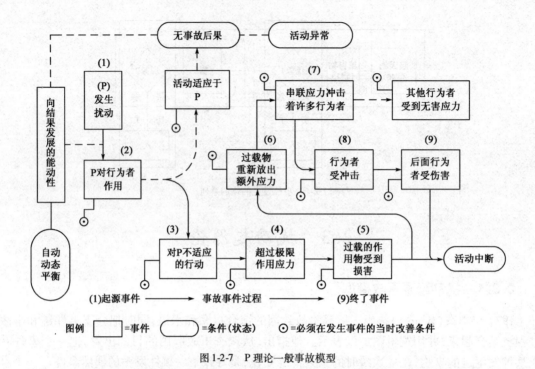

图 1-2-7　P 理论一般事故模型

2.3.2　事故事件过程的多重线性及应用

多重线性事件过程的图表可对事件的次序要求与事故的有关因素和同其他事件的相互关系进行分析。其与 P 理论提供的上述模型相结合,是更加有效的调查和分析事故的工具。与大多数系统安全分析一样,这里也使用长方形框表示事件,而用椭圆形表示条件。

图 1-2-8 表示构成一种活动的事件和对一个行为者进行这种活动的结果。两个或更多行为者产生结果时如图 1-2-9 所示。图中每个事件的间隔可以用于表示该事件相对于其他事件的时序。箭头表示事件的流动关系或事件发生前后的逻辑关系,也可类似地表示条件,见图 1-2-10。

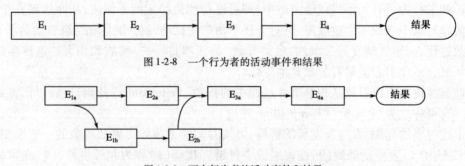

图 1-2-8　一个行为者的活动事件和结果

图 1-2-9　两个行为者的活动事件和结果

该方法指出了事故进程中出现事件的时间顺序和逻辑顺序,如图 1-2-11 所示。这种方法允许分析者探求一个或几个需要改善的条件,而把条件改变过程从被调查的事件中分立出来。一个行为者的条件与事件分立程序如图 1-2-12 所示。

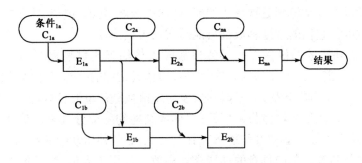

图 1-2-10 包括条件的两个行为者活动事件和结果

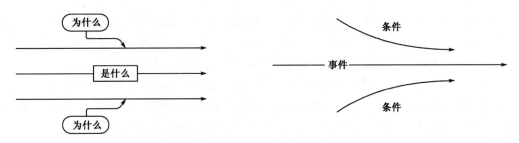

图 1-2-11 简单方法的描述　　　　图 1-2-12 一个行为者的条件与事件分立程序示意

综上所述,事故现象的一般模型能满足调查研究伤亡事故的基本要求。多重线性事件过程图表方法提供了事故调查中交流知识和观点的方式,在解释事故致因上可有共同的认识。如将 MORT 与发展了的 P 理论相结合,可望创造出一种适用于一切类型事故的有理论基础的研究方法。采用 P 理论和多重线性事件过程图表以后可加强对事故现象的解释,有助于克服其他事故模型存在的弱点。

2.4 能量意外释放论

2.4.1 扰动起源事故模型

近代工业的发展起源于将燃料的化学能转变为热能,并以水为介质,先将水转变为蒸汽,然后将蒸汽的热能转变为机械能输送到生产现场。这就是蒸汽机动力系统的能量转换情况。电气时代是将水的势能或蒸汽的动能转换为电能,电能被输送到生产现场再转变为机械能进行产品的制造加工。总之,能量是具有做功本领的物理元,它是由物质和场构成系统的最基本的物理量。

输送到生产现场的能量,依生产的目的和手段不同,可以相互转变为各种形式。按照能量的形式,分为势能(Potential energy)、动能(Kinetic energy)、热能(Heat energy)、化学能(Chemical energy)、电能(Electric energy)、原子能(Atomic energy)、辐射能(Radioactive energy)、声能(Sound energy)、生物能(Biological energy)等。

1961 年古布森(Gibson)、1966 年哈登(Haddon)等人提出了解释事故发生物理本质的能量意外释放论。他们认为,事故是一种不正常的或不希望的能量释放并转移于人体。

生产、生活活动中经常遇到各种形式的能量,如机械能、热能、电能、化学能、电离及非电离辐射、声能、生物能等,它们的意外释放都可能造成伤害或损坏。

(1)机械能:意外释放的机械能是导致事故时人员伤害或财物损坏的主要类型的能量。机械能包括势能和动能。位于高处的人体、物体、岩体或结构的一部分相对于低处的基准面有较高的势能。当人体具有的势能意外释放时,发生坠落或跌落事故;物体具有的势能意外释放时,物体自高处落下可能发生物体打击事故;岩体或结构的一部分具有的势能意外释放时,发生冒顶、片帮、坍塌等事故。运动着的物体都具有动能,如各种运动中的车辆、设备或机械的运动部件、被抛掷的物料等。它们具有的动能意外释放并作用于人体,则可能发生车辆伤害、机械伤害、物体打击等事故。

(2)电能:意外释放的电能会造成各种电气事故。意外释放的电能可能使电气设备的金属外壳等导体带电而发生所谓的"漏电"现象。当人体与带电体接触时会遭受电击;电火花会引燃易燃易爆物质而发生火灾、爆炸事故;强烈的电弧可能灼伤人体等。

(3)热能:现今的生产、生活中到处利用热能,人类利用热能的历史可以追溯到远古时代。失去控制的热能可能灼烫人体、损坏财物、引起火灾。火灾是热能意外释放造成的最典型的事故。应该注意,在利用机械能、电能、化学能等其他形式的能量时也可能产生热能。

(4)化学能:有毒有害的化学物质使人员中毒,是化学能引起的典型伤害事故。在众多的化学物质中,相当多的物质具有的化学能会导致人员急性、慢性中毒,使人致病、致畸、致癌。火灾中化学能转变为热能,爆炸中化学能转变为机械能和热能。

(5)电离及非电离辐射:电离辐射主要指 α 射线、β 射线和中子射线等,它们会造成人体急性、慢性损伤。非电离辐射主要为 X 射线、γ 射线、紫外线、红外线和宇宙射线等射线辐射。工业生产中常见的电焊、熔炉等高温热源放出的紫外线、红外线等有害辐射会伤害人的视觉器官。

1966 年美国运输部国家安全局局长哈登(Haddon)引申了吉布森(Gibson)1961 年提出的下述观点:"生物体(人)受伤害的原因只能是某种能量的转换",并提出了"根据有关能量对伤亡事故加以分类的方法"。他根据施加的能量类型和干扰能量交换的类型对伤害进行了分类,表 1-2-1 为人体受到超过其承受能力的各种形式能量作用时受伤害的情况,表 1-2-2 为人体与外界的能量交换受到干扰而发生伤害的情况。

施加的能量类型与伤害 表 1-2-1

施加的能量类型	产生的原发性损伤	举例与注释
机械能	移位、撕裂、破裂和压挤,主要伤及组织	由于运动的物体如子弹、皮下针、刀具和下落物体冲撞造成的损伤,以及由于运动的身体冲撞相对静止的设备造成的伤害,如在跌倒时、飞行时和汽车事故中的伤害。具体的伤害结果取决于合力施加的部位和方式。大部分的伤害属于本类型
热能	炎症、凝固、烧焦和焚化,伤及身体任何层次	第一度、第二度和第三度烧伤,具体的伤害结果取决于热能作用的部位和方式
电能	干扰神经-肌肉功能以及凝固、烧焦和焚化,伤及身体任何层次	触电死亡、烧伤、干扰神经功能,如在电休克疗法中所受的伤害。具体伤害结果取决于电能作用的部位和方式

续上表

施加的能量类型	产生的原发性损伤	举例与注释
电离辐射	细胞和亚细胞成分与功能的破坏	反应堆事故,治疗性与诊断性照射,滥用同位素、放射性元素的作用。具体伤害结果取决于取辐射作用部位和方式
化学能	伤害一般要根据每一种或每一组织的具体物质而定	包括由于动物性或植物性毒素引起的损伤,化学烧伤如氢氧化钾、溴、氟和硫酸,以及大多数元素和化合物在足够剂量时产生的不太严重而类型很多的伤害

干扰能量交换与伤害 表 1-2-2

干扰能量交换的类型	产生的损伤或障碍的种类	举例与注释
氧的利用	生理损害、组织或全身死亡	全身:由机械因素或化学因素引起的窒息(例如溺水、一氧化碳中毒和氰化氢中毒) 局部:如"血管性意外"
热能	生理损害、组织或全身死亡	由于体温调节障碍产生的损害、冻伤、冻死

研究表明,人体对各种形式的能量的作用都有一定的承受能力,或者说有一定的伤害阈值。例如,球形弹丸以 4.9N 的冲击力打击人体时,只能轻微地擦伤皮肤;重物以 68.6N 的冲击力打击人的头部时,会造成颅骨骨折。

能量意外释放理论阐明了伤害事故发生的物理本质,指明了防止伤害事故就是防止能量意外释放,防止人体接触能量。根据这种理论,人们要经常注意生产过程中能量的流动、转换,以及不同形式能量的相互作用,防止发生能量的意外释放或逸出。

2.4.2 防止能量意外释放的原则与措施

从能量意外释放论出发,预防伤害事故就是防止能量或危险物质的意外释放,防止人体与过量的能量或危险物质接触。

哈登(Haddon)认为,预防能量转移于人体的安全措施可用屏蔽防护系统。他把约束、限制能量,防止人体与能量接触的措施叫做屏蔽。这是一种广义的屏蔽。在一定条件下某种形式的能量能否产生伤害、造成人员伤亡事故,应取决于:

(1)人接触能量的大小;
(2)接触时间和频率;
(3)力的集中程度;
(4)屏障设置的早晚,屏障设置得越早,效果越好。按能量大小,可研究建立单一屏蔽还是多重屏蔽(冗余屏蔽)。

一定量的能量集中于一点要比它铺开所造成的伤害程度更大。因此,可以通过延长能量释放时间或使能量在大面积内消散的方法来降低其危害的程度。需要保护的人和物应远离释放能量的地点,以此来控制由于能量转移而造成的事故。最理想的是,在能量控制系统中优先采用自动化装置,而不需要操作者再考虑采取什么措施。

总之,把能量管理好,就可以把安全生产管理好。例如管好电能可以防止触电事故;防止坠井就是把势能管好不使之转变为动能;防止炮烟中毒是要管好化学能;冒顶、落石、物体打击也是势能的转换等。

2.4.3 能量观点的事故因果连锁模型

调查伤亡事故原因发现,大多数伤亡事故都是因为过量的能量,或干扰人体与外界正常能量交换的危险物质的意外释放引起的,并且,几乎毫无例外地,这种过量能量或危险物质的释放都是由于人的不安全行为或物的不安全状态造成的。即,人的不安全行为或物的不安全状态使得能量或危险物质失去了控制,是能量或危险物质释放的导火线。

美国矿山局的札别塔基斯(Michael Zabetakis)依据能量意外释放理论,建立了新的事故因果连锁模型,见图1-2-13。

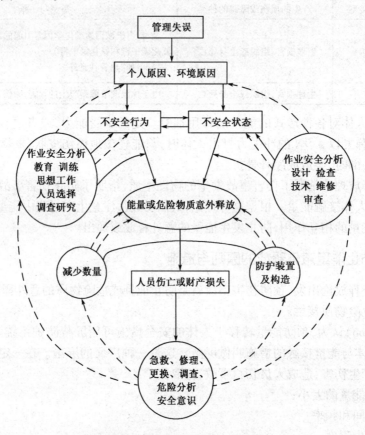

图 1-2-13　能量观点的事故因果连锁

2.5　轨迹交叉论

2.5.1 人与物在事故致因中的地位

人的不安全行为和物的不安全状态是引起工业伤害事故的直接原因。关于人的不安全行为和物的不安全状态在事故致因中地位的认识,是事故致因理论中的一个重要问题。

海因里希曾经调查了美国的75 000起工业伤害事故,发现占总数98%的事故是可以预防的,只有2%的事故超出人的能力所能达到的范围,是不可预防的。在可预防的工业事故中,以人的不安全行为为主要原因的事故占88%,以物的不安全状态为主要原因的事故占10%。根据海因里希的研究,事故的主要原因或者是人的不安全行为,或者是物的不安全状态,没有一起事故是由于人的不安全行为及物的不安全状态共同引起的(参见图1-2-14)。于是,他得出的结论是,几乎所有的工业伤害事故都是由于人的不安全行为造成的。

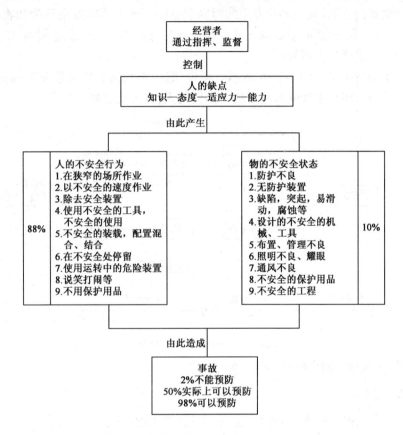

图1-2-14　海因里希对事故的直接原因分析结果

后来,这种观点受到了许多研究者的批判。根据日本的统计资料,1969年机械制造业休工8天以上的伤害事故中,96%的事故与人的不安全行为有关,91%的事故与物的不安全状态有关;1977年机械制造业休工4天以上的104 638件伤害事故中,与人的不安全行为无关的只占5.5%,与物的不安全状态无关的只占16.5%。这些统计数字表明,大多数工业伤害事故的发生,既由于人的不安全行为,也由于物的不安全状态。

对人和物两种因素在事故致因中地位认识的变化,一方面是由于生产技术进步的同时,生产装置、生产条件不安全的问题越发引起了人们的重视;另一方面是人们对人的因素研究的深入,能够正确地区分人的不安全行为和物的不安全状态。正如约翰逊指出的,判断到底是不安全行为还是不安全状态,受到研究者主观因素的影响,取决于他对问题认识的深刻程度。许多人由于缺乏有关人失误方面的知识,把由于人失误造成的不安全状态看作是不安全行为。

2.5.2 轨迹交叉论事故致因模型

轨迹交叉论认为,在事故发展进程中,人的因素和物的因素在事故归因中占有同样重要的地位。伤害事故是许多相互联系的事件顺序发展的结果,事故的发生发展过程为:基本原因→间接原因→直接原因→导致事故→发生伤害。在事故发展进程中,人的因素的运动轨迹和物的因素的运动轨迹的交点,就是事故发生的时间和空间。即人的不安全行为和物的不安全状态发生于同一时间、同一空间,或者说人的不安全行为与物的不安全状态相遇,能量转移于人体,则将在此时间、空间发生事故。

轨迹交叉论事故模型如图 1-2-15 所示。图中,起因物与致害物可能是不同的物体,也可能是同一物体;同样,肇事者和受害者可能是不同的人,也可能是同一个人。

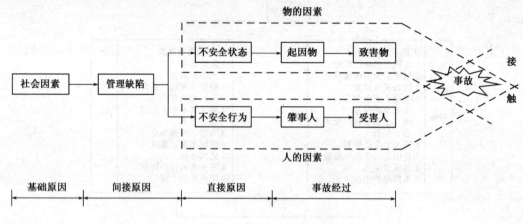

图 1-2-15　轨迹交叉论事故模型

具体地说,人和物的两事件链的因素如下。

1) 人的事件链

人的不安全行为基于生理、心理、环境、行为几个方面而产生:
①生理遗传、先天生理、心理缺陷;
②社会环境、企业管理上的缺陷;
③后天的心理缺陷;
④视觉、听觉、嗅觉、味觉、触觉等感官差异;
⑤行为失误。人的行动自由度很大,生产劳动中受环境条件影响,加上自身生理、心理缺陷都易于发生失误动作或行为失误。

人的事件链随时间进程的运动轨迹按①→②→③→④→⑤的方向线顺序进行。

2) 物的事件链

在机械、物质系列中,从设计开始,经过现场的种种程序,在整个生产过程中各阶段都可能产生不安全状态。

A. 设计、制造上的缺陷,如用材不当,强度计算错误,结构完整性差,错误的加工方法或加工精度低等;

B. 工艺流程上的缺陷，如采矿方法不适应矿床围岩性质等；
C. 维修保养上的缺陷，降低了可靠性，如设备磨损、老化、维修保养不良等；
D. 使用运转上的缺陷；
E. 作业场所环境上的缺陷。

物质或机械的事件链随时间进程的运动轨迹按 A→B→C→D→E 的方向线进行。

人的因素链的运动轨迹与物的因素链的运动轨迹的交叉点，即人的不安全行为与物的不安全状态同时同地出现，则将发生事故和伤害。人、物两事件链相交的时间与地点（时空），就是发生伤亡事故的"时空"，如图 1-2-16 所示。

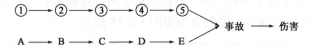

图 1-2-16　人与物两事件链交叉

在多数情况下，由于企业管理不善，使工人缺乏教育和训练或者机械设备缺乏维护、检修以及安全装置不完备，导致了人的不安全行为或物的不安全状态。若设法排除机械设备或处理危险物质过程中的隐患，或者消除人为失误等人的不安全行为，使两事件链连锁中断，则两系列运动轨迹不能相交，危险就不会出现，可达到安全生产。

2.6　系统观点的人失误主因论

系统观点的人失误主因论都有一个基本观点，即，人失误会导致事故，而人失误的发生是由于人对外界刺激（信息）的反应失误。系统模型是说明人—机关系中的心理逻辑过程的，特别是要辨识事故将要发生时的状态特性，最重要的是与感觉、记忆、理解、决策有关的心理逻辑过程。

2.6.1　威格尔斯沃思模型

事故原因有多种类型，威格尔斯沃思（Wigglesworch）在 1972 年提出，有一个事故原因构成了所有类型伤害的基础，这个原因就是"人失误"。他把"人失误"定义为"人错误地或不适当地响应一个外界刺激"。图 1-2-17 是他绘制的一个事故模型。在工人生产操作期过程中，各种"刺激"不断出现，若工人响应的正确，事故就不会发生。即如果没有危险，则不会发生有伴随着伤害出现的事故；反之，若出现了人失误的事件，就有发生事故的可能。而事故是否能造成伤害，这取决于各种随机因素，即事故可能造成伤亡也可能没有造成伤亡。

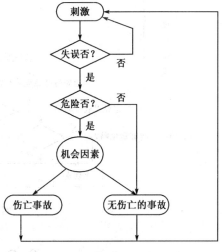

图 1-2-17　威格尔斯沃思以人失误为主要原因的事故模型

尽管这个模型在描述事故现象时突出了人的不安全行为，但却不能解释人为什么会发生失误。它也不适用于不以人为失误为主的事故。

2.6.2 瑟利模型

1969年，瑟利(J·Surry)提出一个事故模型，他把事故的发生过程分为是否产生迫近的危险(危险出现)和是否造成伤害或损坏(危险释放)两个阶段，每个阶段都各包含一组类似的心理—生理成分，即对事件信息的感觉、认识以及行为响应的过程。

在危险出现阶段，如果人的信息处理的每个环节都正确，危险就能被消除或得到控制；反之，只要任何环节出现问题，就会使操作者直接面临危险。

在危险释放阶段，如果人的信息处理过程的各个环节是正确的，则虽然面临着已经出现的危险，但仍然可以避免危险释放出来，就不会发生伤害或损坏；反之，只要任何一个环节出错，危险就会转化成伤害或损害。瑟利模型如图1-2-18所示。

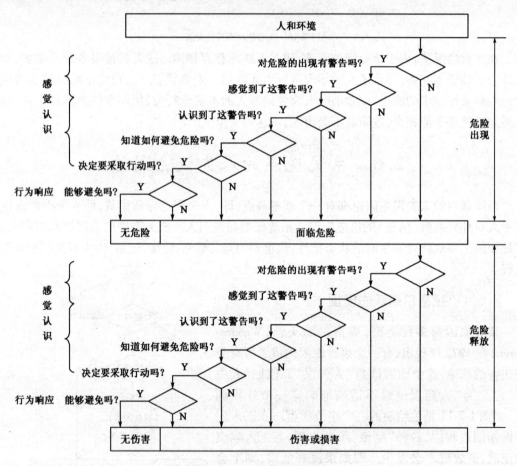

图1-2-18 瑟利事故模型

2.7 综合原因论

从上述各种事故致因理论的分析中可以看出，人的不安全行为和物的不安全状态是造成事故的表面的直接的原因，如果对它们进行更进一步的考虑，则可挖掘出二者背后深层次的原因。

如今国内外的安全专家普遍认为,事故的发生不是单一因素造成的,也并非个人偶然失误或单纯设备故障所造成的,而是各种因素综合作用的结果。

综合论认为,事故的发生是社会因素、管理因素、生产中各种危险源被偶然事件触发所造成的结果,其事故模型见图1-2-19。同时,综合论认为,事故的适时经过是由起因物和肇事人偶然触发了加害物和受害人而形成的灾害现象。

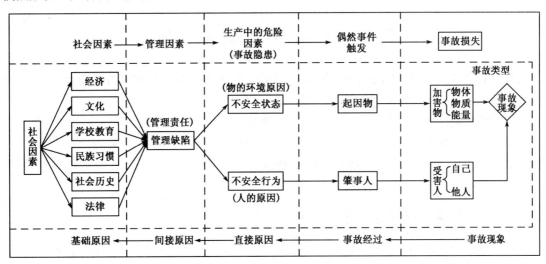

图 1-2-19 综合原因论事故模型

偶然事件之所以触发是由于生产环境中存在着的危险源的各种隐患(物的不安全状态)和人的某种失误(人的不安全行为),二者共同事故的直接原因。

这些物质的、环境的以及人的原因是管理上的失误、管理上的缺陷和管理责任所导致的,这是形成直接原因的间接原因,也是重要的基本原因。形成间接原因的因素,包括经济、文化、教育、习惯、历史、法律等基础原因,统称为社会因素。

很显然,这个理论综合地考虑了各种事故现象和因素,因而比较正确,有利于各种事故的分析、预防和处理,是当今世界上最为流行的理论。美国、日本和我国都主张按这种模式分析事故。

事故的产生过程可以表述为由基础原因的"社会因素"产生"管理因素",进一步产生"生产中的危险因素",通过人与物的偶然因素触发而发生伤亡和损失。调查分析事故的过程则与上述经历方向相反。如逆向追踪:通过事故现象,查询事故经过,进而了解物的环境原因和人的原因等直接造成事故的原因;依次追查管理责任(间接原因)和社会因素(基础原因)。

第3章 危险辨识与评估单元划分

3.1 危险、有害因素概述

进行安全评估之前,先要进行危险、有害因素分析,然后确定系统内存在的危险。有险、有害因素分析是防止生产事故发生的第一步。

危险因素是指能造成人身伤亡或造成物品突发性损坏的因素(强调社会性和突发作用),有害因素是指能影响人的身体健康、导致疾病或对物造成慢性损坏的因素(强调在一定时间内的累积作用)。区分危险因素和有害因素是为了区别客体对人体不利作用的特点和效果,有时对两者不加区分,统称危险、有害因素。

3.1.1 危险、有害因素产生原因

尽管危险、有害因素的表现形式不同,但从本质上讲,之所以其能造成危险、有害的后果,都可归结为存在危险有害物质、能量和危险有害物质、能量失去控制两方面因素的综合作用,并导致危险有害物质的泄漏、散发和能量的意外释放。因此,存在危险有害物质、能量和危险有害物质、能量失去控制是危险、有害因素转换为事故的根本原因。

危险有害物质和能量失控主要体现在人的不安全行为、物的不安全状态和管理缺陷等3个方面。

在《企业职工伤亡事故分类》(GB 6441—1986)中,分别对人的不安全行为、物的不安全状态、安全管理缺陷进行了相应的规定。

1)人的不安全行为

将人的不安全行为分为操作失误、造成安全装置失效、使用不安全设备等13大类。

(1)操作错误、忽视安全、忽视警告。

(2)造成安全装置失效。

(3)使用不安全设备。

(4)手代替工具操作。

(5)物体(指成品、半成品、材料、工具、切屑和生产用品等)存放不当。

(6)冒险进入危险场所。

(7)攀、坐不安全位置(如平台护栏、汽车挡板、吊车吊钩)。

(8)在起吊物下作业、停留。

(9)机器运转时加油、修理、检查、调整、焊接、清扫等工作。

(10)有分散注意力行为。

(11)在必须使用个人防护用品、用具的作业或场合中,忽视其使用。

(12)不安全装束。

(13)对易燃、易爆等危险物品处理错误。

2) 物的不安全状态

将物的不安全状态分为防护、保险、信号等装置缺乏或有缺陷,设备、设施、工具、附件有缺陷,个人防护用品、用具缺少或有缺陷,以及生产(施工)场地环境不良等4大类。

(1)防护、保险、信号等装置缺乏或有缺陷。

(2)设备、设施、工具、附件有缺陷。

(3)个人防护用品用具——防护服、手套、护目镜及面罩、呼吸器官护具、听力护具、安全带、安全帽、安全鞋等缺少或有缺陷。

(4)生产(施工)场地环境不良。

3) 安全管理的缺陷

(1)对物(含作业环境)性能控制的缺陷,如设计、监测和不符合处置方面的缺陷。

(2)对人失误控制的缺陷,如教育、培训、指示、雇用选择、行为监测方面的缺陷。

(3)工艺过程、作业程序的缺陷,如工艺、技术错误或不当,无作业程序或作业程序有错误。

(4)用人单位的缺陷,如人事安排不合理、负荷超限、无必要的监督和联络、禁忌作业等。

(5)对来自相关人员(供应人、承包人等)的风险管理的缺陷,如合同签订、采购等活动中忽略了安全健康方面的要求。

(6)违反安全人机工程原理,如使用的机器不适合人的生理或心理特点。此外,一些客观因素,如温度、湿度、风雨雪、照明、视野、噪声、振动、通风换气、色彩等也会引起设备故障或人员失误,是导致危险、有害物质和能量失控的间接因素。

3.1.2 危险、有害因素与事故

根据危险因素在安全事故发生、发展中的作用以及从导致事故和伤害的角度,我们把危险因素划分为"固有"和"失控"两类危险因素。

(1)固有危险因素的含义

根据能量释放论,事故是能量或危险物质的意外释放,作为用于人体的过量能量或干扰人体与外界能量交换的危险物质是造成人员伤害的直接原因。于是把系统中存在的、可能发生意外释放而伤害人员和破坏财物的能量或危险物质称为"固有危险因素"。

能量与有害物质是危险、有危害因素产生的根源,也是最根本的危险、有害因素。一般来说,系统具有的能量越大,存在的有害物质数量越多,其潜在危险性和危害性就越大。另一方面,只要进行生产活动,就需要相应的能量和物质(包括有害物质),因此危险、有害因素是客观存在的。

(2)失控危险因素的含义

在生产实践中,能量与危险物质在受控条件下,按照人们的意志在系统中流动、转换,进行生产。如果发生失控(没有控制、屏蔽措施或控制措施失效),就会发生能量与有害物质的意外释放和泄漏,造成人员伤亡和财产损失。因此,失控也是一类危险、有害因素,主要体现在故障(或缺陷)、人的失误和管理缺陷、环境因素等方面,并且这几个方面可相互影响。伤亡事故调查分析的结果表明,能量或危险物质失控都是由于人的不安全行为或物的不安全状态造成的。

3.2 危险、有害因素的分类

危险、有害因素的分类方法多种多样,这里主要介绍按导致事故和危害的直接原因进行分类的方法以及参照事故类别、职业病类别进行危险、有害因素分类的方法。

3.2.1 按事故类别分类

《企业职工伤亡事故分类》(GB 6441—1986)是劳动安全管理的基础标准,适用于企业职工伤亡事故统计工作。对起因物定义为导致事故发生的物体、物质,称为起因物(表1-3-1);对致害物定义为指直接引起伤害及中毒的物体或物质(表1-3-2)。

起 因 物　　　　　　　　　　　　　　　表1-3-1

分 类 号	起因物名称	分 类 号	起因物名称
3.01	锅炉	3.15	煤
3.02	压力容器	3.16	石油制品
3.03	电气设备	3.17	水
3.04	起重机械	3.18	可燃性气体
3.05	泵、发动机	3.19	金属矿物
3.06	企业车辆	3.20	非金属矿物
3.07	船舶	3.21	粉尘
3.08	动力传送机构	3.22	梯
3.09	放射性物质及设备	3.23	木材
3.10	非动力手工具	3.24	工作面(人站立面)
3.11	电动手工具	3.25	环境
3.12	其他机械	3.26	动物
3.13	建筑物及构筑物	3.27	其他
3.14	化学品		

致 害 物　　　　　　　　　　　　　　表 1-3-2

分 类 号	致害物名称	分 类 号	致害物名称
4.01 煤、石油产品	4.01.1 煤 4.01.2 焦炭 4.01.3 沥青 4.01.4 其他	4.13 化学品	4.13.1 酸 4.13.2 碱 4.13.3 氢 4.13.4 氨 4.13.5 液氧 4.13.6 氯气 4.13.7 酒精 4.13.8 乙炔 4.13.9 火药 4.13.10 炸药 4.13.11 芳香烃化合物 4.13.12 砷化物 4.13.13 硫化物 4.13.14 二氧化碳 4.13.15 一氧化碳 4.13.16 含氰物 4.13.17 卤化物 4.13.18 金属化合物 4.13.19 其他
4.02 木材	4.02.1 树 4.02.2 原木 4.02.3 锯材 4.02.4 其他		
4.03 水	—		
4.04 放射性物质	—		
4.05 电气设备	4.05.1 母线 4.05.2 配电箱 4.05.3 电气保护装置 4.05.4 电阻箱 4.05.5 蓄电池 4.05.6 照明设备 4.05.7 其他		
4.06 梯 4.07 空气 4.08 工作面（人站立面） 4.09 矿石 4.10 黏土、砂、石		4.14 机械	4.14.1 搅拌机 4.14.2 送料装置 4.14.3 农业机械 4.14.4 林业机械 4.14.5 铁路工程机械 4.14.6 铸造机械 4.14.7 锻造机械 4.14.8 焊接机械 4.14.9 粉碎机械 4.14.10 金属切削机床 4.14.11 公路建筑机械 4.14.12 矿山机械 4.14.13 冲压机 4.14.14 印刷机械 4.14.15 压辊机 4.14.16 筛选、分离机 4.14.17 纺织机械 4.14.18 木工刨床 4.14.19 木工锯机 4.14.20 其他木工机械 4.14.21 皮带传送机 4.14.22 其他
4.11 锅炉、压力容器	4.11.1 锅炉 4.11.2 压力容器 4.11.3 压力管道 4.11.4 安全阀 4.11.5 其他		
4.12 大气压力	4.12.1 高压（指潜水作业） 4.12.2 低压（指空气稀薄的高原地区）		

续上表

分类号	致害物名称	分类号	致害物名称
4.15 金属件	4.15.1 钢丝绳 4.15.2 铸件 4.15.3 铁屑 4.15.4 齿轮 4.15.5 飞轮 4.15.6 螺栓 4.15.7 销 4.15.8 丝杠、光杠 4.15.9 绞轮 4.15.10 轴 4.15.11 其他	4.16 起重机械	4.16.1 塔式起重机 4.16.2 龙门式起重机 4.16.3 梁式起重机 4.16.4 门座式起重机 4.16.5 浮游式起重机 4.16.6 甲板式起重机 4.16.7 桥式起重机 4.16.8 缆索式起重机 4.16.9 履带式起重机 4.16.10 叉车 4.16.11 电动葫芦 4.16.12 绞车 4.16.13 卷扬机 4.16.14 桅杆式起重机 4.16.15 壁上起重机 4.16.16 铁路起重机 4.16.17 千斤顶 4.16.18 其他
4.17 噪声 4.18 蒸气 4.19 手工具(非动力) 4.20 电动手工具 4.21 动物 4.22 企业车辆 4.23 船舶			

参照《企业职工伤亡事故分类》(GB 6441—1986),综合考虑起因物、引起事故的诱导性原因、致害物、伤害方式等,将危险、有害因素分为20类。

(1)物体打击

物体打击是指物体在重力或其他外力的作用下产生运动,打击人体造成人身伤亡事故,不包括机械设备、车辆、起重机械、坍塌、爆炸引发的物体打击。也可以说物体打击是指失控物体的惯性力造成人身伤亡事故。如落物、滚石、锤击、碎裂、砸伤和造成的伤害。

(2)车辆伤害

车辆伤害是指机动车辆在行驶中引起的人体坠落和物体倒塌、下落、挤压等事故,不包括起重设备提升、牵引车辆和车辆停驶时发生的事故。这里的车辆伤害特指本企业机动车辆引起的机械伤害事故。如机动车在行驶中的挤、压、撞车或倾覆等事故,在行驶中上下车、搭乘电瓶车、矿车或放飞车引起的事故,以及车辆挂钩、跑车事故。

(3)机械伤害

机械伤害是指机械设备运动(静止)部件、工具、加工件直接与人体接触引起的夹击、碰撞、剪切、卷入、绞、碾、割、刺等伤害。也可以说机械伤害是指机械设备与工具引起的绞、碾、碰、割、戳、切等伤害。如工具或刀具飞出伤人,切削伤人,手或身体被卷入,手或其他部位被刀具碰伤,被转动的机具缠压住等。不包括车辆、起重机械引起的伤害。

(4)起重伤害

起重伤害是指各种起重作业(包括起重机安装、检修、试验)中发生的挤压、坠落(吊具、吊重)、物体打击。起重伤害也是指从事各种起重作业时引起的机械伤害事故。不包括触电、检修时制动失灵引起的伤害,上下驾驶室时引起的坠落。

(5)触电

触电是指电流流经人身,造成生理伤害的事故,包括雷击伤亡事故。

(6)淹溺

淹溺包括高处坠落淹溺,不包括矿山、井下、隧道、洞室透水淹溺。

(7)灼烫

灼烫是指火焰烧伤、高温物体烫伤、化学灼伤(酸、碱、盐、有机物引起的体内外灼伤)、物理灼伤(光、放射性物质引起的体内外灼伤),不包括电灼伤和火灾引起的烧伤。

(8)火灾

火灾是指造成人员伤亡的企业火灾事故,不包括非企业原因造成的火灾。

(9)高处坠落

高处坠落是指在高处作业中发生坠落造成的伤亡事故,包括脚手架、平台、陡壁施工等高于地面的坠落,也包括由地面坠入坑、洞、沟、升降口、漏斗等情况,不包括触电坠落事故。

(10)坍塌

坍塌是指建筑物、构筑物、堆置物等倒塌以及土石塌方引起的事故,也就是指物体在外力或重力作用下,超过自身的强度极限或因结构稳定性遭到破坏而造成的事故,适用于因设计或施工不合理而造成的倒塌,以及土方、岩石发生的塌陷事故。如建筑物倒塌、脚手架倒塌、堆置物倒塌,挖掘沟、坑、洞时土石塌方等情况,不适用于矿山冒顶片帮和爆炸、爆破引起的坍塌。

(11)冒顶片帮

冒顶片帮是指隧道、洞室矿井工作面、巷道侧壁由于支护不当、压力过大造成的坍塌,称为片帮;拱部、顶板垮落为冒顶。二者常同时发生,简称冒顶片帮。

(12)透水

透水是指矿山、地下隧道、洞室开采或其他坑道作业时,意外水源带来的伤亡事故。

(13)放炮

放炮是指爆破作业中发生的伤亡事故。

(14)火药爆炸

火药爆炸是指火药、炸药及其制品在生产、加工、运输、储存中发生的爆炸事故。

(15)瓦斯爆炸

瓦斯爆炸是指可燃性气体瓦斯、煤尘与空气混合形成了达到燃烧极限的混合物,接触火源时,引起的化学性爆炸事故。

(16)锅炉爆炸

锅炉爆炸是指锅炉发生的物理性爆炸事故。

(17)容器爆炸

容器(压力容器、汽瓶的简称)是指比较容易发生事故,且事故危害性较大的承受压力载荷的密闭装置。容器爆炸是指压力容器破裂引起的气体爆炸即物理性爆炸。包括容器内盛装的可燃性液化气在容器破裂后立即蒸发,与周围的空气形成爆炸性气体混合物,遇到火源时形成的化学爆炸,也称容器的二次爆炸。

(18) 其他爆炸

其他爆炸包括化学性爆炸(指可燃性气体、粉尘等与空气混合形成爆炸性混合物接触引爆能源时发生的爆炸事故)。

(19) 中毒和窒息

中毒和窒息是指人体接触有毒物质的中毒和窒息,包括中毒、缺氧(窒息、中毒性窒息)。如在误吃有毒食物或呼吸有毒气体引起的人体急性中毒事故,或在废弃的坑道、横通道、暗井、涵洞、地下管道等不通风的地方工作,因为氧气缺乏有时会发生突然晕倒,甚至死亡的事故称为窒息。

(20) 其他伤害

其他伤害是指凡不属于上述伤害的事故均称为其他伤害。如摔伤、扭伤、跌伤、冻伤、野兽咬伤、钉子扎伤和非机动车碰撞、轧伤等。

3.2.2　按职业健康分类

参照卫生部、原劳动部、总工会等颁发的《职业病范围和职业病患者处理办法的规定》,将危险、有害因素分为生产性粉尘、毒物、噪声与振动、高温、低温、辐射(电离辐射、非电离辐射)及其他有害因素等7类。

3.3　危险、有害因素的辨识

3.3.1　辨识内容

危险、有害因素辨识的内容主要包括以下几个方面。

1) 总体布置及建筑物

(1) 厂址

从厂址的工程地质、地形地貌、水文、气象条件、周围环境、交通运输条件、自然灾害、消防支持等方面进行分析辨识。

(2) 总平面布置

功能分区——生产、管理、辅助生产、生活区;防火间距和安全间距、风向、建筑物朝向、危险、有害物质设施——氧气站、乙炔气站、压缩空气站、锅炉房、液化石油气站;危险品设施布置——易燃、易爆、高温、有害物质、噪声、辐射。

(3) 道路及运输

道路包括施工便道、各施工作业区、作业面、作业点的贯通道路以及与外界联系的交通路线等;运输路线包括从运输、装卸、消防、疏散、人流、物流、平面交叉运输等方面进行分析辨识。

(4) 建筑物

从厂房的生产火灾危险性分类、耐火等级、结构、层数、占地面积、防火间距、安全疏散等方面进行分析辨识。

2) 按照安全措施主次来辨识

(1) 对设计阶段是否通过合理的设计进行考查,尽可能从根本上避免危险、有害因素的发生。例如是否采用无害化工艺技术,以无害物质代替有害物质并实现过程自动化等。

(2) 当消除危险、有害因素有困难时,对是否采取了预防性技术措施来预防危险、有危害的发生进行考查。例如:是否设置安全阀、防爆阀(膜);是否有有效的泄压面积和可靠的防静电接地、防雷接地、保护接地、漏电保护装置等。

(3) 当无法消除危险或危险难以预防时,对是否采取了减少危险、有害发生的措施进行考查。例如是否设置防火堤、涂防火涂料;是否是敞开或半敞开式的厂房;防火间距、通风是否符合国家标准的要求;是否以低毒物质代替高毒物质;是否采取减振、消声和降温措施等。

(4) 当无法消除、预防和减少危险的发生时,对是否将人员与危险、有害因素隔离等进行考查。例如是否实行遥控、设置隔离操作室、安装安全防护罩、配备劳动保护用品等。

(5) 当操作者失误或设备运行达到危险状态时,对是否能通过连锁装置来终止危险有害的发生进行考查。如考查是否设置锅炉极低水位时停炉连锁保护等。

(6) 在易发生故障或危险性较大的地方,对是否设置了醒目的安全色、安全标志和声光警示装置等进行考查。如厂内铁路或道路交叉口、危险品库、易燃易爆物质区等。

3) 作业环境的危险辨识

作业环境中的危险、有危害因素主要有危险物质、生产性粉尘、工业噪声与振动、温度与湿度以及辐射等。

(1) 危险物质

生产中的原材料、半成品、中间产品、副产品以及储运中的物质以气态、液态或固态存在,它们在不同的状态下具有不同的物理化学性质及危险、有害特性,因此,了解并掌握这些物质固有的危险特性是进行危险辨识、分析和评价的基础。危险物质的辨识应从其物理化学性质、稳定性、燃烧及爆炸特性、毒性及健康危害等方面进行。

(2) 生产性粉尘

在有粉尘的作业环境中长时间工作并吸入粉尘,就会引起肺部组织纤维化、硬化,丧失呼吸功能,导致肺病(尘肺病)。粉尘还会引起刺激性疾病、急性中毒或癌症。当爆炸性粉尘在空气中达到一定浓度(爆炸下限浓度)时,遇火源会发生爆炸。

(3) 工业噪声与振动

工业噪声能引起职业性耳聋或引起神经衰弱、心血管疾病及消化系统疾病的高发,会使操作人员的操作失误率上升,严重时会导致事故发生。噪声危害的辨识主要根据已经掌握的机械设备或作业场所的噪声确定噪声源、声级和频率,振动危害有整体振动危害和局部振动危害,可导致人的中枢神经、植物神经功能紊乱,血压升高,还会导致设备、部件的损坏。

振动危害的辨识应先找出产生振动的设备,然后根据国家标准,参照类比资料确定振动的危害程度。

(4) 温度与湿度

温度与湿度的危险、有害因素主要表现为:高温、高湿环境影响劳动者的体温调节、水盐代谢、物质系统、消化系统、泌尿系统等。当热调节发生障碍时,轻者影响劳动能力,重者可引起别的病变,如中暑等。水盐代谢的失衡可导致血液被缩、尿液浓缩、尿量减少,这样就增加了心脏和肾脏的负担,严重时引起循环衰竭和热痉挛。高温作业的工人,高血压发病率较高,而且随着工龄的增加而增加。高温还可以抑制中枢神经系统,使工人在操作过程中注意力分散,肌肉工作能力降低,有导致工伤事故的危险。高温可造成灼伤,低温可引起冻伤。

另外,温度急剧变化时,因热胀冷缩,造成材料变形或热应力过大,会导致材料被破坏;在低温下金属会发生晶型转变,甚至破裂;高温、高湿环境会加速材料的腐蚀;高温环境可使火灾危险性增大。

生产性热源主要有:工业炉窑(冶炼炉、焦炉、加热炉、锅炉等)、电热设备(电阻炉、工频炉等)、高温工件(铸锻件)、高温液体(导热油、热水)、高温气体(蒸汽、热风、热烟气)等。

(5)辐射

辐射主要分为电离辐射(如 α 粒子、β 粒子、γ 粒子和中子)和非电离辐射(如紫外线、射频电磁波、微波)等两类。电离辐射伤害则由 α 粒、β 粒子、γ 粒子和中子极高剂量的放射性作用所造成。非电离辐射中的射频辐射危害主要表现为射频致热放应和非致热效应两个方面。

3.3.2 辨识方法

1)直观经验法

不同种类的危险、危害因素有不同的辨识方法,对于有可供参考先例的,可以用直观经验法辨识。

直观经验法包括对照分析法和类比推断法。

(1)对照分析法

对照分析法即对照有关标准、法规、检查表或依靠分析人员的观察能力,借助其经验和判断能力,直观地对分析对象的危险因素进行分析。对照分析法具有简单、易行的优点,但由于它是借鉴以往的经验,因此容易受到分析人员的经验、知识和占有资料局限等方面的限制。

(2)类比推断法

类比推断法也是实践经验的积累和总结,它是利用相同或类似工程中作业条件的经验以及安全的统计来类比推断被评价对象的危险、有害因素。新建的工程可以考虑借鉴具有同类规模和装备水平的企业的经验来辨识危险、有害因素,结果具有较高的置信度。

2)系统安全分析方法

对复杂的系统进行分析时,应采用系统安全分析方法,常用的系统安全分析方法有:安全检查表分析法、预先危险分析法、作业危险性分析法、故障类型及影响分析法、危险可操作性研究、事故树分析方法、危险指数法、概率危险评价方法、故障假设分析法等。这些方法与安全评价方法有相同之处,将在本书后几章中分别介绍。

3.4 评估单元的划分

安全评估过程包括前期准备、划分评估单元、危险及有害因素识别、安全评估、风险控制和安全措施 5 个阶段。因此,合理、正确地划分评估单元,是成功开展危险、有害因素识别和安全评估工作的重要环节。

3.4.1 评估单元的概念

评估单元就是在危险、有害因素识别与分析的基础上,根据评估目标和评估方法的需要,将系统分成有限的、确定范围的评估单元。

一个作为评估对象的建设项目、装置(系统),一般是由相对独立、相互联系的若干部分(子系统、单元)组成。各部分的功能、含有的物质、存在的危险和有害因素、危险性和危害性以及安全指标均不尽相同。以整个系统作为评估对象实施评估时,一般按一定原则将评估对象分成若干个评估单元分别进行评估,再综合为整个系统的评估。将系统划分为不同类型的评估单元进行评估,不仅可以简化评估工作、减少评估工作量、避免遗漏,而且由于能够得出各评估单元危险性(危害性)的比较概念,避免了以最危险单元的危险性(危害性)来表征整个系统的危险性(危害性),夸大整个系统的危险性(危害性)的可能,从而提高了评估的准确性,降低了采取对策措施所需的安全投入。

3.4.2 评估单元划分原则和方法

划分评估单元是为评估目标和评估方法服务的。为便于评估工作的进行,有利于提高评估工作的准确性,评估单元一般以生产工艺、工艺装置、物料的特点和特征与危险、有害因素的类别、分布有机结合进行划分,还可以按评估的需要将一个评估单元再划分为若干子评估单元或更细致的单元。由于至今尚无一个明确通用的"规则"来规范单元的划分方法,因此,不同的评估人员对同一个评估对象所划分的评估单元有所不同。由于评估目标不同,各评估方法均有自身特点,只要达到评估的目的,评估单元划分并不要求绝对一致。

评估单元划分应遵循的原则及方法如下。

1) 以危险、有害因素的类别为主划分评估单元

将具有共性危险、有害因素的场所和装置划为一个单元。按危险因素的类别各划分一个单元,再按工艺、物料、作业特点(即其潜在危险、有害因素的不同)划分成子单元分别评估;或者进行安全评估时,可按有害因素(有害作业)的类别划分评估单元。例如,将噪声、辐射、粉尘、毒物、高温、低温、体力劳动强度危害的场所各划分一个评估单元。

2) 以装置的特征划分评估单元

(1) 按装置工艺功能划分

例如,按原料储存区域,反应区域,产品蒸馏区域,吸收或洗涤区域;中间产品储存区域;产品储存区域,运输装卸区域,催化剂处理区域;副产品处理区域;废液处理区域;通入装置区的主要配管桥区;其他(过滤、干燥、固体处理、气体压缩等)区域。

(2) 按设备布置的相对独立性划分

以安全距离、防火墙、防火堤、隔离带等与(其他)装置隔开的区域或装置部分可作为一个评估单元。储存区域内通常以一个或共同防火堤(防火墙、防火建筑物)内的储罐、储存空间作为一个评估单元。

(3) 按装置工艺条件划分评估单元

按操作温度、压力范围的不同,划分为不同的评估单元;按开车、加料、卸料、正常运转、添加剂、检修等不同作业条件划分评估单元。

3) 以物质的特征划分评估单元

按储存、处理危险物质的潜在化学能、毒性和危险物质的数量划分评估单元。一个储存区域内(如危险品库)储存不同危险物质,为了能够正确识别其相对危险性,可作不同单元处理。为避免夸大评估单元的危险性,评估单元的可燃、易燃、易爆等危险物质应有最低限量。

4) 以事故后果范围划分评估单元

将发生事故能导致停产、波及范围大、造成巨大损失和伤害的关键设备作为一个评估单元,将危险、有害因素大且资金密度大的区域作为一个评估单元,将危险、有害因素特别大的区域、装置作为一个评估单元,将具有类似危险性潜能的单元合并为一个大评估单元。

5) 依据评估方法的有关具体规定划分

ICI 公司蒙德火灾、爆炸、毒性指标法需结合物质系数以及操作过程、环境或装置采取措施前后的火灾、爆炸、毒性和整体危险性指数等划分评估单元;故障假设分析方法则按问题分门别类,例如按照电气安全、消防、人员安全等问题分类划分评估单元;模糊综合评估法需要从不同角度(或不同层面)划分评估单元,再根据每个单元中多个制约因素对事物作综合评估,建立各评估集。

综上所述,划分评估单元应注意在进行危险、有害因素识别、安全评估工作之前,应设计一套合适的工作表格,按照一定的方法来划分企业的作业活动,保证危险、有害因素识别工作的全面性。另外,在划分作业活动单元时,一般不会单一采用某一种方法,往往是多种方法同时采用。但是应注意,在同一划分层次上,一般不使用第二种划分方法。

3.5 建设工程施工中危险辨识

目前,各行业都展开了重大危险源的辨识与评估工作,但是尚未形成统一标准,各自对重大危险源的定义也不尽相同。在交通建设领域,交通运输部制定了《公路水运工程安全生产监督管理办法(交通部 2007 年第 1 号令)》《公路工程施工安全技术规程》等相关制度和规范,指导公路建设工程安全施工。《公路水运工程安全生产监督管理办法》第二十三条规定了施工中危险性较大的工程,作为施工安全管理的重点,这些工程包括:

(1) 不良地质条件下有潜在危险性的土方、石方开挖。
(2) 滑坡和高边坡处理。
(3) 桩基础、挡墙基础、深水基础及围堰工程。
(4) 桥梁工程中的梁、拱、柱等构件施工等。
(5) 隧道工程中的不良地质隧道、高瓦斯隧道、水底海底隧道等。
(6) 水上工程中的打桩船作业、施工船作业、海外孤岛作业、边通航边施工作业等。
(7) 水下工程中的水下焊接、混凝土浇筑、爆破工程等。

(8)爆破工程。

(9)大型临时工程中的大型支架、模板、便桥的架设与拆除,桥梁、码头的加固与拆除。

(10)其他危险性较大的工程。

3.5.1 建设工程重大危险源的内容

交通建设工程与民用建筑工程、市政基础设施工程、水运工程、地铁及地下工程等,同属于建设工程,施工中出现的重大危险源也有很多共同性,并且这些领域对于施工安全的研究开展较为广泛。目前,国内关于建设工程施工安全的法规和管理办法主要有:住房与城乡建设部颁布的《建设工程安全生产管理条例》、《地铁地下工程建设风险管理指南》、《施工企业安全生产评价标准》,铁道部颁布的《铁路隧道风险评价与管理暂行规定》,福建省建设厅颁布的《建设工程施工重大危险源辨识与监控技术规程》,河南省建设厅颁布的《河南省建设工程重大危险源安全监控管理暂行办法》,湖北省建设厅颁布的《湖北省建筑施工企业安全生产评价管理办法》,河北省建设厅颁布的《关于加强建筑与市政工程建设重大危险源安全监控管理的通知》等。

(1)《建设工程安全生产管理条例》中,没有明确定义重大危险源的概念,而是把达到一定规模的危险性较大的分部分项工程作为监督管理的对象。《建设工程安全生产管理条例》中规定的危险性较大分部分项工程主要有:

①基坑支护与降雨工程。

②土方开挖工程。

③模板工程。

④起重吊装工程。

⑤脚手架工程。

⑥拆除、爆破工程。

⑦国务院建设行政主管部门或者其他有关部门规定的其他危险性较大的工程。

(2)河北省建设厅《关于加强建筑与市政工程建设重大危险源安全监控管理的通知》明确建筑与市政工程建设中的重大危险源包括:

①《建设工程安全生产管理条例》中规定的危险性较大的分部分项工程。

②其他专业性强、工艺复杂、危险性大、交叉等易发生重大事故的施工部位或作业活动,以及其他潜在的有可能导致施工现场群死群伤重大事故发生的不安全因素(导致重大事故发生的外部环境等诱因)。

③施工企业和施工现场存在或临近应符合国家标准《危险化学品重大危险源辨识》(GB 18218—2009)中规定的重大危险源。

(3)《深圳市建设工程重大危险源管理办法》规定建筑工程重大危险源定义为:在施工现在存在的、一旦发生意外可能导致人员群死群伤或者重大不良社会影响的分部分项工程或者其他施工活动,主要包括:

①施工现场开挖深度超过5m(含5m),或者深度虽不足5m,但地质条件和周围环境极其复杂、地下水位在坑底以上的基坑、沟(槽)工程。

②地下暗挖工程。

③水平混凝土构件模板支撑系统高度超过4.5m(含4.5m),或者跨度超过18m(含18m),或者施工总负载大于10kN/m², 或者集中线载荷大于15kN/m的模板支撑系统。

④人工挖孔桩工程。

⑤30m及以上高空作业。

⑥一次爆破装药量达到200kg以上的拆除爆破或者土石方爆破。

⑦高度大于6m(含6m),或者高度虽不足6m但地质条件复杂的高大边坡。

⑧施工升降机、塔式起重机的安装拆卸。

⑨附着式升降脚手架、吊篮脚手架工程。

⑩大型起重吊装工程。

⑪其他专业性强、工艺复杂、危险性大、交叉作业等易发生重大事故的施工部位及作业活动。

3.5.2 公路工程施工危险源辨识方法

公路工程施工作业危险源是指在公路桥梁和隧道工程建身过程中,某种属性等于或超过临界值,从而可能造成人员伤亡、财产损失、环境破坏以及这些情况组合的危险化学品、设备设施、作业环境以及施工作业。因此应分别针对危险化学品、作业环境以及施工作业活动分类进行危险源辨识。

1) 危险化学品

公路工程建设过程中危险化学品主要包括指爆破施工的爆破器材;用于焊接、切割的易燃气体;工地临时加油站的油品的燃料。《危险化学品重大危险源辨识》(GB 18218—2009)中危险化学品种类中包括了公路工程施工作业所涉及的所有危险化学品类别,且对临界量有明确规定。

单元内存在危险化学品的数量等于或者超过规定的临界量,即被定为重大危险源。单元内存在的危险化学品的数量根据危险化学品种类的多少区分为以下两种情况:

(1)单元内存在的危险化学品为单一品种,则该危险化学品的数量即为单元内危险化学品的总量,若等于或超过相应的临界量,规定为重大危险源。

(2)单元内存在的危险化学品为多品种时,则按下式计算,若满足式(1-3-1),则定义为重大危险源:

$$\frac{q_1}{Q_1}+\frac{q_2}{Q_2}+\cdots+\frac{q_n}{Q_n} \geq 1 \qquad (1\text{-}3\text{-}1)$$

式中:$q_1,q_2,\cdots,q_n$——每一种危险物品的实际储存量(t);

$Q_1,Q_2,\cdots,Q_n$——与各危险物品相对应的临界量(t)。

公路工程施工作业危险化学品的临界量《危险化学品重大危险源辨识》(GB 18218—2009)相应标准确定。

2) 施工作业活动

针对施工作业活动的危险源辨识,引入单位作业的概念,单位工程、分部工程、分项工程下可细分为若干单位作业。一般来讲，单位作业具有一定专业特征，在施工中由相应工种完成，与其他作业活动间有较清晰界面，如：模板作业、钻孔作业、爆破作业等。单位作业、分项工程、分部工程都可以作为危险源辨识的基本单元，由实施者根据实际情况决定。

危险源辨识是风险评估的基础，包括2个步骤：施工作业程序分解、施工作业可能发生的安全事故辨识。危险源辨识可使用检查表法、初步危险分析法（PHA）、危险及操作性评价（HAZOP）、故障模式与影响分析（FMEA）等。施工作业程序分解时，应先将公路桥梁和隧道工程划分为分部工程，然后将分部工程划分为分项工程，最后将分项工程分解至单位作业，并明确单位作业的施工方法、作业程序、所用机械设备和材料等。评估人员应将施工作业程序分解情况形成如图1-3-1所示的框图。

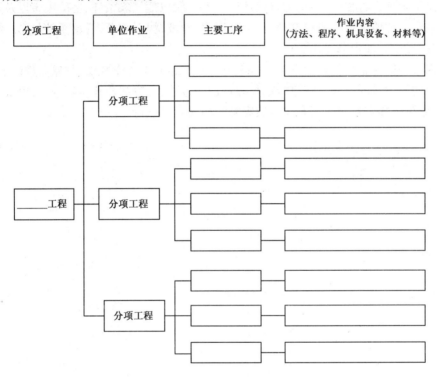

图1-3-1 施工作业程序分解框图

施工作业程序分解时，应重点将过去曾发生过事故或险情的施工工序，或有潜在风险的施工工序筛选出来。

确定风险可能导致的事故类型后，应从地质条件、施工方法、技术成熟度、管理等方面对事故的危险致因进行分析，重点分析如下：

（1）致害物，包括：人员活动、作业能力及其他因素；作业场所内设施、设备及物料等；作业场所对施工人员安全的影响。

（2）可能受到事故伤害的人员，包括：作业人员本身，同一作业场所的其他作业人员，周围其他人员。

（3）事故发生的原因，包括：机械设备故障，人为失误，自然灾害等。

危险源辨识和风险分析的结果应填入表1-3-3，作为风险评估过程的记录。

危险源辨识及风险分析表 表 1-3-3

施工作业	潜在事故类型	致害物	受伤害人员	伤害方式	不安全状态	不安全行为	备注
…	…	…	…	…	…	…	…

3) 不良的自然环境条件

在公路工程施工过程中,不良的自然环境条件一般包括气象条件、地质灾害以及不良地质与工程的耦合。地质灾害一般包括地震、山体崩塌、滑坡、泥石流等;气象条件包括:风、雨、雪、风暴潮、冰雹、洪水、沙尘暴、海啸等。

这些因素一般对施工作业活动会产生影响,桥梁、路基工程受地质、气象条件影响大,隧道工程主要受地质因素的影响。在进行危险源辨识的过程中,应结合地质勘查、历史资料收集整理来开展,分级标准应参照国家有关自然灾害的相关要求进行。

第4章 主要安全评估方法

4.1 安全评估方法分类

对安全评估方法分类的目的是为了根据安全评估对象选择适用的评估方法。安全评估方法的分类很多,常用的有按评估结果的量化程度分类、按安全评价的推理过程分类、按安全评估要达到的目的分类、按针对的评估对象分类等。

4.1.1 按评估结果的量化程度分类

按照安全评估结果的量化程度,安全评估方法可以分为定性安全评估方法和定量安全评估方法。

1) 定性方法

定性安全评估方法主要是根据经验和直观判断能力对生产系统的工艺、设备、设施、环境、人员和管理等方面的状况进行定性分析,安全评估的结果是一些定性的指标,如是否达到了某项安全指标、事故类别和导致事故发生的因素等。属于定性安全评估方法的有:安全检查表法、专家现场询问观察法、因素图分析法、事故引发和发展分析法、作业条件危险性评价法、故障类型和影响性分析法、危险可操作性研究等。

2) 定量方法

定量安全评估是运用基于大量的实验结果和广泛的事故资料系统分析获得的指标或规律(数学模型),对生产系统的工艺、设备、设施、环境、人员和管理等方面的状况进行定量的计算,安全评估的结果是一些定量的指标,如事故发生的概率、事故的伤害(或破坏)范围、定量的危险性、事故致因因素的事故关系度或重要度等。

4.1.2 按安全评估的逻辑推理过程分类

按照安全评估的逻辑推理过程,安全评估方法可分为归纳推理评估法和演绎推理评估法。归纳推理评估法是从事故原因推论结果的评估方法,即从最基本危险有害因素开始,逐渐分析导致事故发生的直接因素,最终分析到可能的事故。演绎推理评估法是从结果推理原因的评估方法,即从事故开始,推论导致事故发生的直接原因,再分析与直接因素相关的间接因素,最终分析和查找出导致事故发生的最基本危险有害因素。

4.1.3 按安全评估要达到的目的分类

按照安全评估要达到的目的,安全评估方法可分为事故致因因素安全评价法、危险性分级安全评价方法和事故后果安全评价法。事故致因因素安全评价方法是采用逻辑推理的方法，由事故推论最基本危险有害因素或由最基本危险有害因素推论事故的评估法，该类方法适用于识别系统的危险有害因素和分析事故，这类方法一般属于定性安全评估法。

4.1.4 按评估对象的不同分类

按照评估对象的不同，安全评估方法可以分为设备（设施或工艺）故障率评估法、人员失误率评估法、物质系数评估法、系统危险性评估法等。

4.2 安全检查表法

为了查找工程、系统中各种设备设施、物料、工件、操作、管理和组织措施中的危险、有害因素，事先把检查对象加以分解，将大系统分割成若干小的子系统，以提问或打分的形式，将检查项目列表逐项检查，避免遗漏，这种表称为安全检查表（SCL）。

安全检查表的目的是分析利用检查条款按照相关的标准、规范等对已知的危险类别、设计缺陷以及与一般工艺设备、操作、管理有关的潜在危险性和有害性进行判别检查。

4.2.1 编制安全检查表所需资料

编制安全检查表所需要的资料：
（1）有关标准、规程、规范及规定；
（2）国内外事故案例；
（3）系统安全分析事例；
（4）研究的成果等有关资料。

4.2.2 不同类型的安全检查表

为了编制一张标准的检查表，评价人员应确定检查表的标准设计或操作规范，然后依据缺陷和不同差别来编制检查表。

随着具体情况不同采用不同的检查表，我们可以简单地分为检查结果的定性化、半定量化，或定量化的安全检查表（但要注意安全检查表只能作定性分析，不能定量，也就是说它们不能提供危险度的分级）。

1）检查结果定性化

安全检查表应列举需查明的所有导致事故的不安全因素，通常采用提问方式，并以"是"或"否"来回答，"是"表示符合要求，"否"表示还存在问题，有待于进一步改进，"部分符合"表示有一部分符合条件，另一部分不符合条件。回答是的符号为"√"，表示否的符号为"×"，"≈"表示部分符合。所以在每个提问后面也可以设有改进措施栏，每个检查表均需要注明检查时间、检查者、后面直接责任人，以便分清责任。

为了使提出的问题有所依据，可以收集有关此项问题的规章制度、规范标准，在有关条款后面注明名称和所在章节（表1-4-1）。

提问型安全检查表 表1-4-1

序 号	检查项目和内容	检查结果		标准依据	备 注
		是	否		

2) 检查结果的半定量

菲利浦石油公司安全检查表采用了检查表判分——分级系统,在这里作为安全检查表的判分系统采用的是三级判分系列0—1—2—3,0—1—3—5,0—1—3—5—7,其中评判的"0"为不能接受的条款,低于标准较多的判给"1",稍低于标准的条件判给刚低于最大值的分数,符合标准条件的判给最大的分数。

判分的分数是一种以检查人员的知识和经验为基础的判断意见,检查表中分成不同的检查单元进行检查。为了得到更为有效的检查结果,用所得总分数除各种类别的最大总分数的比值,以便衡量各单元的安全程度。

在汇总表上(表1-4-2),分数的总和除以所检查种类的数目,此数表示所检查的有效的平均百分数。

半定量打分法的安全检查表 表1-4-2

序 号	检查项目和内容	检查结果		备 注
		可判分数	判给分数	
	检查条款	0—1—2—3(低度危险)		
		0—1—3—5(中度危险)		
		0—1—5—7(高度危险)		
		总的满分	总的判分	
		百分比=总的分数/总的可能的分数=判分/满分		

注:选取0—1—2—3时,条款属于低危险程度,对条款的要求为"允许稍有选择,在条件许可的条件下首先应该这样做";选取0—1—3—5时,条款属于中等危险程度,对条款的要求为"严格,在正常的情况下均应这样做";选取0—1—5—7时,条款属于高危险程度,对条款的要求为"很严格,非这样做不可"。

3) 检查结果的定量化

根据安全检查表检查结果及各分系统或子系统的权重系数,按照检查表的计算方法,首先计算出各子系统或分系统的评价分数值,再计算出各评价系统的评价得分,最后计算出评价系统(装置)的评价得分,确定系统(装置)的安全评价等级。

(1)划分系统

①以装置作为总系统,例如将评价系统划分为生产运行、储存运输、公用动力、生产辅助、厂区与作业环境、职业卫生、检测和综合安全管理等若干个系统,其中综合安全管理系统对其余七个系统起制约和控制作用。

②每个系统又依次分为若干分系统和子系统,对最后一层各子系统(或分系统)根据不同的评价对象制订出相应的安全检查表。

(2)评分方法

①采用安全检查表赋值法,安全检查表按检查内容和要求逐项赋值,每一张检查表以100

分计。

②不同层次的系统、分系统、子系统给予权重系数,同一层次各系统权重系数之和等于1。

③评价时从安全检查表开始,按实际得分逐层向前推算,根据子系统的分数值和权重系数计算上一层分系统的分数值,最后得到系统的评价得分。系统满分应为100分。

(3)安全检查表检查的实施办法

每张检查表归纳了子系统(或分系统)内应检查的内容和要求,并制订评分标准和应得分。依照制订的安全检查表中各项检查的内容及要求,采取现场检查或查资料、记录、档案或抽考有关人员等方法,对评价对象进行检查。对不符合要求之项,根据"评分标准"给予扣分,扣完为止,不计负分。根据检查表检查的实得分,按系统划分图逐层向前推算,计算出评价系统的最终得分,并根据分数值划分安全等级,最后,汇总安全检查中发现的隐患,提出相应的整改措施。

(4)安全评价结果计算方法

①系统或分系统评价分数值计算:

$$M_i = \sum_{j=1}^{n} k_{ij} m_{ij} \tag{1-4-1}$$

式中:M_i——分系统或子系统分数值;

k_{ij}——分系统或子系统的权重系数;

m_{ij}——分系统或子系统的评价分数值;

n——分系统或子系统的数目。

②缺项计算。

用检查表检查如出现缺项的情况,其检查结果由实得分与应得分之比乘以100得到,即:

$$m_i = \frac{\sum_{j=1}^{n} k_{ij} m_{ij}}{\sum_{j=1}^{n} k_{ij}} \tag{1-4-2}$$

式中:m_i——安全检查表评价得分;

m_{ij}——安全检查表实得分;

k_{ij}——安全检查表除去缺项应得分。

③装置最终评价结果计算:

$$A = \frac{g}{100} \sum_{i=1}^{7} K_i M_i \tag{1-4-3}$$

式中:A——装置最终评价分数值;

g——综合安全管理分系统分数值;

K_i——各系统权重系数;

M_i——各系统评价分数值。

装置满分应为100分。

(5)系统(装置)安全等级划分

根据评价系统最终的评价分数值,按表1-4-3确定系统(装置)的安全等级。

系统(装置)安全评价等级划分　　　　表 1-4-3

安　全　等　级	系统安全评价分值范围	安　全　等　级	系统安全评价分值范围
特级安全级	$A \geq 95$	临界安全级	$80 > A \geq 50$
安全级	$95 > A \geq 80$	危险级	$A < 50$

4.2.3 安全检查表编制程序

检查表的编制程序如图 1-4-1 所示。确定检查的范围后,安全检查表包括三个主要步骤。

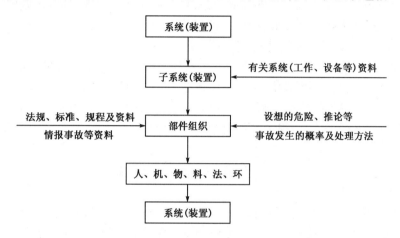

图 1-4-1　安全检查表编制程序图

(1)选择安全检查表

安全检查表分析方法是一种经验为主的方法。安全评价人员从现有的检查表中选取一种适宜的检查表(例:已有的机械工厂安全检查表、非煤矿山安全检查表、石油化工安全检查表等),如果没有具体的、现成的安全检查表可用,分析人员必须借助已有的经验,编制出合适的安全检查表。

编制安全检查表评价人员应有丰富的经验,最好具备丰富生产工艺操作经验,熟悉相关的法规、标准和规程。安全检查表的条款应尽可能完善,以便可以有针对地对系统的设计和操作检查(对工艺部分:安全检查表应比一般的安全检查表增添一些细节部分内容,以便检查更彻底)。

(2)安全检查

对现有系统装置的安全检查,应包括巡视和自检检查主要工艺单元区域。在巡视过程中,检查人员按检查表的项目条款对工艺设备和操作情况逐项比较检查。检查人员依据系统的资料,对现场巡视检查、与操作人员的交谈以及凭个人主观感觉来回答检查条款。当检查的系统特性或操作有不符合检查表条款上的具体要求时,分析人员应记录下来(新工艺的安全检查表分析,通常在开工之后,检查小组应开会研究,针对工艺流程图进行检查,与检查表条款相比较,对设计不足之处进行讨论)。

(3)评价的结果

检查完成后,将检查的结果汇总和计算,最后列出具体的安全建议和措施。

4.2.4 安全检查表的优缺点与适用性

安全检查表具有下列优点：
（1）能根据预定的目的要求进行检查，突出重点、避免遗漏，便于发现和查明各种危险及隐患；
（2）可针对不同行业编制各种安全检查表，使安全检查和事故分析标准化、规范化；
（3）可作为安全检查人员履行职责的凭据，有利于落实安全生产责任制，有利于安全人员提高现场安全检查水平；
（4）安全检查表关系到每位工人的切身利益，它能将安全工作推向群众，做到人人关系安全生产、个个参加安全管理，达到"群查群治"的目的。

安全检查表的主要缺点是不能进行定量评价。

安全检查表分析可适用于工程、系统的各个阶段。安全检查表可以评价物质、设备和工艺，常用于专门设计的评价，检查表法也能用在新工艺（装置）的早期开发阶段，判定和估测危险，还可以对已经运行多年的在役（装置）的危险进行检查（安全检查表常用于安全验收评价、安全现状评价、专项安全评价，而很少推荐用于安全预评价）。

4.3 预先危险性分析

预先危险性分析（Preliminary Hazard Analysis，简称 PHA），又称初步危险分析。这种方法是在开发阶段对建设项目中物料、装置、工艺过程以及能量失控时可能出现的危险性、类别、条件及可能造成的后果作宏观的概略分析，其目的是辨识系统中存在的潜在危险，确定其危险等级，防止这些危险发展成事故。

通过预先危险分析（PHA），力求达到以下四个目的：
（1）大体识别与系统有关的主要危险；
（2）鉴别产生危险的原因；
（3）预测事故出现对人体及系统产生的影响；
（4）判定已识别的危险性等级，并提出消除或控制危险性的措施。

4.3.1 预先危险性分析所需资料

使用 PHA 方法，需要分析人员获得装置设计标准、设备说明、材料说明及其他资料；PHA 需要分析组收集与装置或系统相关的有用资料，以及其他类比装置的资料。危险分析组应尽可能从不同渠道汲取相关经验，包括相似设备的危险性分析、相似设备的操作经验等。

由于 PHA 主要是在项目开展的初期识别危险性，装置的资料是有限的。然而，为了让 PHA 达到预期的目的，分析人员必须至少获取可行性研究报告，必须知道过程所包含的主要化学物品、反应、工艺参数，以及主要设备的类型（如容器、反应器、换热器等）。

4.3.2 预先危险性分析步骤与要点

1）预先危险性分析步骤

（1）通过经验判断、技术诊断或其他方法调查确定危险源（危险因素存在于哪个子系统

中),对所需分析系统的生产目的、物料、装置及设备、工艺过程、操作条件以及周围环境等,进行充分详细的了解;

(2)根据过去的经验教训及同类行业生产中发生的事故(或灾害)情况,对系统的影响、损坏程度,类比判断所要分析的系统中可能出现的情况,查找能够造成系统故障、物质损失和人员伤害的危险性,分析事故(或灾害)的可能类型;

(3)对确定的危险源分类,制成预先危险性分析表;

(4)转化条件,即研究危险因素转变为危险状态的触发条件和危险状态转变为事故(或灾害)的必要条件,并进一步寻求对策措施,检验对策措施的有效性;

(5)进行危险性分级,排列出重点和轻、重、缓、急次序,以便处理;

(6)制订事故(或灾害)的预防性对策措施。

2)预先危险性分析要点

(1)划分危险性等级

在分析系统危险性时,为了衡量危险性的大小及其对系统破坏程度,将各类危险性划分为4个等级,见表1-4-4。

危险性等级划分表   表1-4-4

级别	危险程度	可能导致的后果
Ⅰ	安全的	不会造成人员伤亡及系统损坏
Ⅱ	临界的	处于事故的边缘状态,暂时不至于造成人员伤亡、系统破坏或降低系统性能,但应予以排除或采取控制措施
Ⅲ	危险的	会造成人员伤亡和系统损坏,要立即采取防范对策措施
Ⅳ	灾难性的	造成人员重大伤亡及系统严重破坏的灾难性事故,必予以果断排除,并进行重点防范

(2)考虑一些因素

分析组在完成 PHA 过程中应考虑以下因素:

①危险设备和物料,如燃料,高反应活性物质,有毒物质,爆炸,高压系统,其他储运系统;

②设备与物料之间与安全有关的隔离装置,如物料的相互作用,火灾、爆炸的产生和扩大、控制,停车系统;

③影响设备和物料的环境因素,如地震、振动、洪水、极端环境温度、静电、放电、湿度;

④操作、测试、维修及紧急处置规程,如人为失误的可能性,操作人员的作用,设备布置、可接近性,人员的安全保护;

⑤辅助设施,如储槽,测试设备,培训、公用工程;

⑥与安全有关的设备,如调节系统、备用设备、灭火及人员保护设备。

4.3.3 预先危险性分析的优缺点与适用性

预先危险性分析法是进一步进行危险分析的先导、宏观的概略分析,是一种定性方法。在项目发展的初期使用 PHA 有如下优点:

(1)它能识别可能的危险,用较少的费用或时间就能进行改正;

(2)它能帮助项目开发组分析和(或)设计操作指南;

(3)该方法不受行业的限制,任何行业都可以使用;

(4)方法简单易行、经济、有效。

预先危险性分析法的缺点是定性分析,评估危险等级的分析结果受人的主观性影响比较大。

预先危险分析方法是一种起源于美国军用标准安全计划要求的方法,主要用于对危险物质和装置的主要区域等进行分析,包括设计、施工和生产前,首先对系统中存在的危险性类别、出现条件、导致事故的后果进行分析,其目的是识别系统中的潜在危险,确定其危险等级,防止危险发展成事故。

预先危险分析方法通常用于对潜在危险了解较少和无法凭经验觉察的工艺项目的初期阶段,通常用于初步设计或工艺装置的研究和开发阶段,当分析一个庞大现有装置或当环境无法使用更为系统的方法时,常优先考虑PHA法。

4.4 故障树分析法

故障树分析法(FTA)是美国贝尔电话实验室于1962年开发的。故障树分析法采用逻辑方法进行危险分析,将事故的因果关系形象地描述为一种有方向的"树",以系统可能发生或已发生的事故(称为顶事件)作为分析起点,将导致事故发生的原因事件按因果逻辑关系逐层列出,用树形图表示出来,构成一种逻辑模型,然后定性或定量地分析事件发生的各种可能途径及发生的概率,找出避免事故发生的各种方案并选出最佳安全对策。FTA法形象、清晰,逻辑性强,它能对各种系统的危险性进行识别评价,既能进行定性分析,又能进行定量分析。

4.4.1 故障树分析法术语与符号

1)事件

在故障树分析中,各种故障状态或不正常情况皆称为故障事件;各种完好状态或正常情况皆称为成功事件。两者均可简称为事件。事件可分为以下几种类型。

(1)底事件

底事件是故障树分析中仅导致其他事件的原因事件。底事件位于所讨论的故障树底端,总是某个逻辑门的输入事件而不是输出事件。底事件分为基本事件与未探明事件。

①基本事件是在特定的故障树分析中无须探明其发生原因的底事件。

②未探明事件是原则上应进一步探明但暂时不必或者暂时不能探明其原因的底事件。

(2)结果事件

结果事件是故障树分析中由其他事件或事件组合所导致的事件。结果事件总位于某个逻辑门的输出端。结果事件又分为顶事件与中间事件。

①顶事件是故障树分析中所关心的结果事件。顶事件位于故障树的顶端,总是所讨论故障树中逻辑门的输出事件而不是输入事件。

②中间事件是位于底事件和顶事件之间的结果事件。中间事件既是某个逻辑门的输出事件,同时又是别的逻辑门的输入事件。

(3) 特殊事件

特殊事件是指在故障树分析中需用特殊符号表明其特殊性或引起注意的事件。特殊事件分为开关事件和条件事件。

① 开关事件是在正常工作条件下必然发生或者必然不发生的特殊事件。

② 条件事件是使逻辑门起作用的具有限制作用的特殊事件。

2) 逻辑门及符号

在故障树分析中逻辑门只描述事件间的逻辑因果关系,主要分为以下几种。

(1) 与门:表示仅当所有输入事件发生时,输出事件才发生。

(2) 或门:表示只要有一个输入事件发生,输出事件就发生。

(3) 非门:表示输出事件是输入事件的对立事件。

另外还有以下几种特殊门。

(1) 顺序与门:表示仅当输入事件按规定的顺序发生时,输出事件才发生。

(2) 表决门:表示仅当几个输入事件中 2 个或 2 个以上的事件发生时,输出事件才发生。

(3) 异或门:表示仅当单个输入事件发生时,输出事件才发生。

(4) 禁门:表示仅当条件事件发生时,输入事件的发生方导致输出事件的发生。

各逻辑门的符号及定义见表 1-4-5。

故障树分析相关名词术语的符号及定义 表 1-4-5

符号	名词术语	定义	符号	名词术语	定义
	基本事件	在特定的故障树分析中无须探明其发生原因的底事件		或门	只要有一个输入事件发生,输出事件就发生
	未探明事件	原则上应进一步探明其原因,但暂时不必或者暂时不能探明其原因的底事件		与门	仅当所有输入事件发生时,输出事件才发生
	结果事件中间事件	故障树分析中由其他事件或事件组合所导致的事件		非门	输出事件是输入事件的对立事件
	开关事件	正常工作条件下必然发生或者必然不发生的特殊事件	顺序条件	顺序与门	仅当所有输入事件按规定的顺序发生时,输出事件才发生
	条件事件	使逻辑门起作用的具有限制作用的特殊事件	不同时发生	异或门	仅当单个输入事件发生时输出事件才发生

续上表

符　号	名词术语	定　义	符　号	名词术语	定　义
禁门打开条件—禁门	禁门	仅当条件事件发生时,输入事件的发生方导致输出事件的发生	(a)相似转向 相似的子树代号	相似转移符号	转到结构相似而事件标号不同的子树中去
子树代号字母数字	相同转移符号	在三角形上标出向何处转移	(b)相似转化 子树代号 不同的事件标号 ××××		从子树与此处子树相似但事件标号不同处转入
子树代号字母数字		在三角形上标出由何处转入			

3)转移符号

转移符号有相同转移符号和相似转移符号两种,表示转移到或来自于另一个子(故障)树,用三角形表示。

4)故障树

故障树是一种特殊的倒立树状逻辑因果关系图。它用事件符号、逻辑门符号和转移符号描述系统各种事件的因果关系,逻辑门的输入事件是输出事件的"因",输出事件是输入事件的"果"。故障树可分为以下几种类型。

(1)二状态故障树:如果故障树的底事件刻画一种状态,而其对立事件也只刻画一种状态,则称为二状态故障树。

(2)多状态故障树:若故障树的底事件有3种以上互不相容的状态,则称为多状态故障树。

(3)规范化故障树:将画好的故障树中各种特殊事件与特殊门进行转换或删减,变成仅含有底事件、结果事件以及与、或、非3种逻辑门的故障树,这种故障树称为规范化故障树。

(4)正规故障树:仅含故障事件以及与门、或门的故障树称为正规故障树。

(5)非正规故障树:含有成功事件或者非门的故障树称为非正规故障树。

(6)对偶故障树:将二状态故障树中的与门换为或门,或门换为与门,而其余不变,这样得到的故障树称为原故障树的对偶故障树。

(7)成功树:除将二状态故障树中的与门换为或门、或门换为与门外,还将底事件与结果事件换为相应的对立事件,这样所得到的树称为原故障树对应的成功树。

4.4.2 故障树分析法的实施步骤

FTA方法基本程序如图1-4-2所示。首先详细了解系统状态及各种参数,绘出工艺流程图或平面布置图。其次,收集事故案例(国内外同行业、同类装置曾经发生的),从中找出后果严重且较易发生的事故作为顶事件。根据经验教训和事故案例,经统计分析后,求解事故发生的概率(频率),确定要控制的事故目标值。然后从顶事件起按其逻辑关系,构建故障树。最后作定性分析,确定各基本事件的结构重要度,求出概率,再作定量分析。如果故障树规模很大,可借助计算机进行。目前我国故障树分析法一般都进行到定性分析为止。

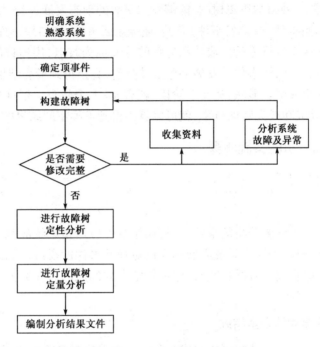

图1-4-2 故障树分析法基本程序

4.4.3 故障树分析法的优缺点与适用性

故障树分析法的优点有:

(1)它能识别导致事故的基本事件(基本的设备故障)与人为失误的组合,可为人们提供设法避免或减少导致事故发生的基本事件,从而降低事故发生的可能性。

(2)能对导致灾害事故的各种因素及逻辑关系作出全面、简洁和形象的描述。

(3)便于查明系统内固有的或潜在的各种危险因素,为设计、施工和管理提供科学依据。

(4)使有关人员、作业人员全面了解和掌握各项防灾要点。

(5)便于进行逻辑运算,进行定性、定量分析和系统评价。

故障树分析法的缺点:故障树分析法步骤较多,计算也较复杂;在国内数据较少,进行定量分析还需要做大量工作。

故障树分析法的应用范围:故障树分析法应用比较广,不仅能分析出事故的直接原因,而且能深入提示事故的潜在原因,因此在评价项目的各阶段,都可以使用 FTA 对它们的安全性进行评价。

4.5 事件树分析法

事件树分析法(Event Tree Analysis,即 ETA)的理论基础是决策论。它与 FTA 法正好相反,是一种从原因到结果的自下而上的分析方法。从一个初始事件开始,交替考虑成功与失败的两种可能性,然后再以这两种可能性作为新的初始事件,如此继续分析下去,直至找到最后的结果。所以,ETA 是一种归纳逻辑树图,能够看到事故的动态发展过程,提供事故后果。

ETA 从事故的初始事件(或诱发事件)开始,途经原因事件,到结果事件为止,对每一事件都按成功和失败两种状态进行分析。成功和失败的分叉称为歧点,用树枝的上分支作为成功事件,下分支作为失败事件,按事件的发展顺序延续分析,直至得到最后结果,最终形成一个在水平方向横向展开的树形图。显然,有 n 个阶段,就有 $n-1$ 个歧点。根据事件发展的不同情况,如已知每个歧点处成功或失败的概率,就可以算出得到各种不同结果的概率。

4.5.1 事件树分析的实施步骤

事件树分析法通常包括以下六步。

1)确定初始事件

初始事件的确定是事件树分析的重要一环,初始事件应当是系统故障、设备故障、人为失误或工艺异常,这主要取决于安全系统或操作人员对初始事件的反应。如果所确定的初始事件能直接导致一个具体事故,事件树就能较好地确定事故的原因。在绝大多数的事件树分析应用中,初始事件是预想的。

2)明确消除初始事件的安全措施

初始事件做出响应的安全功能可被看成为防止初始事件造成后果的预防措施。安全功能措施通常包括:

(1)系统自动对初始事件做出的响应(如自动停车系统);

(2)当初始事件发生时,报警器向操作者发出警报;

(3)操作工按设计要求或操作规程对警报做出响应;

(4)启动冷却系统、压力释放系统,以减轻事故的严重程度;

(5)设计对初始事件的影响起限制作用的围堤或封闭方法。

这些安全措施主要是减轻初始事件造成的后果,分析人员应该确定事件发展的顺序,确认在事件树中安全措施是否有效。

3)编制事件树

事件树展开的是事故序列,由初始事件开始,再对控制系统和安全系统如何响应进行分析,其结果是确定出由初始事件引起的事故。分析人员按事件发生和发展的顺序列出安全措施,在估计安全系统对异常状况的响应时,分析人员应仔细考虑正常工艺控制系统对异常状况的响应。

（1）编制事件树的第一步，是写出初始事件和要分析的安全措施，初始事件列在左边，安全措施写在顶格内。图1-4-3表示编制常见事故事件树的第一步。初始事件后面的下边一条线，代表初始事件发生后，虽然采取安全措施，事故仍继续发展的那一支。

图1-4-3　编制事件树的第一步

（2）第二步是评价安全措施。通常只考虑两种可能，即安全措施成功或者失败。假设初始事件已经发生，分析人员须确定所采用的安全措施成功或失败的判定标准。接着判断如果安全措施实施了，对事故的发生有什么影响。如果对事故有影响，则事件树要分成两支，分别代表安全措施成功和安全措施失败，一般把成功的一支放在上面，失败的一支放在下面。如果该安全措施对事故的发生没有什么影响，则不需分支，可进行下一项安全措施。用字母标明成功的安全措施（如A，B，C，D），用字母上面加一横代表失败的安全措施。就图1-4-3来说，设第一个安全措施对事故发生有影响，则在节点处分支，如图1-4-4所示。

图1-4-4　第一项安全措施的展开

事件树展开的每一个分支都会发生新的事故，都必须对每一项安全措施依次进行评价。当评价某一事故支路的安全措施时，必须假定本支路前面的安全措施已经成功或失败，这一点可在所举的例子（评价第二项安全措施）中看出来（图1-4-5）。如果第一项安全措施是成功的，那么上面那一支需要有分支，因为第二项安全措施仍可能对事故发生产生影响。如果第一项安全措施失败了，则下面那一支路中第二项安全措施就不会有机会再去影响事故的发生了，故而下面那一支路可直接进入第三项安全措施的评价。

图1-4-6表示出例子的完整事件树。最上面那一支路对第三项安全措施没有分支，这是因为在本系统的设计中，第一、第二两项安全措施是成功的，所以不需要第三项安全措施，它对事故的出现没有影响。

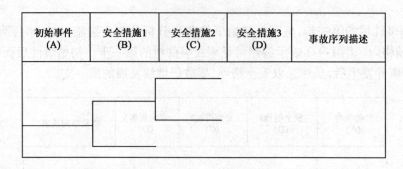

图 1-4-5　第二项安全措施的展开

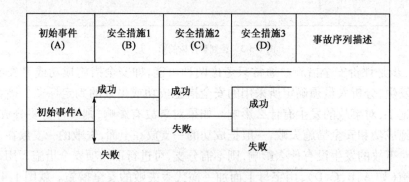

图 1-4-6　事件树编制

4）对所得事故序列的结果进行说明

这一步应说明由初始事件引起的一系列结果,其中某一序列或多个序列有可能表示安全回复到正常状态或有序地停车。从安全角度看,其重要意义在于得到事故的结果。

5）分析事故序列

这一步是用故障树分析法对事件树的事故序列加以分析,以便确定其最小割集。每一事故序列都由系列的成功和失败组成,并以"与门"逻辑与初始事件相关。这样,每一事故序列都可以看作是由"事故序列(结果)"作为顶事件,并用"与门"将初始事件和一系列安全措施与"事故序列(结果)"相连接的故障树。

6）编制分析结果文件

事件树的最后一步是将分析研究的结果汇总,分析人员应对初始事件、一系列的假设及事件树模式等进行分析,并列出事故的最小割集。列出得到的不同事故后果和从对事件树的分析中得出的建议措施。

4.5.2　事件树分析法的优缺点与适用性

事件树分析法是一种图解形式,层次清楚。它既可对故障树分析法进行补充,又可以将严重事故的动态发展过程全部揭示出来,特别是可以对大规模系统的危险性及后果进行定性、定量的辨识,并分析其严重程度,可以对影响严重的事件进行定量分析。事件树分析法在分析系统故障、设备失效、工艺异常、人员失误等方面应用比较广泛。

事件树分析法的优点:各种事件发生的概率可以按照路径精确到节点;整个结果的范围可以在整个树中得到改善;事件树从原因到结果,概念上比较容易明白。

事件树分析法的缺点:事件树成长非常快,为了保持合理的大小,往往使分析必须非常粗;缺少像 FTA 中的数学混合应用。

4.6 作业条件危险性评价法

作业条件的危险性评价法(LEC)是作业人员在具有潜在危险性环境中进行作业时的一种危险性半定量评价方法。它是由美国人格雷厄姆(K. J. Graham)和金尼(G. F. Kinney)提出的,他们认为影响作业条件危险性的因素是 L(事故发生的可能性)、E(人员暴露于危险环境的频繁程度)和 C(一旦发生事故可能造成的后果)。

4.6.1 作业条件危险性评价法的实施步骤

作业条件危险性评价法的评价步骤如下:
(1)以类比作业条件比较为基础,由熟悉类比条件的设备、生产、安技人员组成专家组。
(2)对于一个具有潜在危险性的作业条件,确定事故的类型,找出影响危险性的主要因素:发生事故的可能性大小;人体暴露在这种危险环境中的频繁程度;一旦发生事故可能会造成的损失后果。
(3)由专家组成员按规定标准对 L、E、C 分别评分,取分值集的平均值作为 L、E、C 的计算分值,用计算的危险性分值(D)来评价作业条件的危险性等级。用公式来表示,则为:

$$D = L \times E \times C \tag{1-4-4}$$

式中:L——发生事故的可能性大小,取值见表 1-4-6;

E——人员暴露于危险环境中的频繁程度,取值见表 1-4-7;

C——发生事故产生的后果,取值见表 1-4-8;

D——风险值,确定危险等级的划分标准,见表 1-4-9。

事故发生的可能性分值 L 表 1-4-6

分 数 值	10	6	3	1	0.5	0.2	0.1
事故发生的可能性	完全会被预料到	相当可能	可能,但不经常	完全意外,很少可能	可以设想,很少可能	极不可能	实际上不可能

暴露于危险环境的频繁程度分值 E 表 1-4-7

分 数 值	10	6	3	2	1	0.5
暴露于危险环境的频繁程度	连续暴露	每天工作时间内暴露	每周一次或偶然暴露	每月暴露一次	每年几次暴露	非常罕见暴露

事故造成的后果分值 C 表 1-4-8

分数值	100	40	15	7	3	1
事故造成的后果	十人以上死亡	数人死亡	一人死亡	严重伤残	有伤残	轻伤,需救护

危险性等级划分标准 表 1-4-9

危险性分值 D	≥320	≥160~320	≥70~160	≥20~70	<20
危险程度	极度危险,不能继续作业	高度危险,需要整改	显著危险,需要整改	比较危险,需要注意	稍有危险,可以接受

一般情况下,事故发生的可能性越大,风险越大;暴露于危险环境的频繁程度越大,风险越大;事故产生的后果越大,风险越大。运用作业条件危险评价分析法进行分析时,危险等级为1级、2级的,可确定为属于可接受的风险;危险等级为3级、4级、5级的,则确定为属于不可接受的风险。

4.6.2 作业条件危险性评价法的优缺点与适用性

其优点为:作业条件危险性评价法评价人们在某种具有潜在危险的作业环境中进行作业的危险程度,该方法简单易行,危险程度级别划分比较清楚、醒目。

其缺点为:此方法只能定性不能定量,方法中影响危险性因素的分数值主要是根据经验来确定的,因此具有一定的主观性和局限性。

该方法一般用于企业作业现场的局部性评价(如员工抱怨作业环境差),不能普遍适用于整体、系统的完整的评价。

4.7 风险矩阵法

风险矩阵法是通过选择关键工艺装置或风险区域,选择评价单元的风险规模和属性,编制风险矩阵表,提出风险改善措施。风险矩阵法能够通过定性分析和定量分析综合考虑风险影响和风险概率两面的因素,对风险因素对项目的影响进行评估。

该方法由美国空军电子系统中心(ESC,Electronic Systems Center)的采办工程小组于1995年4月提出,自1996年以来,ESC的很多项目采用风险矩阵方法进行风险评估。

4.7.1 风险矩阵法的实施步骤

1)建立原始风险矩阵

原始风险矩阵(risk matrix):原始风险矩阵栏目包括风险栏、风险影响栏、风险发生概率栏、风险等级栏和风险管理栏。

风险矩阵方法将风险对评估项目的影响分为5个等级,并提供了风险发生概率的解释说明。风险影响等级和风险发生概率的说明如表1-4-10和表1-4-11。

风险影响的等级说明 表1-4-10

风险影响等级	风险影响量化值	定义或说明
关键(critical)	4~5	一旦风险事件发生,将导致项目失败
严重(serious)	3~4	一旦风险事件发生,会导致经费大幅增加,项目周期延长,可能无法满足项目的二级需求
一般(moderate)	2~3	一旦风险事件发生,会导致经费一般程度的增加,项目周期一般性延长,但仍能满足项目一些重要的要求
微小(minor)	1~2	一旦风险事件发生,经费只有小幅增加,项目周期延长不大,项目需求的各项指标仍能保证
可忽略(negligible)	0~1	一旦风险事件发生,对项目没有影响

风险发生概率的说明 表1-4-11

风险概率范围(%)	解释说明	风险概率范围(%)	解释说明
0~10	非常不可能发生	61~90	可能发生
11~40	不可能发生	91~100	极可能发生
41~60	可能在项目中期发生		

通过将风险影响栏和风险概率栏的值输入风险矩阵来确定风险等级,风险等级对照表如表1-4-12。

风险等级对照表 表1-4-12

风险概率范围(%)	可忽略	微小	一般	严重	关键
0~10	低	低	低	中	中
11~40	低	低	中	中	高
41~60	低	中	中	中	高
61~90	中	中	中	中	高
91~100	中	高	高	高	高

2) Borda 序值法

将投票理论的 Borda 方法引入到风险矩阵中,即是 Borda 序值方法,其基本原理如下:

设 N 为风险总个数(与风险矩阵中的行数相同),设 i 为某一个特定风险,k 表示某一准则,原始风险矩阵只有两个准则。用 $k=1$ 表示风险影响 I,$k=2$ 表示风险概率 P。如果 R_{ik} 表示风险 i 在准则 k 下的风险等级,则风险 i 的 Borda 数可由下式给出:

$$b_i = \sum_{k=1}^{2}(N - R_{ik}) \tag{1-4-5}$$

风险等级由 Borda 数给出,某一风险因素的 Borda 序值表示其他关键风险因素的个数。如某个风险的 Borda 序值为 0,说明该风险为最关键的风险。按照 Borda 序值由小到大排列,就可以排出各风险因素的重要性。

4.7.2 风险矩阵方法的优缺点与适用性

风险矩阵作为一种简单、易用的结构性风险管理方法,在项目管理实践中具有以下优点:
(1)可识别哪一种风险是对项目影响最为关键的风险;
(2)加强项目要求、技术和风险之间相互关系的分析;
(3)允许工业部门在项目风险管理前期就加入进来;
(4)风险矩阵方法是在项目全周期过程中评估和管理风险的直接方法;
(5)项目风险和风险管理提供了详细的可供进一步研究的历史记录。

风险矩阵方法综合考虑了风险影响和风险概率两方面的因素,可对风险因素对项目的影响进行最直接的评估。该方法不直接由专家意见得出判断矩阵,而是通过事先对风险影响和风险概率确定等级划分,由专家通过较为直观的经验,判断出风险影响和风险概率所处的量化等级,然后应用 Borda 分析法对各风险因素的重要性进行排序,从而对项目的风险进行评估。这种方法的决策过程规范可行,较好地综合了群体的意见,因此越来越受到更广泛的重视。

风险矩阵在美国空军电子系统中心获得了广泛应用,其应用分析软件已应用在联合监视与目标攻击雷达系统(JSTARS,Joint Surveillance and Target Attack Radar System)和国家空天系统升级项目中。并且,风险矩阵方法在美国国防办中受到很高的重视,在应用实践中不断发展。目前我国主要将风险分析应用于采矿、石油工业、设备维护与更新、自动化仪表可靠性分析等领域。

4.8 常用安全评估方法的比较

各种评估方法都有各自的特点和适用范围,在应用时应根据评估对象的特点、具体条件和需要以及评估目标进行分析和比较,慎用选择。必要时,根据实际情况可同时选用几种评估方法对同一对象进行评估,互相补充、分析、综合,相互验证,以提高评估结果的准确性。表1-4-13中大致归纳了一些评估方法的评估目标、类别、特点、适用范围、应用条件、优缺点。

各类安全评估方法比较 表1-4-13

评估方法	评估目标	类别	方法特点	适用范围	应用条件	优缺点
安全检查表法	危险有害因素、安全等级	定性定量	按事先编制的有关标准要求的检查表逐项检查,按规定赋分标准赋分,评定安全等级	各类系统的设计、验收、运行、管理、事故调查	有事先编制的各类检查表,有赋分、评价标准	简便、易于掌握,编制检查表难度大及工作量大
预先危险性分析法(PHA)	危险有害因素、安全等级	定性	讨论分析系统存在的危险有害因素、触发条件、事故类型,评定危险性等级	各类系统设计、施工、生产、维修前的概略分析和评估	分级评估人员熟悉系统,有丰富的知识和实践经验	简单易行,受分级评估人员主观因素影响
事故树分析法(ETA)	事故原因、触发条件、事故概率	定性定量	归纳法,由初始事故判断系统事故原因,由条件内各事件概率计算系统事故概率	各类局部工艺过程、生产设备、装置事故分析	熟悉系统,元素间的因果关系,有各事件发生概率数据	简便、易行,受分析评估人员主观因素影响

续上表

评估方法	评估目标	类别	方法特点	适用范围	应用条件	优缺点
故障树分析法(FTA)	事故原因、事故概率	定性定量	演绎法,由事故和基本事件逻辑推断事故原因,由基本事件概率计算事故概率	宇航、核电、工艺、设备等复杂系统事故分析	熟练掌握方法的事故、基本事件间的联系,有基本事件概率数据	复杂,工作量大、精确。故障树编制有误,易失真
作业条件危险性评估法（LEC）	危险性等级	定性半定量	按规定对系统事故发生的可能性、人员暴露状况、危险程度赋分,计算后评定危险性等级	各类生产作业条件	赋分人员熟悉系统,对安全生产有丰富的知识和实践经验	简便、实用,受分析评估人员主观因素影响

第5章 安全对策措施

5.1 概 述

安全对策措施是要求设计单位、生产单位、经营单位在建设项目设计、生产经营、管理中采取的消除或减弱危险、有害因素的技术措施和管理措施,是预防事故和保障整个生产、经营过程安全的对策措施。

安全对策措施的内容主要包括:厂址及厂区平面布局的对策措施,防火、防爆对策措施,电气安全对策措施,机械伤害对策措施,其他安全对策措施(包括高处坠落、物体打击、安全色、安全标志、特种设备等方面),有害因素控制对策措施(包括尘、毒、窒息、噪声和振动等有害因素的控制对策措施),安全管理对策措施。

5.1.1 安全对策措施的基本要求

在考虑、提出安全对策措施时,应满足以下基本要求。
(1)能消除或减弱生产过程中产生的危险、危害。
(2)处置危险和有害物,并降低到国家规定的限值内。
(3)预防生产装置失灵和操作失误产生的危险、危害。
(4)能有效地预防重大事故和职业危害的发生。
(5)发生意外事故时,能为遇险人员提供自救和互救条件。

5.1.2 安全对策措施的适用性

安全对策措施的适用性包括针对性、可操作性、经济合理性及合法性。

(1)针对性是指针对不同行业的特点和通过评估得出的主要危险、有害因素及其后果,提出对策措施。一方面,由于危险、有害因素及其后果具有隐蔽性、随机性、交叉影响性。另一方面,对策措施既要针对某项危险、有害因素孤立地采取措施,又要使系统达到安全的目的,因此,应采取优化组合的综合措施。

(2)提出的对策措施是设计单位、建设单位、生产经营单位进行设计、生产、管理的重要依据,因而对策措施应在经济、技术、时间上是可行的,能够落实和实施的。此外,应尽可能具体指明对策措施所依据的法规、标准,说明应采取的具体的对策措施,以便于应用和操作;不宜笼统地以"按某某标准有关规定执行"作为对策措施提出。

(3)经济合理性是指不应超越国家及建设项目、生产经营单位的经济、技术水平,按过高的安全要求提出安全对策措施,即在采用先进技术的基础上,考虑到进一步发展的需要,以安全法规、标准和规范为依据,结合评估对象的经济、技术状况,使安全技术装备水平与工艺装备水平相适应,求得经济、技术、安全的合理统一。

(4)合法性是指对策措施应符合国家有关法规、标准及设计规范的规定。在安全评估中,必须严格按国家法律法规的有关要求提出安全对策措施,保证所提出对策措施的合法性。

5.2 安全技术对策措施

5.2.1 安全技术措施概述

安全技术措施是指运用工程技术手段消除物的不安全因素,实现生产工艺和机械设备等生产条件本质安全的措施。

安全技术措施也可简称为安全技术,其最根本目的就是实现生产过程中的本质安全。即便是人的本身发生不安全行为而违章作业,或者由于个别部件发生了故障,都会因为安全的可靠性作用而避免事故的发生。为了达到这个目的,就要研制在各种生产环境下能确保安全的装置。实现生产过程的机械化与自动化,不仅是发展生产的重要手段,而且也是安全技术措施的奋斗方向,是安全技术首选的理想措施。凡是有条件的地方,都应优先选择这种方案。

5.2.2 安全技术措施的分类

(1)按导致事故的原因分类

按照导致事故的原因可分为:防止事故发生的安全技术措施和减少事故损失的安全技术措施。防止事故发生的安全技术措施是指为了防止事故发生,采取的约束、限制能量或危险物质,防止其意外释放的安全技术措施。常用的预防事故发生的安全技术措施有:消除危险源、限制能量或危险物质、隔离、故障——安全设计、减少故障和失误。减少事故损失的安全技术措施是指防止意外释放的能量引起人的伤害或物的损坏,或减轻其对人的伤害或对物的破坏的技术措施。

(2)按危险、有害因素类别分类

按照危险、有害因素的类别可分为:防火防爆安全技术措施、锅炉与压力容器安全技术措施、机械安全技术措施、电气安全技术措施等。

(3)按消除危险程度分类

按消除危险程度可以将安全技术措施分为:直接安全技术措施、间接安全技术措施、指示性安全技术措施和个人防护安全技术措施。

5.3 安全管理对策措施

5.3.1 安全管理措施的定义

安全管理是以实现生产过程安全为目的的现代化、科学化的管理。其基本任务是按照国家有关安全生产的方针、政策、法律、法规的要求,从本企业实际出发,为构筑企业安全生产的长效机制,规范企业安全生产经营活动,而采取相关的安全管理对策,科学有效的发现、分析和控制生产过程中的危险、有害因素,并制定相应的安全技术措施和安全管理规章制度,主动防范与控制事故或职业病的发生,避免或减少相关损失。

安全管理对策措施是通过一系列管理手段将人、设备、物质、环境等涉及安全生产工作的各个环节有机地结合起来,进行整合、完善、优化,以保证企业在生产经营活动全过程的职业安全和健康,使已经采取的安全技术对策能在制度上、组织上、管理上得到保证。

5.3.2 安全管理对策措施的内容

各类危险、危害存在于生产经营活动之中,只要有生产经营活动就可能有事故发生。即使本质安全性能较高的自动化生产装置,也不可能彻底控制、预防所有的危险、有害因素(例如维修等辅助生产作业中存在的、生产过程中设备故障造成的危险、有害因素等)和作业人员的失误,必须采取有效的安全管理措施给予保证。因此,安全管理对策对于所有生产经营单位都是企业管理的重要组成部分,是保证安全生产必不可少的措施。

安全管理措施的内容较多,主要包括以下方面。

(1)建立各项安全管理制度

主要包括建立健全企业安全生产责任制,制定各项安全生产规章制度和操作规程。

(2)安全管理机构和人员

主要包括安全管理机构和人员的配置,安全管理机构的主要职责和任务。

(3)安全培训、教育和考核

主要包括单位主要负责人的安全培训教育,安全管理人员的安全培训教育,从业人员的安全培训教育,特种作业人员的安全培训教育。

(4)安全投入与安全设施

主要内容包括满足安全生产条件所必需的安全投入、安全技术措施计划的制订和安全设施的配备。

(5)安全生产的过程控制和管理

主要包括工艺操作过程控制、重要岗位、特种作业、特种设备、重大危险源、消防、防尘与防毒、物资储存、储罐区、电气安全、施工与检修、设备内作业、检修完工后的处理、动土作业、安全装置和防护用品(器具)、建设项目"三同时"等。其重点是对重大危险源、特种设备、特种作业和安全标志的控制与管理。

(6)安全生产监督与检查

主要包括各种危险和隐患的督促整改;各项安全规章制度的监督实施。检查的主要形式包括职工自查、对口互查、综合检查、专业检查、季节性检查、节假日检查、夜间抽查和日常检查。

第二部分 《关于开展公路桥梁和隧道工程施工安全风险评估试行工作的通知》解读

第1章 编制说明

1.1 背景与目的

1.1.1 背景

安全生产重在预防。风险评估是现代安全管理模式,体现了以人为本和预防为主的理念。近些年来,风险评估作为行之有效的风险预防措施,已被各行业广泛采用。在欧美国家,风险评估已被广泛应用到核工业、航天、国防、海洋工程、石油化工、大型工程建设等重要领域和高科技开发项目中。在我国,风险评估在安全生产领域也得到了一定应用,特别是煤矿、非煤矿山、危险化学品等行业,对于推进安全生产工作发挥了重要作用。

对于工程建设项目来说,任何工程都有风险,需通过风险评估与管理的手段将风险降低至"可接受"的程度。无视风险存在的态度,是风险最大的来源。通过系统化的风险评估与管理,可识别及分析风险发生概率及后果,评价风险对策的成本与效益,寻求可行的风险处理措施,达到防止损失或补偿损失的目的。

当今世界范围内越来越多的政府机构、业主、设计单位、施工单位、银行以及保险公司已意识到实行风险评估与管理带来的好处。各国都在加强风险评估与管理研究和运用,风险评估和管理具有以下发展趋势:

(1)风险评估与管理正成为大型项目建设的例行程序;
(2)风险评估与管理和项目管理日趋紧密结合,两者具有同等重要性;
(3)为风险评估与管理制定了指导性的法规,如:
①国际隧协2004年发布的《隧道风险管理指南》;
②英国隧协和保险业协会2003年9月联合发布的《英国隧道工程建设风险管理联合规范》;
③日本的《隧道施工安全评估指南》;
④国际隧道工程保险集团(ITIG)2006年1月发布的《隧道工程风险管理实践规程》(该规程是基于上述的英国联合规范);
⑤欧共体行政院1992年6月24日发布的《临时或移动施工现场实施最低安全和健康要求的指令》(92/57/CEE);
⑥意大利政府1996年8月14日发布的《关于实施由欧共体行政院发布的92/57/CEE指令的相关细则》(D.LGS.494/96);
⑦国际隧道协会2004年发布的《隧道施工安全手册》;
⑧我国政府也制定了一系列相应的法规:

2005年7月香港特区政府发布的《土工风险管理指导方针》;

2005年原建设部对建设工程安全质量保险作出的一系列指示;

2007年10月铁道部发布《铁路隧道风险评估与管理暂行规定》（铁建设〔2007〕200号）；

2007年11月，建设部发布《地铁及地下工程建设风险管理指南》（建质〔2007〕254号）。

交通建设行业属于高危行业，因建设环境复杂、施工条件差、不安全因素动态变化快、安全事故诱因复杂和主体从业人员（农民工）流动性大等原因，多年来交通建设工程安全事故呈现"易发、频发、多发"等特点，尤以公路桥梁和隧道工程最为突出。"十一五"期间，我国公路桥梁和隧道工程生产安全事故起数和死亡人数占事故总量的60%以上，且许多重特大事故基本都发生在桥梁和隧道工程上，社会影响极大。对以往事故原因分析可以发现：对不良作业环境认识不足、风险较大施工作业方案不周、风险源控制不到位是导致重大事故的主要原因，可以说对重大风险缺乏正确认识和有效的控制技术，是桥隧工程重大事故多发的一个重要原因。这就需要运用先进的理念、方法开展桥隧工程的风险评估工作。

2007年，湖南凤凰堤溪大桥垮塌事故后，交通运输部李盛霖部长和冯正霖副部长多次指示，应加强公路桥梁和隧道工程的安全管理，决定在公路桥梁和隧道工程设计、施工阶段开展风险评估工作。

1.1.2 目的

贯彻落实"安全第一、预防为主、综合治理"方针，认真吸取事故教训，完善公路桥梁和隧道工程安全事故预案预控预警体系，强化施工安全监控手段，提倡走本质安全型的行业安全监管之路。

1.2 主要依据

公路桥梁和隧道工程施工安全风险评估制度及指南学习和借鉴了国外风险评估相关政策和规定，吸取了国内铁路、城市地铁、公路桥梁和隧道工程设计阶段风险评估制度的研究成果，结合行业发展实际，按照从全局出发、抓住重点、解决突出问题的思路，提出风险评估的基本内容和程序。

主要依据国家有关法规、标准如下：

①《中华人民共和国安全生产法》（2002年第70号主席令）；

②《建设工程安全生产管理条例》（2003年第393号国务院令）；

③《公路水运工程安全生产监督管理办法》（2007年第1号交通部令）；

④《安全评价通则》（AQ 8001—2007）；

⑤《安全预评价导则》（AQ 8002—2007）；

⑥《关于在初步设计阶段实行公路桥梁和隧道工程安全风险评估制度的通知》（交公路发〔2010〕175号）；

⑦《职业健康安全管理体系规范》（GB/T 28001—2001）；

⑧国际隧道协会《Guidelines for tunneling risk management》。

1.3 工作过程

从 2008 年至 2011 年近 3 年的时间里,依靠交通运输部科学研究院、交通运输部公路科学研究院和基层质监、施工单位技术力量,尝试开展了对公路桥梁和隧道工程施工安全风险评估的制度体系、理论方法、工程应用等系统的研究,历经大纲、初稿、征求意见稿等多个阶段,并深入工程现场进行调研与试用,不断完善评估制度,优化评估方法,于 2011 年 5 月出台了公路桥梁和隧道工程施工安全风险评估制度和指南。

1.4 主要内容和特点

(1)针对公路桥梁和隧道工程重大风险源研究制定了一套数学模式化的评估指标体系,实现了定量评估,达到了评估方法简单、易懂的目标。

(2)以预防重特大事故为出发点,突出抓重大风险源的预案预警预控,强调了建设单位在高度或极高风险监控方面的职责与要求。

(3)评估程序尽量与项目基本建设程序吻合,不设立新的施工管理程序,同时尽量不增加施工单位的工作量。

第2章 内容解读

2.1 评估目的

本管理办法编写目的是为了贯彻落实"安全第一、预防为主、综合治理"的方针,认真吸取湖南省凤凰堤溪大桥垮塌事故教训,找出公路桥梁和隧道工程施工致险因素和孕险因子,完善工程安全事故预案预控预警体系,强化施工安全监控手段,有效控制施工安全风险,减少重特大生产安全事故的发生,降低人员伤亡和经济损失,保障公路桥梁和隧道工程建设的安全。

2.2 适用范围

《关于开展公路桥梁和隧道工程施工安全风险评估试行工作的通知》(交质监发[2011]217号)(以下简称《通知》)适用范围参照《公路水运工程安全生产监督管理办法》(交通部2007年第1号令)规定的范围确定,即"列入国家和地方基本建设计划的公路基础设施新建、改建、扩建以及拆除、加固等建设项目"。

2.3 评估定义

公路桥梁和隧道工程施工安全风险评估是一个新鲜事物,同时也是一项开创性的工作,为方便后期工作的开展,应对其进行准确释义。《通知》依据公路桥梁和隧道工程风险评估的内容、方法、程序及结果,将其定义为"针对公路桥梁和隧道工程施工过程中各项作业活动、作业环境、施工设备(机具)、危险物品、施工方案中存在的风险源进行辨识、分析、估测、控制等系列工作"。

2.4 评估内容

根据公路桥梁和隧道工程的施工特点,将风险评估分为总体风险评估(静态评估)和专项风险评估(动态评估)。

首先,进行总体风险评估,即分析桥梁或隧道工程项目静态条件下的固有风险特征(不考虑具体施工方案与队伍情况),从总体上确定桥梁或隧道工程项目的风险大小。总体风险评估等级达到Ⅲ级(高度风险)及以上的项目,应进行专项风险评估。

第二,进行专项风险评估,即针对施工组织设计确定的施工流程中各种风险源进行普查、分析和估测,并结合施工人员和管理情况,对风险进行量化。

第三,专项风险评估等级达到Ⅲ级(高度风险)及以上的重大风险源,应明确其预警预控的相关要求。

2.5 评估原则

公路桥梁和隧道工程施工安全风险评估除应遵循科学、实用、可靠的原则外,还应遵循动态管理的原则。因为,在施工过程中,各项风险的发生概率及其损失随工程进展不断改变,应开展动态风险评估。

当工程设计方案、施工方案、工程地质、水文地质、施工队伍等孕险环境与致险因子发生重大变化时,应重新进行风险评估。

风险等级达到Ⅳ级(极高风险)的,必须采取措施降低风险或调整设计、施工方案。

2.6 评估范围

公路桥梁和隧道工程施工安全风险评估的范围确定过程较为复杂。首先,综合考虑公路桥梁和隧道工程的建设条件、技术复杂程度、施工管理要求及施工环境等因素,确定公路桥梁和隧道工程施工安全风险评估的基本范围;然后,根据事故数据分析、问卷调查与专家咨询相结合的方法确定最终的评估范围。

由于我国各省地理环境差异较大,公路桥梁和隧道工程的建设条件和规模也各不相同。因此,各地应根据工程建设条件、技术复杂程度和施工管理模式,以及当地工程建设经验,参考《通知》规定的标准研究确定。

原则上,符合《通知》规定条件的公路桥梁和隧道工程,均应开展施工安全风险评估工作。

2.7 评估程序

公路桥梁和隧道工程施工安全风险评估应按照成立评估小组、制定评估计划、选择评估方法、开展风险分析、进行风险估测、确定风险等级、提出措施建议、编制评估报告的程序进行。这里应注意风险评估的几个关键环节:

(1)做好评估准备工作。首先按照要求成立风险评估小组(见《通知》),制订风险评估计划,编制风险评估大纲,确定评估方法。

(2)开展总体风险评估。风险评估准备工作完成后,应根据设计阶段风险评估结果(若有),以及类似结构工程安全事故情况,采用定性与定量相结合的方法初步分析公路桥梁或隧道工程项目静态条件下的固有风险特征,估测施工中发生重大事故的可能性,确定项目总体风险等级。

桥梁工程的总体风险评估主要考虑桥梁建设规模、地质条件、气候环境条件、地形地貌、桥位特征及施工工艺成熟度等评估指标;隧道工程的总体风险评估主要考虑隧道地质条件、建设规模、气候与地形条件等评估指标。

(3)确定专项风险评估范围。对总体风险评估等级达到Ⅲ级(高度风险)及以上的桥梁或隧道工程,评估小组根据总体风险评估情况,提出专项风险评估中需要重点评估的风险源。其他风险等级的桥梁或隧道工程,也应视情况确定是否需要开展专项风险评估。

（4）开展专项风险评估。专项风险评估前,首先,应按照施工组织设计所确定的施工工法,分解施工作业程序,结合工序（单位）作业特点、环境条件、施工组织等致险因子,辨识施工作业活动中典型事故类型,从而建立风险源普查清单,并通过风险分析和估测,确定重大风险源。其次,按照《公路桥梁和隧道工程施工安全风险评估指南（试行）》推荐的指标体系法评估重大风险源的风险等级,并对照风险可接受准则确定相应的风险控制措施。

专项风险评估的基本程序包括:风险源普查、辨识、分析,并针对重大风险源进行估测、控制。具体流程如图 2-2-1 所示。

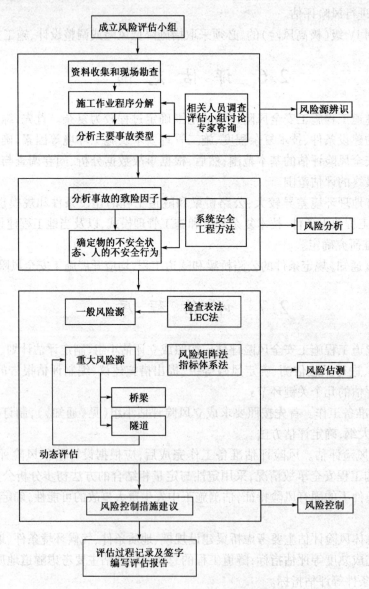

图 2-2-1　专项风险评估流程图

(5)提出风险控制措施。根据风险接受准则的相关规定,对专项风险等级在Ⅲ级(高度风险)及以上的施工作业活动(施工区段),应明确重大风险源的监测、控制、预警措施以及应急预案。其他风险等级的桥梁、隧道工程可根据工程实际情况,按照成本效益原则确定相应的风险控制措施。

2.8 评估小组

评估小组负责具体实施公路桥梁和隧道工程施工安全风险评估工作,并对评估结果负责。根据桥梁和隧道工程的特点和风险评估的具体内容,其成员应由经验丰富的地质、桥梁(隧道)、安全、设备等专业人员组成,且不少于5人。评估小组的负责人负责指挥、协调评估组的具体工作,负责人应当具有5年以上的工程管理经验,并有参与类似工程的经历。

评估小组一般由施工单位的技术、安全、质量等相关部门专业技术人员组成,这里的施工单位包括项目经理部、项目经理部所在的分公司或公司总部。

考虑到当前公路大建设、大发展的背景,施工单位的建设管理水平和施工技术水平参差不齐。当施工单位没有类似项目的施工经验,或施工单位的负责人和主要技术人员未参与过类似的工程项目,即"施工单位的施工经验或能力不足"时,可委托行业内其他有能力的安全评价机构承担风险评估工作,这里的"**行业内其他有能力的安全评价机构**"包括的范围较广,可以是科研单位的安全咨询机构、安全评价机构、甲级监理公司或大型施工企业设立的安全咨询部门,具体可由部质监局或各省交通工程质监机构推荐。但有两点值得注意:一是"行业内",即《通知》要求的第三方施工安全风险评估机构应当是行业内的相关施工安全咨询、评价机构,理由是公路桥梁和隧道工程属于专业建设工程,工程结构复杂,在施工过程中存在大量不确定因素,施工风险较大,对评估机构的专业化要求较高;二是"有能力",即《通知》要求的第三方施工安全风险评估机构应具有相应的能力,但没有对其资质提出要求,理由是风险评估在交通建设领域还处于起步阶段,公路桥梁和隧道工程施工安全风险评估更是一门新兴学科,评估机制和方法尚未完全成熟,目前还达不到资质认证的条件。

当被评估项目含多个合同段时,也同时存在多家施工单位。此时,总体风险评估若由施工单位负责,协调起来比较困难,不利于风险评估工作的开展。因此,当遇到这种情况时,总体风险评估应由建设单位牵头负责,组织施工、设计、监理或安全评价等单位成立评估小组,实施总体风险评估工作。但专项风险评估工作原则上仍由合同施工单位具体组织实施。

2.9 评估方法

公路桥梁和隧道工程施工安全总体风险评估推荐采用风险指标体系法,评估小组可根据工程实际情况,并结合自身经验,对指标体系进行改进。

在专项风险评估中,风险估计和评价是风险评估的重点,风险评价中最关键的是风险因素概率和后果等级的取值。在进行概率和后果等级的取值时,一般有两条途径:一是通过对足够的已知数据的分析来找出风险发生的分布规律,从而预测出其发生概率和后果大小;二是在缺少足够数据的情况下,由评估人员或专家根据桥梁或隧道工程的实际情况对风险等级进行综合判断。由于公路桥梁和隧道工程施工安全风险评估工作刚刚起步,在缺少足够数据的情况下,可主要采用主观估计的方法(如专家调查法)。

2.10 资料收集

工程资料的收集整理是开展施工安全风险评估工作的前提。评估工作开始前,评估小组应先进行现场踏勘,收集风险评估相关的基础资料,主要包括:

(1)类似工程事故资料;
(2)本工程相关设计及施工组织文件资料;
(3)工程区域内水文、地质、气候等资料;
(4)工程可行性研究报告、工程地质勘察报告、初步设计文件、施工图设计文件及工程施工组织设计文件等资料;
(5)工程区域内的建(构)筑物(含管线、民防设施、铁路、公路等)资料;
(6)施工单位类似工程业绩,本项目拟投入的机械设备、技术人员以及施工工法等相关资料;
(7)上阶段风险评估的成果;
(8)相关法律法规及标准规范;
(9)其他与风险评估相关的资料。

2.11 评估报告

风险评估报告是施工安全风险评估过程的记录,应反映风险评估过程的全部工作,将风险评估过程中的记录表格、采用的评估方法、获得的评估结果、推荐的控制措施等写入评估报告中。

风险评估报告应内容全面,文字简洁,数据完整,客观公正,提出的风险控制措施具有可操作性。

风险评估报告应包含以下内容:

1) 编制依据

(1)项目风险管理方针及策略;
(2)相关的国家和行业标准、规范及规定;
(3)项目设计和施工方面的文件;
(4)项目各阶段(工可、初设、详设等)审查意见;
(5)设计阶段风险评估成果。

2) 工程概况

3) 评估过程和评估方法

4）评估内容

(1) 总体风险评估；
(2) 专项风险评估：包括风险源普查、辨识、分析以及重大风险源的估测。

5）对策措施及建议

6）评估结论

(1) 重大风险源风险等级汇总；
(2) Ⅲ级和Ⅳ级风险存在的部位、方式等情况；
(3) 分析评估结果的科学性、可行性、合理性及存在问题。

2.12 评估费用

根据《高危行业企业安全生产费用财务管理暂行办法》（财企[2006]478号）第十三条安全生产费用使用范围的规定，公路桥梁和隧道工程施工安全风险评估工作费用在项目安全生产费用中列支。

2.13 实施要求

制度建设贵在落实。为保障公路桥梁和隧道工程施工安全风险评估制度的落实，《通知》对施工单位、监理单位、建设单位及监管部门分别提出了落实制度的要求。

2.13.1 施工单位

施工单位在风险评估工作中的职责如下：

(1) 施工单位应在进场后开始着手开展风险评估工作，根据风险评估的结果，完善施工组织设计和危险性较大工程专项施工方案，编制相应的专项应急预案，并将施工组织设计文件、危险性较大工程专项施工方案、应急预案和风险评估报告一同提交监理审批。

(2) 在施工过程中，施工单位还应根据风险评估的结果，对项目施工过程实施预警预控，做好风险管理工作。

(3) 针对专项风险等级在Ⅲ级（高度风险）及以上的施工作业活动（施工区段），施工单位还应做好以下几方面的工作。

①重大风险源的监控与防治措施、应急预案经施工企业技术负责人和项目总监理工程师审批后，由建设单位组织论证或复评估后实施。

②建立重大风险源的监测及验收、日常巡查、定期报告等工作制度，并组织实施。

③施工项目经理或技术负责人在工程施工前应对施工人员进行安全技术教育及交底；施工现场应设立相应的危险告知牌。

④适时组织对典型重大风险源的应急救援演练。

⑤当专项风险等级为Ⅳ级（极高风险）且无法降低时，必须提高现场防护标准，落实应急

处置措施,视情况开展第三方施工监测;未采取有效措施的,不得施工。

2.13.2 监理单位

监理单位在风险评估工作中的职责如下:

(1)监理单位在审查工程施工组织设计文件、危险性较大工程专项施工方案、应急预案时,应同时审查施工安全风险评估报告。无专项风险评估报告,不得签发分部、分项工程开工令;无总体风险评估报告,不得签发合同项目开工令。

(2)在施工过程中,监理单位应参与和监督施工单位风险管理情况,并予以记录。对施工中存在的重大隐患应及时指出并督促整改,对施工单位拒不整改的,应及时向建设单位及公路水运工程安全生产监督管理部门报告。

2.13.3 建设单位

建设单位在风险评估工作中的职责如下:

(1)建设单位应根据工程特点及本管理办法的相关要求,制订项目桥梁和隧道工程施工安全风险评估工作的实施办法。

(2)督导施工单位(或咨询单位、相关专业评估机构)进行施工阶段风险评估工作。

(3)负责对高度和极高的风险等级进行审查。对极高风险(Ⅳ级)的施工作业,组织专家或安全评价机构进行论证或复评估,提出降低风险的措施建议。

(4)当风险等级无法降低时,应及时调整设计、施工方案,并向公路水运工程安全生产监督管理部门备案;必要时委托相关专业机构进行风险监测。

(5)检查、监督、协调、处理评估工作中的有关问题。

2.13.4 监督部门

监督部门在风险评估工作中的职责如下:

(1)各级交通运输主管部门在履行施工安全监督检查职责时,应将公路桥梁和隧道工程施工安全风险评估实施情况纳入检查范围。

(2)对极高风险(Ⅳ级)的施工作业应切实加强重点督查。

第3章　实施及展望

2011年5月,《通知》正式印发以来,交通运输部加大力度积极推进公路桥梁和隧道工程施工安全风险评估工作。8月制定了风险评估制度及指南的宣贯和师资培训的总体方案,同时启动了施工安全风险评估的师资培训工作。9月与一些地区和单位建立了公路桥梁和隧道工程施工安全风险评估试点跟踪督导机制。交通运输行业的做法得到了社会各界的充分肯定,国务院《安全生产"十二五"规划》已将公路桥梁和隧道工程设计、施工安全风险评估列为主要内容。

但我们应该清醒地认识到,公路桥梁和隧道工程施工安全风险评估工作尚属起步时期,建立适合我国公路桥梁和隧道工程建设需要的风险评估体系是一个系统工程,应遵循"循序渐进、逐步完善"的原则。各地应根据《通知》要求,结合本地区工程建设实际,制定《通知》实施细则;根据风险评估制度宣贯和师资培训的总体方案,做好宣贯培训工作,完成本地区的普及教育,培养一批风险评估工作骨干;各地还应积极建立重点地区和重点项目风险评估工作的跟踪督导机制,明确跟踪督导的方式、程序和相关要求,逐步建立典型项目风险评估档案,适时组织风险评估试点工作的阶段性经验交流,进一步完善评估制度与技术指南。

今后,还将适时研究开展公路高边坡工程及大型水运工程的施工安全风险评估工作,全面提升公路水运工程施工安全风险防控能力。

第三部分 《公路桥梁和隧道工程施工安全风险评估指南》解析

第1章 总 则

1.1 《指南》的适用范围

本《指南》在桥梁方面主要适用于新建的公路桥梁工程,包括钢筋混凝土梁桥、预应力混凝土梁桥、斜拉桥、悬索桥、拱桥、钢桥等,在隧道方面主要适用于以钻爆法为主要开挖手段的新建公路隧道工程,沉管法、盾构法等公路隧道工程暂没有涉及,他们在公路上工程实践较少,待下次指南修订时补充。

本《指南》主要给出了公路桥梁、隧道工程施工阶段安全风险评估的工作原则、操作程序、评估方法、风险估测标准等内容,属于宏观层面的要求,因此改扩建公路桥梁、隧道工程也可参照相关内容进行施工安全风险评估。

1.2 《指南》推荐的评估方法

从风险评估理论出发,进行安全评估的方法很多,各评估方法都有各自的特点和适用范围,在施工安全方面应用时应根据施工的具体特点、环境条件以及评估要达到的目标进行分析和比较,选择适当的方法。必要时,可根据实际情况可同时选用几种评估方法对工程施工进行评估,互相补充、相互验证,以提高评估结果的准确性。

施工安全风险评估应根据评估对象、评估所处阶段,选择定性、定量、或两者相结合的评估方法,在本《指南》附录中给出了常用评估方法的优点、缺点和适用范围。

本《指南》针对定量评价,推荐采用指标体系法,初衷是将专家经验进行凝练、总结,提供相对科学合理、施工现场技术人员较易掌握的一套方法,解决公路工程点多面广、安全评估专家缺少的实际困难。

同时由于各工程间千差万别,差异性较大,限于《指南》编写人员的知识水平和实际经验限制,评估指标、分级标准、评估方法等都可以相应改进,鼓励地方交通运输主管部门出台相应地区的评估指南。另外《指南》中重大风险源的范围还需扩展,将公路桥隧工程事故多发的情况尽量考虑全面。

第 2 章 术　语

《指南》中有几个术语是根据公路桥隧工程施工安全特点提出来的,分别是:总体风险评估、专项风险评估、风险源、单位作业。

总体风险评估是对单独的桥梁或隧道进行的宏观评估,指开工前根据桥梁或隧道工程的地质环境条件、建设规模、结构特点等孕险环境与致险因子,评估桥梁或隧道工程在施工期间的整体风险,主要为管理服务,可以作为安全专项经费分配、安全监督检查频次的依据。当被评估的桥梁或隧道包括多个标段时,总体风险评估由建设单位组织实施。

专项风险评估是对桥梁或隧道具体的施工作业进行的微观评估,是将总体风险评估等级为Ⅲ级(高度风险)及以上桥梁或隧道工程中的施工作业活动(在隧道里主要指施工区段)作为评估对象,经过作业程序分解、风险源辨识、风险分析、风险估测等步骤,特别是对重大风险源进行量化估测,提出相应的风险控制措施。评估时,还应根据地质、方案、工艺、设备、人员等重大变更情况进行复评估,体现动态的特点。

风险源在不同的安全标准、安全书籍中定义不同,本《指南》主要根据问卷调查、文献分析等结果,提出风险源是指可能导致事故发生的直接因素,如:施工方案、作业活动、施工设备、危险物质、作业环境等。主要是施工作业活动、危险物质、设备设施和不良的作业环境,这些是造成人员伤亡、财产损失、环境破坏、工期延误等事故的直接原因。

单位作业是本《指南》提出的一个新名词。是指具有一定专业特征,在施工中由相应工种完成并与其他作业活动间有较清晰界面的施工作业活动,如:模板作业、钻孔作业、爆破作业、吊装作业等。可以说单位作业是风险评估的最基本单元。

除此之外,针对风险评估,还有很多术语,如风险控制、风险管理、风险接受准则、风险指标体系、风险特征、风险等级等因为比较容易理解,并且很多标准、资料中都出现过,因此本《指南》就没有赘述,仅针对比较特殊的、与其他标准不同的地方进行了定义说明。评估人员可以查阅文献了解相关内容。

第3章 总体风险评估

3.1 一般要求

3.1.1 公路桥梁、隧道工程施工安全总体风险评估，是指开工前根据桥梁或隧道工程的地质环境条件、建设规模、结构特点等孕险环境与致险因子，评估桥梁或隧道工程整体风险，估测其安全风险等级。属于静态评估。

总体风险评估主要考虑工程建设期可能发生的各类安全事故所对应的风险，特别是重大事故类型，如桥梁工程的垮塌等结构失稳事故、隧道的坍塌等地质灾害事故。因此进行总体风险评估时主要考虑桥梁、隧道所在地点的地质灾害情况、不利气象条件、工程建设规模、工艺复杂度等因素，在具体桥梁和隧道评估指标确定时，主要根据桥梁工程建设条件、工程规模、施工情况等与风险有关系的参数中提取有代表性的内容，作为评估指标。

3.1.2 经总体风险评估，对于Ⅲ级（高度风险）及以上等级的桥梁或隧道工程，应组织开展专项风险评估。其他风险等级的桥梁或隧道工程，视情况确定是否开展专项风险评估。

总体风险评估主要是将桥梁或隧道工程进行分级管理，对于风险等级在Ⅲ级（高度风险）及以上的桥梁或隧道工程，因风险较高，因针对具体施工工艺过程进行进一步详细评估，找出主要风险节点，预先制订风险防控措施。对风险较低的桥梁或隧道工程，如果交通运输主管部门、建设单位、监理单位、施工单位等相关方认为有必要，也可根据本《指南》确定的原则进行专项风险评估。

3.1.3 本《指南》推荐采用风险指标体系法进行总体风险评估。评估小组可根据工程实际情况，并结合自身经验，对本《指南》推荐的总体风险评估指标体系进行改进。

本《指南》为便于全国统一要求，方便相关方进行安全管理，参照了日本、我国台湾省等相关规范，经过征求专家意见等过程，提出了桥梁和隧道工程总体风险评估的指标体系，这些指标的含义和分类标准还有待于进一步完善，因此省级交通运输主管部门或大型施工企业可根据自身实际，对指标进行增删，制定适用于本地区或本单位的评估指标体系。

3.2 桥梁工程

3.2.1 桥梁工程施工安全风险总体评估主要考虑桥梁建设规模、地质条件、气候环境条件、地形地貌、桥位特征及施工工艺成熟度等评估指标，评估指标的分类、赋值标准可参见表3-3-1。

桥梁工程总体风险评估指标体系　　　　　　　　表 3-3-1

评估指标	分　类		分值	说　明
建设规模 (A_1)	单孔跨径 L_k（总长 L）超过或达到国内外同类桥型最大单孔跨径 L_k（总长 L）		6~8	应结合各地工程建设经验及水平，综合判定，其中拱桥应按高限取值
	$L_k \geq 150$m 或 $L \geq 1\,000$m		4~5	
	40m $\leq L_k < 150$m 或 100m $\leq L < 1\,000$m		2~3	
	$L_k < 40$m 或 $L < 100$m		0~1	
地质条件 (A_2)	不良地质灾害多发区域（包括岩溶、滑坡、泥石流、采空区、强震区、雪崩区、水库坍岸区等）		4~6	特殊性岩土主要包括：冻土、膨胀性岩土、软土等
	存在不良地质灾害，但不频发或存在特殊性岩土，影响施工安全及进度		2~3	
	地质条件较好，基本不影响施工安全因素		0~1	
气候环境条件(A_3)	极端气候事件多发的区域（洪水、强风、强暴雨雪、台风等）		4~6	应结合施工工艺特征综合判定
	气候环境条件一般，可能影响施工安全，但不显著		2~3	
	气候条件良好，基本不影响施工安全		0~1	
地形地貌条件(A_4)	山岭区	峡谷、山间盆地、山口等险要区域	4~6	应结合勘察资料，综合判定
		一般区域	1~3	
	平原区		0~1	
桥位特征 (A_5)	跨江、河、海湾	通航等级：1级~3级	4~6	跨线桥应综合考虑交叉线路的交通量状况
		通航等级：4级~6级	2~3	
		通航等级：7级及等外	0~1	
	陆地	跨线桥（公路、铁路等）及其他特殊桥	3~6	
施工工艺成熟度(A_6)	新技术、新工艺、新设备国内首次应用		2~3	应考虑施工企业工程经验
	施工工艺较成熟，国内有相关应用		0~1	

桥梁工程总体风险评估指标和风险的关系可说明如下：

(1)建设规模。建设规模主要考虑的桥梁跨径，一般来说跨径越大，重量越重，技术及施工难度也越高，因此风险越高。此外还可以考虑桥梁墩高、横纵坡等因素。建桥经验丰富时，可取低值，反之，应取高值。此外针对不同结构形式的桥梁，应按照先张法、后张法、连续桁架及刚构、拱桥的顺序，逐步提高风险分值。

(2)地质条件。地质条件主要影响桥梁基础施工和施工场地安全，总的来说，施工现场的地基耐力是评定主要因素，在评定分值时可参考。

(3)气候环境条件。主要考虑降水、强风等因素对基础施工、上部构造施工造成的影响，因此要考虑工程建设周期中台风、积雪、暴雨、洪水对机械作业、临时结构紧固、人员作业难度的影响，综合确定此分值。

(4)地形地貌。主要考虑桥址处于平原区还是山岭区，现场的地形险峻，支架等临时设施无法设置在同一水平面，往往无法使用汽车起重机，大型设备的组装、拆除也比较困难。另外地形越复杂，在地基处理等过程中造成山体滑坡事故的比率也越大，其风险也就越高。

(5) 桥位特征。主要是架设地点是不是位于交通通道上方,由于桥梁施工导致的行车、通航安全事故在我国有惨痛的教训,如宜万铁路湖北高阳寨桥隧相连上跨 318 国道岩崩事故、叶信高速公路上跨 312 国道架桥机倾覆事故、金塘大桥施工期船撞事故等。上跨交通通道时,工程施工和过往交通会相互影响,特别是在不良气象条件、人员操作不慎等情况下,更易发生安全事故。如果桥梁不跨越任何交通通道,则此项计 0 分。

(6) 施工工艺成熟度。主要是施工单位采用的主要施工工艺是不是成熟,特别注意中标单位项目主要技术管理人员是否具有相关工程经验。

3.2.2 桥梁工程施工安全总体风险大小计算公式为:

$$R = A_1 + A_2 + A_3 + A_4 + A_5 + A_6 \tag{3-3-1}$$

式中:A_1——桥梁建设规模所赋分值;

A_2——工程所处地质条件所赋分值;

A_3——工程所处气候环境条件所赋分值;

A_4——工程所处地形地貌所赋分值;

A_5——桥位特征所赋分值;

A_6——施工工艺成熟度所赋分值。

评估指标体系中各指标所赋分值应结合工程实际,综合考虑各种因素的影响程度进行确定,数值应取整数。评估指标也可以根据工程实际进行相应的增加或删减,同时风险分级标准也须进行相应调整。

本指南确定的总体风险值是将相关评估指标的所赋分值进行加和,这在土木工程领域是可行的,也是常用的手段之一。需注意的是:以上各指标不是相互独立的,有些是相互关联的。因此在进行风险评估时,包含其中一个指标的两项以上条件时,使用分值最多的作为该指标的最终得分。如不良的气候条件对 A_3、A_4、A_5 可能都造成影响,应选择影响较大的指标。

3.2.3 计算得到总体风险值 R 后,对照表 3-3-2 确定桥梁工程施工安全总体风险等级。

桥梁工程施工安全总体风险分级标准　　　　　　表 3-3-2

风 险 等 级	计算分值 R	风 险 等 级	计算分值 R
等级 IV(极高风险)	14 分及以上	等级 II(中度风险)	5~8 分
等级 III(高度风险)	9~13 分	等级 I(低度风险)	0~4 分

3.2.4 总体风险等级在 III 级(高度风险)及以上的桥梁工程,应纳入专项风险评估范围。评估小组应根据总体风险评估情况,提出专项风险评估中需要重点评估的风险源。其他风险等级的桥梁工程,也应视情况确定是否开展专项风险评估。

对于纳入专项风险评估范围的桥梁工程,在进行总体风险评估时,评估小组应认真研究相关资料,并进行现场踏勘,初步确定本工程的重大风险源清单。比如本工程跨公路施工,针对跨线桥施工交通安全、满堂支架现浇施工等应作为专项风险评估的重点。

3.3 隧道工程

3.3.1 隧道工程施工安全总体风险评估主要考虑隧道地质条件、建设规模、气候与地形条件等评估指标。评估指标的分类、赋值标准可参见表3-3-3。

隧道工程总体风险评估指标体系　　　　　　　　　　　　　　　　　　　表3-3-3

评估指标	分类		分值	说明
地质 $G=(a+b+c)$	围岩情况 a	1. Ⅴ级、Ⅵ级围岩长度占全隧长度70%以上	4~5	根据设计文件和施工实际情况确定
		2. Ⅴ级、Ⅵ级围岩长度占全隧长度40%以上、70%以下	3	
		3. Ⅴ级、Ⅵ级围岩长度占全隧长度20%以上、40%以下	2	
		4. Ⅴ级、Ⅵ级围岩长度占全隧长度20%以下	1	
	瓦斯含量 b	1. 隧道洞身穿越瓦斯地层	2~3	
		2. 隧道洞身附近可能存在瓦斯地层	1	
		3. 隧道施工区域不会出现瓦斯	0	
	富水情况 c	1. 隧道全程存在可能发生涌水突泥的地质	2~3	
		2. 有部分可能发生涌水突泥的地质	1	
		3. 无涌水突泥可能的地质	0	
开挖断面 A	1. 特大断面(单洞四车道隧道)		4	
	2. 大断面(单洞三车道隧道)		3	
	3. 中断面(单洞双车道隧道)		2	
	4. 小断面(单洞单车道隧道)		1	
隧道全长 L	1. 特长(3 000m以上)		4	
	2. 长(大于1 000m、小于3 000m)		3	
	3. 中(大于500m、小于1 000m)		2	
	4. 短(小于500m)		1	
洞口形式 S	1. 竖井		3	
	2. 斜井		2	
	3. 水平洞		1	
洞口特征 C	1. 隧道进口施工困难		2	从施工便道难易、地形特点等考虑
	2. 隧道进口施工较容易		1	

注:1. 指标的取值针对单洞。
　　2. 表中"以上"表示含本数,"以下"表示不含本数,下同。

隧道工程总体风险评估指标包括:地质、开挖断面、隧道全长、洞口形式、洞口特征等,各指标和风险的关系说明如下:

(1)地质。地质主要考虑围岩级别、瓦斯含量、富水情况,这些因素是隧道发生坍塌、涌水突泥、瓦斯爆炸等重大事故的主要客观条件。一般来说,整条隧道中Ⅴ级、Ⅵ级围岩所占比例大小是决定隧道围岩稳定性的一个主要因素,因此本《指南》将比例大小分别定在20%、40%、70%、70%以上四个档进行评分。瓦斯含量主要考虑隧道与瓦斯地层的位置关系,分为穿越、附近、不存在三个层次,这里还未考虑隧道里瓦斯的浓度,主要考虑出现瓦斯的可能性。富水情况主要考虑涌水突泥事故存在的地形条件和地质条件。对于隧道上方地表有盆状地形,处于多雪、多雨地带,地表有河谷或河流穿过,且断层较多的火山岩、花岗岩地带较易形成地表水倒灌,另外对岩溶地质、砂岩、泥岩相交岩层,带水砂岩层等区域也是涌水突泥事故多发的地质条件。

(2)开挖断面。主要考虑开挖断面的面积大小。本《指南》按照公路隧道单洞内车道数的多少划分四个层级。因为隧道挖掘断面越大,遇到不良地质的风险越高,对于隧道坍塌的监测和支护、瓦斯的溢放量以及事故事态扩大、应急处置越不利,因此开挖断面越大风险也越大。

(3)隧道全长。主要考虑隧道单洞的长度。本《指南》按照公路隧道相关规范的规定划分四个层级。因为隧道事故的危险性主要受地质条件影响,如果隧道掘进长度变长,遇到断层、破碎带以及涌水的可能性也增加,因此隧道长度越长,风险也越大。

(4)洞口形式。主要是隧道进出洞的形式,某些长隧道为了扩大掘进面,开挖了竖井和斜井。竖井和斜井中施工机械、人员、废渣进出困难,工作面狭小,不仅作业难度大,而且应急避难难度也增加。有竖井、斜井时,需要使用升降机等才能逃离,或使用紧急逃生通道,所需的体力和时间较多因而增大了危险性。相反,水平洞口能比较容易地逃离到洞外安全场所。

(5)洞口特征。当前桥隧相连工程较多,很多隧道进洞口在悬崖峭壁或高边坡上,施工场地布设十分困难,场地的限制增加了安全风险,特别是交叉作业风险较大,同时限制了应急抢险的难度。这个因素主要从施工便道开辟的难易程度、隧道洞口所在的地形特点考虑赋值。

3.3.2 隧道工程施工安全总体风险大小计算公式为:

$$R = G(A + L + S + C) \tag{3-3-2}$$

式中:G——隧道、竖井、斜井路线周围的地质所赋分值;

A——标准的开挖断面所赋分值;

L——隧道入口到出口的长度所赋分值(计算隧道长度时将隧道竖井、斜井长度计算在内);

S——成为通道的隧道出入口的形式所赋分值;

C——隧道洞口地形条件所赋分值。

评估指标体系中各指标所赋分值应结合工程实际,综合考虑各种因素的影响程度而定,数值取整数。评估指标也可以根据工程实际情况进行相应的增加或删减,同时风险分级标准也须进行相应调整。

总体风险值的计算公式将地质条件作为系数处理,直接和其他指标加和值相乘,是借鉴了日本《山岭隧道工程安全评估指南》的做法。需要注意的是:在计算地质指标所得分值时,应考虑隧道主洞、竖井、斜井的长度,但不考虑先导洞。开挖断面指标准断面的大小,不必考虑变化断面(如紧急停车带、车行横通道处)的平均值,如果隧道内设置硬路肩,可以将硬路肩作为一个车道考虑。计算隧道长度时,应针对单洞的长度,包括此洞上所有竖井、斜井的长度。

3.3.3 计算得到总体风险值 R 后,对照表3-3-4确定隧道工程施工安全总体风险等级。

隧道工程施工安全总体风险分级标准　　　　表3-3-4

风 险 等 级	计算分值 R	风 险 等 级	计算分值 R
等级Ⅳ(极高风险)	22分及以上	等级Ⅱ(中度风险)	7~13分
等级Ⅲ(高度风险)	14~21分	等级Ⅰ(低度风险)	0~6分

3.3.4 总体风险等级在Ⅲ级(高度风险)及以上的隧道工程,应纳入专项风险评估范围。评估小组根据总体风险评估情况,提出专项风险评估中需要重点评估的风险源。其他风险等级的隧道工程,也应视情况确定是否开展专项风险评估。

在进行总体风险评估时,评估小组应认真研究相关资料,并进行现场踏勘,初步确定本工程的重大风险源清单,供专项风险评估参考。比如隧道附近存在煤矿,应重点考虑瓦斯爆炸的风险。另外,对于小净距隧道、浅埋隧道、连拱隧道等结构复杂、风险较高的隧道应对隧道相应段落进行专项风险评估。

第4章 专项风险评估

4.1 一般要求

4.1.1 专项风险评估是将总体风险评估等级为Ⅲ级(高度风险)及以上桥梁或隧道工程中的施工作业活动(或施工区段)作为评估对象,根据其作业风险特点以及类似工程事故情况,进行风险源普查,并针对其中的重大风险源进行量化估测,提出相应的风险控制措施。专项风险评估属于动态评估。

专项风险评估属于微观、细部的评估,立足点是桥梁工程的施工作业活动或隧道工程的施工区段,分为一般风险源评估、重大风险源评估两部分内容,主要目的是通过风险源辨识、风险分析、风险估测等过程,找出影响事故发生的各个因素,进而提出风险控制措施。

同时,由于施工中常遇到地质变化、设计变更、队伍改变等重大变化,在发生重大变化时,应及时对变化的内容进行重新评估,完善风险评估内容,从这个意义上来说,专项风险评估属于动态评估。

4.1.2 专项风险评估前,首先,应按照施工组织设计所确定的施工工法,分解施工作业程序,结合工序(单位)作业特点、环境条件、施工组织等致险因子,辨识施工作业活动中典型事故类型,从而建立风险源普查清单,并通过风险分析和估测,确定重大风险源。其次,按照本《指南》推荐的指标体系法评估重大风险源的风险等级,并对照风险可接受准则确定相应的风险控制措施。

此条文是解释一般风险源评估、重大风险源评估的内容。针对风险评估对象(桥梁施工作业活动、隧道施工区段),应首先经过风险源辨识,建立普查清单,然后根据风险分析和风险估测过程,确定一般风险源、重大风险源,针对重大风险源进行定量风险评估,最后提出一般风险源、重大风险源风险控制措施建议。主要目的是确定施工现场安全管理的重点,体现全面覆盖、有层次、分重点的安全管理理念。针对重大风险源的定量安全评估主要是为了建设单位、监理单位、施工单位掌握管理范围内的重大风险源的数量、风险等级,为方案论证、安全检查、现场监督提供指导。

4.1.3 专项风险评估的基本程序包括:风险源普查、辨识、分析,并针对重大风险源进行估测、控制。具体流程见图3-4-1。

专项风险评估流程图不仅确定了主要流程,还对工作过程所使用的方法、过程形成的成果等进行说明。这个图是本《指南》的核心内容之一。它给出了风险评估在组织上、方法上、成果形式上的要求。

本《指南》与有些标准的评估流程略有不同,如《公路桥梁和隧道工程设计安全风险评估指南》,设计阶段风险评估的流程包括风险辨识、风险估测、风险评价、风险控制四个步骤,本《指南》增加了"风险分析"、减少了"风险评价",主要是因为施工阶段必须对影响事故发生的主要因素应进行系统分析,才能在控制措施里做到有的放矢,另外风险评价是风险大小与接受准则的比较过程,对施工阶段意义不大,很多风险到了实际实施阶段,已成为既定事实,只能通过采取合适的对策措施才能控制。

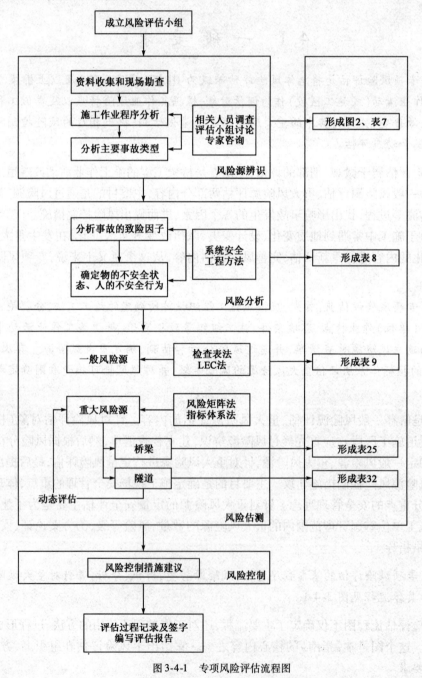

图 3-4-1　专项风险评估流程图

4.2 风险源辨识

4.2.1 风险源辨识是风险评估的基础,包括三个步骤:工程资料的收集整理、施工作业程序分解、施工作业可能发生的安全事故辨识。

风险源辨识前应按照《关于开展公路桥梁和隧道工程施工安全风险评估试行工作的通知》(交质监发[2011]217号)中的要求,先成立评估小组。评估小组负责人应具有类似工程施工经历和5年以上的工程管理经验,评估小组成员的专业范围应覆盖桥梁(或隧道)工程及安全工程。由评估负责人进行分工,分头开展工作。首先风险源辨识包括资料收集(包括现场勘查)、施工作业程序分解、安全事故初步分析三个步骤。

4.2.2 评估小组应先进行现场踏勘,收集风险评估相关的基础资料,主要包括:
(1)类似工程事故资料;
(2)本工程相关设计及施工文件资料;
(3)工程区域内水文、地质、气候等资料;
(4)工程可行性研究报告、工程地质勘察报告、初步设计文件、施工图设计文件及工程施工组织设计文件等资料;
(5)工程区域内的建(构)筑物(含管线、民防设施、铁路、公路等)资料;
(6)上阶段风险评估的成果;
(7)其他与风险源辨识对象相关的资料。

收集的资料中,有些是勘察设计单位能提供的,有些是施工单位自己编写的,还有一部分是需要协调相关单位提供的(如相关管线、铁路和公路等建筑物、附近其他在建工程的资料)。按照《中华人民共和国建筑法》的相关要求,应由建设单位向施工单位或行业内安全评估机构提供相关资料。类似工程事故资料等其他相关资料应由评估小组自行收集整理。

4.2.3 施工作业程序分解包括分部分项工程及工序(单位)作业划分。可参照《公路工程质量检验评定标准》(JTG F80—2004),以及施工组织设计文件所确定的施工工艺,将公路桥梁或隧道工程按照单位工程—分部工程—分项工程—工序(单位)作业的层次进行分解,明确单位作业主要工序、施工方法、作业程序、机械设备和建筑材料等特点。

施工作业程序分解重点是把握分解到的层次。评估小组可以根据安全管理需要、工程实际情况,将工程施工分解至:分部分项工程或工序作业(单位作业),分解的标准可参照《公路工程质量检验评定标准》(JTG F80—2004),并结合本工程的施工组织设计文件,明确施工方法、作业程序以及使用的机具和材料等,便于事故辨识。

4.2.4 专项风险评估单元可以是分部工程、分项工程、工序(单位)作业,评估单元大小视风险评估具体需求而定。作业程序分解情况应作为风险评估过程的记录之一,如图3-4-2所示。

4.2.5 为方便风险评估,公路桥梁工程施工作业活动一般分解到分项工程。公路桥梁工程主要分项工程可参见表3-4-1。

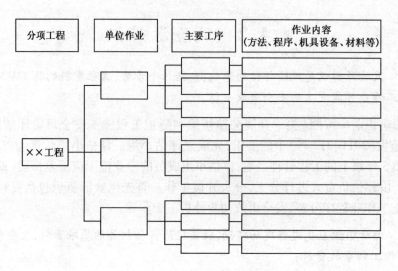

图 3-4-2 施工作业程序分解框图

本《指南》中桥梁作业程序分解的示例是到分项工程,实际工程中可进一步细化,很多分项工程应进一步分解至单位作业,结合施工单位主要工作操作规程,细化到起重吊装、焊接、模板、脚手架、混凝土浇筑等单位作业。进而结合施工现场环境、工程规模大小,确定主要事故类型、可能损失情况,提出安全管理措施。

公路桥梁工程主要分项工程　　　　　　　　　　表 3-4-1

序号	施工作业活动	序号	施工作业活动
1	基坑施工	9	预应力混凝土工程施工
2	沉入桩施工	10	砌体工程施工
3	灌注桩施工	11	墩(柱)塔施工
4	沉井基础施工	12	钢筋混凝土和预应力混凝土梁式桥上部结构施工
5	地下连续墙施工	13	拱桥上部结构施工
6	锚碇施工	14	悬索桥上部结构施工
7	钢筋工程施工作业	15	斜拉桥上部结构施工
8	混凝土工程施工作业		

4.2.6 钻爆法施工的公路隧道工程施工作业程序分解情况可参见表 3-4-2。

本《指南》中隧道作业程序分解的示例是到单位作业,实际操作时也可到分项工程,重点是根据隧道施工难易程度,提出隧道施工容易发生人员伤亡的施工作业。也应同时根据隧道施工的掘进区段,进行施工作业分解,以便找出不同施工区段的重大事故类型。

4.2.7 施工作业程序分解后,通过相关人员调查、评估小组讨论、专家咨询等方式,分析评估单元中可能发生的典型事故类型,并形成风险源普查清单(格式见表 3-4-3)。公路桥梁工程主要施工作业活动与典型事故类型对照表见附录 3-2,公路隧道工程钻爆法施工作业活动与典型事故类型对照表见附录 3-3。

公路隧道工程钻爆法施工作业程序分解示例　　　　　　　　表3-4-2

分部工程	分项工程	单位作业	作业内容
洞口工程	洞口开挖	清表作业	略
		挖掘作业	
		爆破作业	
		超前管棚	
		支护钢拱架	
		喷射混凝土	
	洞口边仰坡防护	地锚布设	
		混凝土隔框施工	
		危石清除	
		截水沟施工	
		边坡植被	
洞身开挖	钻爆作业	人工钻孔/凿岩车钻孔	
		装药与起爆	
		通风	
		危石清除（找顶）	
	洞内运输	装渣	
		无轨运输/有轨运输	
		卸渣	
		爆破器材运输	
洞身衬砌	初期支护	超前支护或超前小导管	
		立拱架	
		铺设钢筋网	
		喷射混凝土	
	二次衬砌	铺设防水层	
		绑扎二次衬砌钢筋	
		浇筑二次衬砌混凝土	
		填充仰拱混凝土	
隧道路面	基层面层	（沥青）混凝土浇筑	
		养生	
交通工程	交通安全设施	高处作业	
	机电设施	机电安装	

每个施工作业可能对应多种可能的事故类型,这一步应把可预见的所有事故类型进行逐一辨识。从某种意义上来说,风险评估的最基本元素应该是风险事件(事故),针对分部分项工程的评估实际是针对综合风险的评估,施工安全风险评估应针对每个施工作业活动的每种事故类型展开评估工作,考虑到执行层面实际情况,应针对典型施工作业活动中发生的重大事

故类型开展定量的评估。

事故辨识是经验性非常强的一项工作,应广泛听取专家意见,结合前期事故资料收集整理结果,采用头脑风暴法,按照梳理的施工流程在会议室内进行,确定本工作主要作业活动可能发生的事故类型,特别是重大事故类型。普查成果务必全面、准确。

公路桥梁、隧道工程施工安全风险源普查清单　　　　表3-4-3

序　　号	风　险　源	判　断　依　据
1	风险源1	
2	风险源2	
…	…	
N	风险源N	

4.3　风险分析

4.3.1　评估小组应从人、机、料、法、环等方面对可能导致事故的致险因子进行分析,重点分析:

①致险因子。包括:

a. 人员活动、作业能力及其他因素;

b. 作业场所内设施、设备及物料等;

c. 作业场所外对施工人员安全的影响。

②可能受到事故伤害的人员类型。包括:

a. 作业人员本身;

b. 同一作业场所的其他作业人员;

c. 周围其他人员。

③事故发生的原因。包括:

a. 机械设备故障;

b. 人为失误;

c. 自然灾害等。

④人员伤害程度。包括:

a. 死亡;

b. 重伤;

c. 轻伤。

风险分析应在深入分析已有资料的基础上进行,特别是针对确定的施工组织设计、工程施工环境条件、可能的现场情况,从人、机、料、法、环等方面,找出受伤害对象(人或物)、伤害主体(机械、临时结构、外界条件等)、损失程度(人员伤亡、财产损失)、事故原因。

4.3.2　致险因子分析应采用系统安全工程的方法,通过评估小组讨论会的形式实施。可采用鱼刺图法、危害及操作性评估(HAZOP)、故障模式与影响分析(FMEA)、故障树分析法、事件树分析法等方法进行分析。图3-4-3为采用鱼刺图法进行事故原因分析的示例。

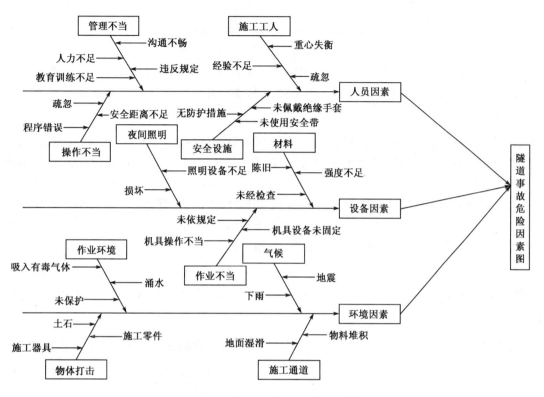

图 3-4-3 鱼刺图法进行事故致因分析示例

风险分析为了系统全面、科学合理,应采用系统安全工程的方法,常用的有鱼刺图法、危害及操作性评估(HAZOP)、故障模式与影响分析(FMEA)、故障树分析法、事件树分析法,具体方法操作要点可参见本书第一部分相关内容。

4.3.3 分析致险因子时应找出可能导致事故发生的物的不安全状态和人的不安全行为。不安全状态和不安全行为分类见国家标准《企业职工伤亡事故分类》(GB 6441)。

风险分析中事故原因部分应作为重点,这部分工作的好坏直接影响后面的措施建议是否准确、全面。作为预评估,应重点针对物的不安全状态来开展,适当考虑过程中可能出现的人的不安全行为。

4.3.4 风险分析的结果应填入表3-4-4。

风险源风险分析表　　　　　　　　　　　　　　　　　表3-4-4

单位作业内容	潜在的事故类型	致险因子	受伤害人员类型	伤害程度	不安全状态	不安全行为	备注
…	…	…	…	…	…	…	…

4.4 风险估测

4.4.1 风险估测是采用定性或定量的方法对风险事故发生的可能性及严重程度进行数量估算。风险大小＝事故发生可能性×事故严重程度。其中"×"表示事故发生可能性和事故严重程度的组合。

本《指南》中所提的事故指工程施工潜在的、可能发生的事故,并非真正已经发生的事故。很多资料多使用"风险事件"这个术语,本《指南》为了便于一线人员理解、使用方便,直接用事故来代替风险事件。

风险估测是为了将风险源进行区分,确定风险等级便于安全管理。风险大小＝事故发生可能性×事故严重程度,这里"×"并不一定代表乘积的意思,也可以是加和等其他运算,应视事故发生可能性和事故严重程度是如何度量的而定。

4.4.2 风险估测方法应结合工程施工内容,安全管理方案、可能发生的事故特点等因素确定。事故可能性评估可选用专家调查法、故障树分析法、事件树分析法等,事故严重程度评估可选用专家调查法等。

风险估测方法多样,本《指南》推荐专家调查法,由有经验的业内专家确定相关数值。

4.4.3 一般风险源的风险估测,不宜过分强调精确量化,评估小组可自行设计简单风险等级判定标准,或参考检查表法、LEC法,以相对风险等级来确定。

一般风险源的风险估测可简略进行或不进行,仅做到风险分析也可,主要是因为一般风险源采用常识性安全管理措施即可进行防范,由于一般风险源点多面广,量化管理必要性不大。

4.4.4 重大风险源的风险估测,应进行定量风险估测,确定风险等级。本《指南》推荐风险矩阵法和指标体系法。

重大风险源在一个工程中常常多处存在,为了找出安全管理的重点,应进行定量风险估测。本指南制定了桥梁和隧道工程典型重大风险源的评估指标体系,这些指标体系是采用专家调查法确定的,将专家经验融入指南中,方便评估小组使用。

4.4.5 风险估测结果应填入表3-4-5。

风险估测汇总表　　　　表3-4-5

编号	风 险 源		风 险 估 测			
	作业内容	潜在的事故类型	严重程度		可能性	风险大小
			人员伤亡	经济损失		
…	…	…	…	…	…	…

第5章　重大风险源风险估测

5.1　一般要求

5.1.1　重大风险源应按照本《指南》推荐的风险矩阵法和指标体系法进行动态风险估测。

风险矩阵法指重大风险源的风险值由事故可能性和事故严重程度组成的矩阵表来判定的方法。指标体系法是指针对事故可能性和事故严重程度的评判可根据推荐的评估指标并结合专家调查法进行评判。动态是指评估应考虑工程管理实际情况进行评估，同时根据工程变化情况及时进行复评估，即重大变更后，评估组织单位重新进行评估。

5.1.2　事故可能性应重点考虑物的状态、人的因素及施工管理缺陷。其中物的状态主要考虑气候环境、地形地貌、施工难度等工程客观条件；人的因素及施工管理主要考虑：总包企业资质、专业及劳务分包企业资质、历史事故情况、作业人员经验、安全管理人员配备及安全投入情况。

事故可能性从两个方面考虑：一个是物的客观条件，即工程结构规模和难度、工艺复杂性、周围自然环境条件等方面，属于工程固有的风险；另一个是管理因素，是变化的，主要和施工单位的管理水平有关系，这里主要以施工单位历史安全绩效加实际安全投入情况进行衡量。

5.1.3　人的因素及施工管理对公路桥梁、隧道工程施工安全影响较大，可作为风险抵消的因素。

管理的好坏，对工程固有风险起到减少或增加的作用。本《指南》将管理因素对应的评估指标作为折减因子处理，其数值在 0.8~1.2 之间。

5.1.4　事故可能性取决于物的状态引起的事故可能性与人的因素及施工管理引起的风险抵消的耦合。

事故可能性计算时需要计算出物的固有风险值，然后乘以管理因素对应的折减因子，即得重大风险源最终事故可能性所对应的风险大小。

5.1.5　事故可能性的等级分成四级，如表3-5-1所示。

表3-5-1参考了国际隧道协会的《Guidelines for Tunneling Risk Management》。一般来说，概率值较难直接确定，因此常使用概率等级描述的定性方法，利用一定数量的专家调查结果，确定概率等级。

事故可能性等级标准 表 3-5-1

概率范围	中心值	概率等级描述	概率等级
>0.3	1	很可能	4
0.03~0.3	0.1	可能	3
0.003~0.03	0.01	偶然	2
<0.003	0.001	不太可能	1

注：①当概率值难以取得时，可用频率代替概率。
②中心值代表所给区间的对数平均值。

5.1.6 事故严重程度的等级分成四级。本《指南》主要考虑人员伤亡和直接经济损失。评估小组可根据实际情况考虑工期延误、环境破坏、社会影响等方面的后果。当多种后果同时产生时，应采用就高原则确定事故严重程度等级。

①人员伤亡是指在施工活动过程中人员所发生的伤亡。依据人员伤亡的类别和严重程度进行分级，等级标准如表 3-5-2 所示。

②直接经济损失是指事故发生后造成工程项目发生的各种费用的总和，包括直接费用和事故处理所需（不含恢复重建）的各种费用，等级标准如表 3-5-3 所示。

人员伤亡等级标准 表 3-5-2

等　级	1	2	3	4
定性描述	一般	较大	重大	特大
人员伤亡	人员死亡（含失踪）人数<3 或重伤人数<10	3≤人员死亡（含失踪）人数<10 或 10≤重伤人数<50	10≤人员死亡（含失踪）人数<30 或 50≤重伤人数<100	人员死亡（含失踪）人数≥30 或重伤人数≥100

直接经济损失等级标准 表 3-5-3

等　级	1	2	3	4
定性描述	一般	较大	重大	特大
经济损失（万元）	$Z<10$	$10≤Z<50$	$50≤Z<500$	$Z≥500$

本条参考了国务院《生产安全事故报告和调查处理条例》，其中直接经济损失根据公路工程实际情况，数值进行了调整。在计算事故严重程度时，应采用就高原则，在合理范围内，考虑事故可能的最严重情况。建议省级交通运输主管部门或大型施工单位在制定本地区或本部门风险评估实施细则时，应针对直接经济损失考虑具体工程规模、相对损失比例等因素来制定经济损失的标准。

对于工程施工来说，人员死亡是严重的风险事件。本《指南》考虑到目前的公路建设安全形势、我们国家的发展水平，将标准按照《生产安全事故报告和调查处理条例》来确定是合适的。

5.1.7 专项风险等级分为四级：低度（Ⅰ级）、中度（Ⅱ级）、高度（Ⅲ级）、极高（Ⅳ级），如表 3-5-4 所示。

专项风险等级标准　　　　　　　　　　　　　　　　　　　　　　　表3-5-4

可能性等级		严重程度等级	一般	较大	重大	特大
			1	2	3	4
很可能	4		高度Ⅲ	高度Ⅲ	极高Ⅳ	极高Ⅳ
可能	3		中度Ⅱ	高度Ⅲ	高度Ⅲ	极高Ⅳ
偶然	2		中度Ⅱ	中度Ⅱ	高度Ⅲ	高度Ⅲ
不太可能	1		低度Ⅰ	中度Ⅱ	中度Ⅱ	高度Ⅲ

5.2 桥梁工程

5.2.1 桥梁工程重大风险源风险估测采用定性与定量相结合方法。事故严重程度的估测方法推荐采用专家调查法。事故可能性的估测方法推荐采用指标体系法。

采用专家调查法判定事故严重程度属于半定量的方法,要注意专家的数量、质量,保证所得数值的可靠性。

5.2.2 事故严重程度,主要从人员伤亡、直接经济损失两个方面进行估算,等级标准如表3-5-2、表3-5-3所示。当两种后果同时产生时,应采用就高原则确定事故严重程度等级。

5.2.3 物的不安全状态引起的事故可能性评估指标选取时,目前主要考虑某些典型事故类型,如坍塌事故、起重事故等可能导致重大人员伤亡及财产损失的事故类型。

桥梁重大风险源固有风险大小评判主要考虑重大事故或多发事故情况,如结构失稳、坍塌事故、起重吊装事故。

5.2.4 物的不安全状态引发的事故可能性评估,本《指南》建立了以下典型的重大风险源评估指标体系:(1)人工挖孔桩施工;(2)基坑施工;(3)水上群桩施工;(4)墩(柱)塔施工;(5)支架法浇筑作业;(6)悬臂浇筑法作业;(7)悬臂拼装法作业;(8)架桥机安装作业。其他重大风险源可参照本《指南》原则与思路自行确定评估指标。

本《指南》提出的八个桥梁工程重大风险源是根据事故统计分析、专家调查后得出的,限于桥梁工程结构多样性、工艺复杂性和本《指南》的编写周期和编者水平,很多重大危险源的评估指标没有提出来,有待于在下一版本完善。

5.2.5 人工挖孔桩施工事故可能性评估

人工挖孔桩评估指标主要基于坍塌事故、瓦斯爆炸事故等,见表3-5-5。

人工挖孔桩作业事故可能性评估指标　　　　　　　　　　　　　表3-5-5

序号	评估指标	分 类	分值	说 明
1	桩长	$L \geq 15\text{m}$	4~6	应结合工程经验进行判定
		$10\text{m} \leq L < 15\text{m}$	2~3	
		$L < 10\text{m}$	0~1	

续上表

序号	评估指标	分类	分值	说明
2	地形条件	山岭区	2~3	应结合作业场地条件综合考虑,进行判定
		平原区	0~1	
3	土石条件	四类~六类土(常采用爆破法)	3	土石条件不均时,应以最不利条件作为判定基准
		一类土(松土、砂类土等)	3	
		二类土(黏性土、密实砂性土等)	0	
4	地质条件	施工区域内地质条件不良,如存在岩溶、滑坡等	2~3	应结合工程经验,针对特定的不良地质条件进行判定
		施工区域内地质条件好	0~1	
5	地下水	地下水丰富,浅层分布,施工可能需穿越	2~3	应结合施工区域地下水分布特征综合判断
		地下水深层分布,施工基本不可能穿越	0~1	
6	有毒有害气体	存在有毒有害气体分布	1~3	有毒有害气体主要包括硫化氢、瓦斯等,应结合施工区域整体综合判定
		无有毒有害气体分布	0	
7	地下构筑物	存在军事和民用光缆等可能引发巨大财产损失、工期延误等地下构筑物	1~3	不能明确时,应根据可能性判定
		无地下构筑物分布	0	

人工挖孔桩是落后的施工工艺,风险极高。容易因地质不良引发坍塌、不良气体溢出等事故。当然人工挖孔桩施工还会发生物体打击、触电等一般事故,指标体系也体现了相关内容。

这些评估指标对应的分值基本都在一个区间里,具体取值根据工程数量、难度、工程经验等综合判定。各指标对应的最高分值也有所不同,这主要是每个指标对风险的"贡献"大小不同,为便于计算,本《指南》将"贡献"对应的权重直接固化到分值中。

5.2.6 水上群桩施工事故可能性评估

水上群桩施工事故可能性评估指标主要基于船撞作业平台、起重事故、临时结构坍塌事故,见表3-5-6。

水上群桩作业施工事故可能性评估指标体系　　表3-5-6

序号	评估指标	分类	分值	说明
1	水域通航条件	航道等级1、2、3级	4~6	无
		航道等级4、5、6级	2~3	
		航道等级7级及等外	0~1	
2	水文条件	水文条件不良,冲刷大,水位变化大	3~6	应综合考虑水深、流速、冲刷水平等不利水文条件,其中冲刷水平应结合地质条件、河道压缩等考虑
		水文条件较好,冲刷小,对施工安全基本无影响	0~2	
3	气候环境条件	峡谷、沿海等极端气候事件多发区域(强风、暴雨雪等)	4~6	应重点考虑风对施工安全的影响
		气候环境条件一般,对施工安全有影响,但不显著	2~3	
		气候环境较好,对施工安全基本无影响	0~1	

续上表

序号	评估指标	分 类	分值	说 明
4	河床地质	工程地质条件不良、影响工期	0~1	地质条件主要考虑不良地质条件对施工进度影响程度
5	施工期	汛期、高温、严寒等季节	2~3	应结合工程施工组织设计文件,综合评估
		施工期适宜,基本不影响施工安全	0~1	
6	临时结构	采用以往经验设计方案	2~3	应综合考虑临时结构设计及制作状况
		采用专业设计验证方案,并由具有相关资质的企业制作	0~1	

5.2.7 基坑施工事故可能性评估

基坑施工事故可能性评估指标体系主要基于基坑坍塌,见表3-5-7。

基坑施工事故可能性评估指标体系 表3-5-7

序号	评估指标	分 类	分值	说 明
1	基坑深度	$H \geqslant 5m$	4~6	按基坑实际深度,比照基准分综合判定
		$3m \leqslant H < 5m$	2~3	
		$H < 3m$	0~1	
2	岩土条件	一类土	0~1	松土(砂类土、松散土)
		二类土	0	普通土(黏性土,密实砂性土等)
		四类~六类土	1~3	需用爆破法开挖
3	地下水	地下水浅层分布,需降水处置,施工中可能带水作业	2~3	临河、湖、塘等水系且可能发生渗流的情况时,可参照判定
		地下水深层分布,对施工安全基本无影响	0~1	
4	基坑支护	采用经验设计支护方案	2~3	无
		采用专业设计支护方案	0~1	
5	作业季节	雨季、冻土消融等不利季节	2~3	主要考虑季节因素对土体力学特性影响程度
		较适宜施工作业季节	0~1	
6	开挖方式	筑岛围堰开挖	2~3	筑岛围堰开挖应考虑洪水、潮汐及冲刷水平等因素
		放坡台阶法开挖	0~1	

5.2.8 支架现浇法施工事故可能性评估

支架现浇施工事故可能性评估指标主要基于支架坍塌及跨线桥事故,见表3-5-8。

支架现浇法施工事故可能性评估指标体系　　　　　　　　　表3-5-8

序号	评估指标	分类	分值	说明
1	支架规模	支架高 H≥8m,搭设跨度18m及以上,施工总荷载15kPa及以上;集中线荷载20kPa及以上	4~6	按支架实际高度,比照基准分综合判定
		5m≤支架高 H<8m,搭设跨度10m及以上;施工总荷载10kPa及以上;集中线荷载15kPa及以上;高度大于支撑水平投影宽度且相对独立无联系构件的混凝土模板支撑工程	2~3	
		支架高 H<5m,跨度10m以下,施工总荷载不超过10kPa,集中线荷载不超过15kPa	0~1	
2	地质及基础岩土条件	不良地质灾害多发区域(包括岩溶、滑坡、泥石流、采空区、强震区、雪崩区、水库坍岸区等)	3~6	主要考虑地质灾害及不良岩土条件对支架结构安全性的影响
		基础岩土为特殊性岩土(冻土、膨胀性岩土、软土等)	3~6	
		地质条件较好,基本不存在影响施工安全的因素	0~1	
3	气候环境条件	极端气候事件多发区域(强风、强暴雨雪等)	4~6	主要考虑风荷载、雪荷载对支架结构安全及水对支架基础承载力的影响
		气候环境条件一般,可能影响施工安全,但不显著	2~3	
		气候条件良好,基本不影响施工安全	0~1	
4	支架设计	采用经验设计方案	2~3	无
		采用专业设计方案	0~1	
5	交通状况	跨越公路、铁路等开放交通及无覆盖危险化学品管线	3~6	应结合交通水平综合判定
		无开放交通,仅存在与施工相关交通	0~1	
		封闭环境,无交通	0	

5.2.9 墩柱(塔)施工事故可能性评估

墩柱(塔)施工事故可能性评估指标主要基于支架坍塌事故,临时结构坍塌事故及高处坠落事故,见表3-5-9。

墩柱(塔)施工事故可能性评估指标体系　　　　　　　　　表3-5-9

序号	评估指标	分类	分值	说明
1	墩柱(塔)高度	H≥30m	4~6	应结合当地施工经验及施工水平,按墩柱(塔)实际高度,比照基准分综合判定
		10m≤H<30m	2~3	
		H<10m	0~1	
2	气候环境条件	极端气候事件多发区域(强风、强暴雨雪等)	4~6	应主要考虑强风、大雾等对施工作业安全的影响
		气候环境条件一般,可能影响施工安全,但不显著	2~3	
		气候条件良好,基本不影响施工安全	0~1	
3	施工方法	支架模板法	0~3	应综合考虑作业人员的施工经验
		机械滑模法(爬升模板法、提升模板法等)	0~1	
4	临时结构设计	采用经验设计支护方案	2~3	无
		采用专业设计支护方案	0~1	

5.2.10 悬臂浇筑施工事故可能性评估指标体系

悬臂浇筑施工事故可能性评估指标主要基于挂篮坍塌事故,见表3-5-10。

悬臂浇筑施工事故可能性评估指标体系　　　　表3-5-10

序号	评估指标	分类	分值	说明
1	挂篮形式	菱形挂篮	2~3	无
		三角挂篮	2~3	
		牵索挂篮	0~1	
2	行走方式	两次走行到位	2~3	无
		一次走行到位	0~1	
3	节段尺寸	节段长度5m以上(不含)或节段宽度15m以上(不含)	2~3	无
		节段长度5m以下(含)或节段宽度15m以下(含)	0~1	
4	气候环境条件	极端气候事件多发区域(强风、强暴雨雪等)	4~6	主要考虑风荷载对挂篮稳定性的影响
		气候环境条件一般,可能影响施工安全,但不显著	2~3	
		气候条件良好,基本不影响施工安全	0~1	
5	设计与制作	采用经验设计方案	2~3	无
		采用专业设计方案	0~1	
6	交通状况	跨越公路、铁路等开放交通及无覆盖危险化学品管线	3~6	应结合交通水平综合判定
		封闭环境,基本无交通	0~1	

5.2.11 悬臂拼装施工事故可能性评估指标体系

悬臂拼装施工事故可能性评估指标主要基于起重吊装事故,见表3-5-11。

5.2.12 架桥机安装法施工事故可能性评估

架桥机安装法施工事故可能性评估指标主要基于架桥机倒塌事故,见表3-5-12。

悬臂拼装施工事故可能性评估指标体系　　　　表3-5-11

序号	评估指标	分类	分值	说明
1	吊具及锚具设计、制作	采用经验设计方案	3~6	无
		采用专业设计验证方案或相关合格且可靠产品	0~1	无
2	吊装方式	采用卷扬机吊装	2~3	
		采用浮运吊装	0~1	
3	气候环境	极端气候事件多发区域(强风、强暴雨雪等)	4~6	主要考虑风对吊装作业的影响
		气候环境条件一般,可能影响施工安全,但不显著	2~3	
		气候条件良好,基本不影响施工安全	0~1	
4	施工位置	水上或山区	2~3	主要考虑梁运输机定位困难引起的施工风险
		陆地	0~1	

架桥机安装法施工事故可能性评估指标体系 表3-5-12

序号	评估指标	分类		分值	说明
1	行走方式	横向	墩顶移梁	2~3	无
			整机吊装横移动	0~1	
		纵向	拖拉式	2~3	
			步履式	0~1	
2	导梁形式		钢索斜拉式(悬臂式)	1~3	无
			单导梁	2~3	
			双导梁	0~1	
3	喂梁方式		侧向取梁型	2~3	应考虑侧向法中吊装作业的风险
			尾部喂梁型	0~1	
4	桥梁线形		弯桥(曲线超高),纵坡大影响施工安全	2~3	弯桥应结合曲线半径大小对施工作业安全影响程度,综合判定
			直桥	0~1	
5	气候环境		存在强风、多雨等不良气候条件,影响施工安全	2~3	主要考虑雨水对土基承载力影响及峡谷、沿海等地风荷载对架桥机行走的影响
			气候环境条件好,基本不影响施工安全	0~1	
6	设计与制作		采用经验设计方案	3~6	无
			采用专业设计验证方案或相关合格且可靠产品	0~1	

5.2.13 人的因素及施工管理引发的事故可能性的评估指标体系,见表3-5-13,将评估指标分值通过公式 $M = A + B + C + D + E + F + G + H$ 进行计算。根据分值对照表3-5-14找出折减系数 γ,再计算事故可能性。

安全管理评估指标体系 表3-5-13

评估指标	分类	分值	说明
总包企业资质 A	三级	3	
	二级	2	
	一级	1	
	特级	0	
专业及劳务分包企业资质 B	无资质	1	针对当前作业的主要分包企业
	有资质	0	
历史事故情况 C	发生过重大事故	3	指项目部主要管理人员从事过的工程项目上曾经发生的事故情况
	发生过较大事故	2	
	发生过一般事故	1	
	未发生过事故	0	

续上表

评估指标	分类	分值	说明
作业人员经验 D	无经验	2	从特种作业人员、一线施工人员的工程经验考虑
	经验不足	1	
	经验丰富	0	
安全管理人员配备 E	不足	2	从"三类人"的持证、在岗情况考虑
	基本符合规定	1	
	符合规定	0	
安全投入 F	不足	2	
	基本符合规定	1	
	符合规定	0	
机械设备配置及管理 G	不符合合同要求	2	
	基本符合合同要求	1	
	符合合同要求	0	
专项施工方案 H	可操作性较差	2	
	可操作性一般	1	
	可操作性强	0	

安全管理评估指标分值与折减系数对照表 表3-5-14

计算分值 M	折减系数 γ	计算分值 M	折减系数 γ
$M>12$	1.2	$3 \leqslant M \leqslant 5$	0.9
$9 \leqslant M \leqslant 12$	1.1	$0 \leqslant M \leqslant 2$	0.8
$6 \leqslant M \leqslant 8$	1		

管理因素对于事故可能性影响较大,但管理也是一个非常复杂、不便评价的内容。本《指南》主要从一些静态的管理内容入手,侧重企业历史上安全业绩的评价指标,如:企业资质、历史事故情况等,还有待评价工程上的安全管理准备情况,如安全管理人员配备、机械设备投入、安全费用投入、安全方案编制情况,这些因素会直接影响现场管理的水平。当然,施工人员安全技能、生理条件、心理条件也是影响安全的重要因素,但在实操层面难以评价,暂不纳入评估指标。

5.2.14 典型重大风险源事故可能性等级划分见表3-5-15,其中 $P = R \times \gamma$,其中 R 为表3-5-5~表3-5-12中各重大风险源评估指标分值累加,按四舍五入计算取整。

典型重大风险源事故可能性等级划分 表3-5-15

计算分值 P	等级描述	等级
$P \geqslant 14$	等级 IV(很可能)	4
$6 \leqslant P < 14$	等级 III(可能)	3
$3 \leqslant P < 6$	等级 II(偶然)	2
$P < 3$	等级 I(不太可能)	1

重大风险源事故可能性评估中将各评估指标进行累加处理,也有它的缺陷,某个危险源评估指标选取的多,分值就高,但并不代表它的风险就高。所以评估指标的选择应十分谨慎,要选取对风险有重大影响且指标间影响较小的指标,如果某个因素对两个以上的指标都有影响,选取影响较大那个指标进行计算即可,不宜重复计算。

5.2.15 根据事故发生的可能性和严重程度等级,采用风险矩阵法确定桥梁具体施工作业活动的风险等级,划分标准见表3-5-4。

5.2.16 评估人员根据工程进度,宜绘制施工安全风险分布图,将重大风险源的风险等级用不同颜色在桥梁施工形象进度图中标示出来,并附到评估报告中,同时以列表方式将重大风险源汇总,填入表3-5-16。

风险分布图是评估成果的重要表现形式,可以在桥梁施工形象进度图中标示出来,提醒参建各方在特定时间节点上,加强管理,监督风险控制措施的实施情况。

重大风险源风险等级汇总表　　　　表3-5-16

重大风险源	事故可能性等级	严重程度等级		风险等级	评定理由
		人员伤亡	经济损失		
重大风险源1					
重大风险源2					
……					
重大风险源n					

5.3 隧道工程

5.3.1 隧道工程施工安全重大风险源风险估测采用定性与定量相结合方法。事故严重程度的估测方法推荐采用专家调查法。事故可能性的估测方法推荐采用指标体系法。

5.3.2 事故严重程度,主要从人员伤亡、直接经济损失两个方面进行估算,等级标准如表3-5-2、表3-5-3所示。当多种后果同时产生时,应采用就高原则确定事故严重程度等级。

5.3.3 物的不安全状态引起的事故可能性,应根据事故类型选择适当的评估指标来确定其等级,本《指南》列出了坍塌、涌水突泥、瓦斯爆炸事故的评估指标,其他事故类型可参考本《指南》的原则和思路自行确定评估指标。

隧道工程重大事故类型主要是塌方、涌水突泥、瓦斯爆炸事故,除此之外,还有洞口失稳、岩爆等。本《指南》主要从影响事故发生的工程地质、水文地质条件,还有施工工艺等来制订评估指标。这些评估指标适合评估单元(施工区段)重大事故的评价。施工区段的划分应结合设计文件中有关围岩分级的情况,将相同特征的围岩区段作为评估单元,同时将围岩变化区段(风险较高)单独划分为评估单元。

5.3.4 人的因素及施工管理引发的事故可能性的评估指标体系见表3-5-13。将评估指标分值通过公式 $M = A + B + C + D + E + F + G + H$ 进行计算。根据分值对照表3-5-14找出折

减系数 γ,再计算事故可能性。

5.3.5 隧道坍塌事故的可能性,可从施工区段的围岩级别、断层破碎带、渗水状态、地质符合性、施工方法、施工步距等指标进行估算。具体评估指标可参见表3-5-17,评估时可根据工程实际情况对评估指标分类和分值进行改进。

隧道施工区段坍塌事故可能性评估指标 表3-5-17

评估指标	分类		分值	说明
围岩级别 A	Ⅴ、Ⅵ级		4~5	可根据围岩节理发育情况和岩性适当调整分值
	Ⅳ级		3	
	Ⅲ级		2	
	Ⅰ、Ⅱ级		0~1	
断层破碎情况 B	存在宽度50m以上的大规模断层破碎带		3~4	
	存在宽度20m以上、50m以下的中等规模断层破碎带		2	
	存在宽度20m以下小规模断层破碎带		1	
	不存在断层破碎带		0	
渗水状态 C	岩溶管道式涌水		1.5	渗水状态应考虑天气影响因素
	线状—股状		1.2	
	线状		1.0	
	干—滴渗		0.9	
地质符合性 D	工程地质条件与设计文件相比较差		2~3	由监理工程师确认
	工程地质条件与设计文件基本一致		1	
	工程地质条件与设计文件完全一致		0	
施工方法 E	施工方法不适合水文地质条件的要求		2~3	可参照有关技术标准确定是否适合
	施工方法基本适合水文地质条件的要求		1	
	施工方法完全适合水文地质条件的要求		0	
施工步距 $F=a+b$	a	Ⅴ、Ⅵ级围岩衬砌到掌子面距离在200m以上或全断面开挖衬砌到掌子面距离在250m以上	4~5	二次衬砌距离掌子面的距离是影响隧道稳定性的一个重要因素。本指标主要考虑施工时台阶法施工、全断面法施工二次衬砌是否及时跟上
		Ⅴ、Ⅵ级围岩衬砌到掌子面距离在120m以上、200m以下或全断面开挖衬砌到掌子面距离在160m以上、250m以下	3	
		Ⅴ、Ⅵ级围岩衬砌到掌子面距离在70m以上、120m以下或全断面开挖衬砌到掌子面距离在120m以上、160m以下	2	
		Ⅴ、Ⅵ级围岩衬砌到掌子面距离在70m以下或全断面开挖衬砌到掌子面距离在120m以下	0~1	
	b	一次性仰拱开挖长度在8m以上	2~3	
		一次性仰拱开挖长度在8m以下	0~1	

隧道坍塌事故可能性评价指标主要包括：围岩级别、断层破碎带、渗水状态、地质符合性、施工方法、施工步距等。围岩级别是隧道稳定性最基本的参数，本《指南》按照《公路隧道设计规范》(JTG D70—2004)的规定，将围岩级别划分为四类。断层破碎带的存在是影响坍塌事故的主要因素，常导致围岩变化处发生塌方冒顶事故，本《指南》从断层破碎带的规模来进行分类，规模越大，施工难度越大，风险越高。隧道中水含量是影响围岩稳定性的重要因素，将渗水状态定性划分四类，作为围岩级别的系数处理。地质符合性是指实际揭露的地质情况与设计文件的符合性，由监理工程师确认。施工方法是否符合水文、地质条件，可参照隧道施工有关标准规范。施工步距控制是隧道稳定性的因素之一，很多工程冒险蛮干，不及时支护，步距较大，往往引发坍塌事故。

5.3.6 隧道施工区段坍塌事故可能性分值计算公式为：$P = \gamma \cdot (C \times A + B + D + E + F)$。计算结果要四舍五入为整数。分值大小确定后，对照表3-5-18确定坍塌事故可能性等级。

隧道施工区段坍塌事故可能性等级标准　　　　表3-5-18

计算分值 P	事故可能性描述	等 级
P≥15	很可能	4
8≤P<15	可能	3
3≤P<8	偶然	2
0≤P<3	不太可能	1

5.3.7 瓦斯爆炸事故的可能性，可从施工区段的瓦斯含量、洞内通风情况、机械设备防爆情况、瓦斯监测体系等指标进行估算，具体评估指标见表3-5-19。

隧道施工区段瓦斯爆炸事故可能性评估指标　　　　表3-5-19

评估指标	分 类	分值	说 明
瓦斯含量 A	存在瓦斯突出危险	4	可根据设计文件、现场监测结果进行判断
	瓦斯涌出量≥0.5m³/min	2~3	
	瓦斯涌出量<0.5m³/min	1	
	无瓦斯	0	
洞内通风 B	洞内掌子面最小风速未达标	2~3	由现场监测结果进行判定
	洞内掌子面最小风速达标	1	
机械设备防爆情况 C	未采用防爆设备	3	对出渣机械、机电设备等综合判定
	采用防爆设备	1~2	
瓦斯监测体系 D	洞内瓦斯监测体系不完备	2~3	由评估小组按照有关技术标准判定
	洞内瓦斯监测体系完备	1	

瓦斯爆炸的评估指标包括：瓦斯含量、洞内通风情况、机械设备防爆情况、瓦斯监测体系，主要从隧道固有危险性（瓦斯含量）和安全技术措施（通风、机械防爆、瓦斯检测）两个方面入手。瓦斯含量指被评估施工区段地层中瓦斯的含量，可根据设计文件或现场检测结果来确定。洞内通风、机械防爆、瓦斯监控是指相关设施是否存在、是否正常使用。

5.3.8 隧道施工区段瓦斯爆炸事故可能性分值计算公式为:$P = \gamma \cdot A \times (B + C + D)$。分值大小确定后,对照表3-5-20确定瓦斯爆炸事故可能性等级。

隧道施工区段瓦斯爆炸事故可能性等级标准 表3-5-20

计算分值 P	事故可能性描述	等　　级
$P \geqslant 12$	很可能	4
$7 \leqslant P < 12$	可能	3
$3 \leqslant P < 7$	偶然	2
$0 \leqslant P < 3$	不太可能	1

瓦斯含量作为系数来计算瓦斯爆炸的可能性,将其他几个代表控制措施的指标进行加和,乘积再和管理因素所代表的折减因子相乘,就可得到被评价单元内发生瓦斯爆炸的可能性等级。

5.3.9 隧道涌水突泥事故的可能性,可从施工区段的岩溶发育程度、断层破碎带、外水压力水头等指标进行估测,具体评估指标见表3-5-21。

隧道施工区段涌水突泥事故可能性评估指标 表3-5-21

评估指标	分　类	分值	说　　明
岩溶发育程度 A	岩溶极发育,有宽大岩溶洞穴、地下暗河、塌陷坑等	4~5	根据设计文件和超前预报结果判定
	岩溶发育,有宽大岩溶发育带和大岩溶洞穴	3	
	岩溶较发育,有岩溶裂隙带和较大岩溶洞	2	
	岩溶不发育,有岩溶裂隙、小溶洞发育	0~1	
断层破碎带 B	施工区段及附近存在断层破碎带或较大裂隙	2~3	根据设计文件和超前预报结果判定
	施工区段不存在断层破碎带或较大裂隙	0~1	
周围水体情况 C	隧道上方存在湖泊、河流、水库等水体	3	根据现场调查情况判定
	隧道附近存在补给性水体	2	
	隧道周围不存在补给性水体	0~1	

涌水突泥事故的评价指标包括:岩溶发育程度、断层破碎带、外水压力水头。岩溶发育程度是指被评价施工区段内岩溶地质存在的情况,通过岩溶裂隙规模来确定,由评估小组根据设计文件和超前地质预报的结果进行判定。断层破碎带是指施工区段是否存在破碎带,它往往是涌水突泥的导水管,由评估小组根据地质预报情况进行判定。周围水体情况是指隧道周围水体是否存在,以及存在的规模大小,可由现场勘查结果判定。

5.3.10 隧道施工区段涌水突泥事故可能性分值计算公式为:$P = \gamma \cdot B \times (A + C)$。分值大小确定后,对照表3-5-22确定涌水突泥事故可能性等级。如果施工区段存在盆状地形,同时施工期间有大雨、暴雪等强降水天气时,则事故可能性等级为4级。

隧道施工区段涌水突泥事故可能性等级标准 表3-5-22

计 算 分 值 P	事故可能性描述	等 级
$P \geqslant 12$	很可能	4
$6 \leqslant P < 12$	可能	3
$3 \leqslant P < 6$	偶然	2
$0 \leqslant P < 3$	不太可能	1

断层破碎带相对应的分值和折减因子作为计算的系数来处理,因为它们关系到涌水突泥的规模。岩溶发育程度、周围水体情况两个客观因素进行加和,与系数相乘得到被评价施工区段发生涌水突泥事故的可能性等级。

5.3.11 根据事故发生的可能性和严重程度等级,采用风险矩阵法确定隧道施工区段发生某种重大风险源风险等级,划分标准见表3-5-4。

5.3.12 完成重大风险源估测后,应根据隧道工程进度表,绘制施工安全风险分布图,将重大风险源的风险等级用不同颜色在隧道纵断面上的分布情况标示出来,并附到评估报告中。同时将不同施工区段的重大风险源列表说明,如表3-5-23所示。

几种重大事故在隧道纵断面上的风险分布图,是风险评估成果的直观表现形式,应按照事故类别、风险等级对应的颜色进行分别标注。特别需要注意,不同类型事故评价的评价单元可能不同,这主要是因为隧道地质情况对不同类型事故的作用原理不同,因此应分别做好评价单元的划分。

××隧道重大风险源风险等级表 表3-5-23

序号	施工区段（里程桩号）	坍 塌			涌水突泥			瓦斯爆炸			洞口失稳			岩 爆			大 变 形		
		可能性等级	严重程度等级	风险等级	可能性等级	严重程度等级	风险等级	可能性等级	严重程度等级	风险等级	可能性等级	严重程度等级	风险等级	可能性等级	严重程度等级	风险等级	可能性等级	严重程度等级	风险等级

第6章 风险控制

6.1 一般要求

6.1.1 根据风险评估结果,按照风险接受准则,提出风险控制措施。公路桥梁、隧道工程施工安全风险接受准则如表3-6-1所示。

风险控制措施是风险评估的最终目的,应根据风险源辨识、风险分析、风险估测的结果,特别是风险分析的结果,从管理制度、技术手段、安全教育、应急救援等方面提出事故防范的建议。

风险接受准则 表3-6-1

风险等级	接受准则	处 理 措 施
低度	可忽略	不需采取风险处理措施和监测
中度	可接受	一般不需采取风险处理措施,但需予以监测
高度	不期望	必须采取风险处理措施降低风险并加强监测,且满足降低风险的成本不高于风险发生后的损失
极高	不可接受	必须高度重视,采取切实可行的规避措施并加强监测,否则要不惜代价将风险至少降低到不期望的程度

6.1.2 风险控制应根据工程特点、风险评估结果、成本效益比等,选择合适的风险控制措施。措施建议应具体翔实并具操作性。按照针对性和重要性的不同,措施建议可分为应采纳和宜采纳两种类型。

本条是宏观要求,提出了风险控制措施的制订原则,具体措施应由评估小组斟酌确定。应采纳的措施建议是有关法律法规、标准规范规定的要求,必须执行的;宜采取的措施建议是评估小组根据工程实际情况提出的建议,施工单位也应综合考虑,在施工组织设计或安全专项施工方案中落实。

6.1.3 一般风险源控制措施由施工单位按常规制订。重大风险源控制措施应按照预案、预警、预防三个阶段逐一明确要求。经专项风险评估达到高度风险及以上的施工作业活动或施工区段,应采取完善专项施工方案及应急预案、开展施工监测与预警、提高现场防护条件、加强施工安全技术交底和危险告知等措施,防止重大险情或事故发生。

一般风险源控制措施主要是设立安全防护、警示设施,加强安全教育等,施工单位应按照相关要求进行落实。重大风险源控制包括:预案、预警、预防三个层面。预案指专项施工方案(应经专家评审)、应急预案,主要是在纸面上制订相关安全管理规划。预警是针对桥梁或隧道开展施工动态监测,重大风险预警(如台风、支架垮塌、边坡滑塌等)的措施,是针对重大事故在现场采取的技术措施,需要进行一定的投入。预防主要是从人员教育和物理防护等角度,通过在现场设立安全防护、警示设施,加强施工安全技术交底和人员危险告知,提高大家的安全意识。

6.1.4 选择风险控制措施时应按照如下顺序进行:
1)本质安全
控制措施宜首先从本质安全的角度,来消除风险源或将风险降低到可接受的程度。
(1)重新评估工程设计中残留的风险:
①是否可变更设计以降低风险?
②是否可以选择不同施工方法避开风险源或降低风险?
(2)评估施工临时结构的本质安全。
2)安全隔离或防护
不能从本质安全进行控制的风险,应优先采用隔离或防护的手段降低风险,其顺序是:
(1)施工方法的残留风险能否通过合理安排施工顺序而避开?
(2)必须面对的风险源应采取隔离或保护全体作业人员的措施。
(3)个体防护措施。
3)警告或标示
上述措施采取后残留的风险,应采取警告或标示等辅助措施降低:
(1)自动监测并发出警告。
(2)设立警告标志。
(3)人工观测、警戒、监视或专人指挥。
4)教育培训
将确定的安全措施在施工前通过安全技术交底等方式,传递给安全管理和施工作业人员,减少和避免人的不安全行为。

本条在宏观上提出了多个风险控制措施存在时,应如何选用或组合使用的要求。一般来说,本质安全是最好的,但由于工程必须实施,环境改变不了,特别是技术方案是确定的,因此本质安全常实现不了,但在临时工程中应注意本质安全的要求。安全隔离或防护是采取现场防护或个体防护等手段,将人员和风险源隔开,比如临边防护等。警示或标示是物理措施中较弱的手段,投入不多,应在不能采取安全隔离或防护措施时使用。教育培训是最后的手段,对从业人员进行相应的培训,提高其安全意识,改进其安全行为,达到安全管理的目的。教育培训应和其他手段结合使用。

6.2 一般风险源控制

6.2.1 一般风险源控制措施应根据有关技术标准、安全管理要求来制订。

6.2.2 一般风险源对应的触电、高处坠落、物体打击、车辆伤害、火药爆炸、火灾等事故的风险控制措施应简明扼要,明确安全防护、安全警示、安全教育、现场管理等方面的具体内容。

一般风险源的控制措施,必须按照风险源辨识的结果,逐一落实,主要是针对伤害较小的事故,明确现场安全防护设施、安全警示标志、安全教育培训的内容。必须满足相关法律法规、标准规范和项目管理相关要求,比如触电事故预防应按照临时用电的相关技术标准进行;车辆伤害事故预防要按照施工区警示标志、车辆安全管理的技术标准进行。

6.3 重大风险源控制

6.3.1 重大风险源应按照公路桥梁、隧道工程专项风险评估的结论,充分考虑工程实际情况,按照不同风险等级,制订相适宜的风险控制措施。典型的重大风险源控制措施建议可参见附录3-4、附录3-5。

针对重大风险源的控制,是安全管理的重点,也是难点。难点主要体现在技术和资金上。一般来说,重大风险源控制需要在现场监测、危险预警、安全防护等多方面投入设施、材料、设备,需要较多资金。因此,重大风险源应分级管理,在重大风险源确定风险等级后,应根据不同风险等级,制订相适宜的风险控制措施,风险高就应该采取高标准的要求。

6.3.2 现场施工应建立重大风险源监控和预警预报体系,明确预警预报标准,通过对施工监控数据的动态管理,及时掌握其发展状态,发现异常或超过警戒值,应及时采取规避措施,做好风险事故处理准备工作。

本条是对重大风险源在技术管理上的要求,参建各方应依此制订相应的管理制度,从远期预报、监控预警、事后救援方面提出要求。

6.3.3 专项风险等级达到Ⅲ级(高度风险)及以上的施工作业活动或施工区段,其重大风险源的监控与防治措施、应急预案,应按规定组织论证或复评估后方能实施。

本条是重大风险源在技术管理上的要求,Ⅲ级(高度风险)重大风险源应针对专项方案和应急预案进行专家审查。

第7章 风险评估报告编制

7.0.1 风险评估报告是施工安全风险评估过程的记录,应反映风险评估过程的全部工作,将风险评估过程中的记录表格、采用的评估方法、获得的评估结果、推荐的控制措施等写入评估报告中。

记录表格就是指专项风险评估流程图中所列的各个表格,评估结论主要是重大风险源的情况总结,控制措施建议就是应采取、宜采取的主要措施。另外,专家调查中各类问卷结果也应附到报告中。

7.0.2 风险评估报告应内容全面,文字简洁,数据完整,客观公正,提出的风险控制措施具有可操作性。

7.0.3 风险评估报告应包含以下内容:
1)编制依据
(1)项目风险管理方针及策略;
(2)相关的国家和行业标准、规范及规定;
(3)项目设计和施工方面的文件;
(4)项目各阶段(工程可行性研究、初步设计、详细设计等)审查意见;
(5)设计阶段风险评估成果。
2)工程概况
3)评估过程和评估方法
4)评估内容
(1)总体风险评估;
(2)专项风险评估,包括风险源普查、辨识、分析以及重大风险源的估测。
5)对策措施及建议
6)评估结论
(1)重大风险源风险等级汇总;
(2)Ⅲ级和Ⅳ级风险存在的部位、方式等情况;
(3)分析评估结果的科学性、可行性、合理性及存在的问题。

以上是风险评估报告的内容要求,部分工程某些内容可能没有。另外,在内容顺序编排上也可前后调整,但应包括这些主要内容。

7.0.4 风险评估报告格式见附录3-6,应包括:
(1)封面(包括评估项目名称、报告完成日期、评估组长签名);

(2)著录项(评估人员名单,并应亲笔签名);
(3)目录;
(4)编制说明;
(5)正文(章节设置参见7.0.3条);
(6)附件。

签名主要是因为评估报告作为安全检查、事后调查的重要依据,应明确责任,以此提高评估小组的评估认真程度。编制说明部分主要应介绍本报告在评估工作启动、工作过程、专家审查、备案等情况。附件里应包括专家审查意见及名单、专家调查法问卷复印件及其他与报告内容直接相关的文件。

附录3-1　常用评估方法特点

本附录总结了风险评估常用的技术方法,供风险评估人员参考。评估人员应根据评估目的、评估对象特点,确定可行的评估工作组织形式,合理选用评估方法,也可选用本附录以外的其他方法,鼓励创新。

分类	名　称	优　点	缺　点	适 用 范 围
定性分析方法	专家评议法	简单易行,比较客观。所得结论比较全面、正确,能够对各种模糊的、不确定的问题作出较为准确的回答	易受主观因素的影响,有可能使结果产生偏差,容易偏保守	该方法适用于难以借助精确的分析技术而可依靠专家的集体直观判断进行预测的危险源分析问题
	专家调查法（包括智暴法、德尔菲法）	可防止由于专家多而产生当面交流困难、效率低,避免了因权威作用或人数多而压倒其他意见而多次征询意见	由于专家不能当面交流,缺乏沟通,可能会坚持错误意见。由于是函询法,且又多次重复,会使某些专家最后不耐烦而不仔细考虑填写。具有专家评议法的缺点	难以借助精确的分析技术而可依靠集体的直观判断进行预测的风险分析问题。问题复杂、专家代表不同的专业并没有交流的历史。受时间、经费限制,或因专家之间存有分歧、隔阂不宜当面交换意见
	"如果…怎么办"法(if…then)	经济有效,可充分发挥专业人员的知识特长、集思广益,可找出一个工程所存在的危险、有害性及其程度,提出消除或降低其危险性、有害性的对策措施,比较醒目、直观	该方法要求参与人员要熟悉工艺、设备,并且要收集类似工程的有关情况,以便分析,综合判断。该方法对于较大的系统进行分析时,表格数量多,工作量大,且容易产生错漏	该方法既可适用于一个系统,也可以适用于系统中某一环节,适用范围较广。但不适用于较大系统分析,只适用于系统中某一环节或小系统分析
	失效模式和后果分析法	对于一个系统内部每个不见的失效模式或不正常运行模式都可进行详细分析,并推断它对于整个系统的影响、可能产生的后果及如何才能避免或减少损失	只能用于考虑非危险性失效,花费时间,一般不能考虑各种失效的综合因素	可用在整个系统的任何一级,常用于分析某些复杂的关键设备

续上表

分类	名称	优点	缺点	适用范围
半定量分析法	事故树法	对导致灾害事故的各种因素及逻辑关系能作出全面、简洁和形象的描述，便于查明系统内固有的或潜在的各种危险因素，为设计施工和管理提供科学依据，便于进行逻辑运算，进行定性、定量分析和系统评价	事故树法步骤较多，计算较复杂	事故树法应用比较广，非常适合于复杂性较大的系统。在工程设计阶段对事故查询时，都可以使用此法对它们的安全性作出评价。事故树法经常用于直接经验较少的危险源辨识
	事件树法	事件树法是一种图解形式，层次清楚、阶段明显，可进行多阶段、多因素复杂事件动态发展过程的分析，预测系统中事故发生的趋势	在国内外数据较少，进行定量分析还需做大量的工作；用于大系统时，容易产生遗漏和错误；该方法不能分析平行产生的后果，不能进行详细分析。事件树的大小随着问题中变量个数呈指数增长	事件树可以用来分析系统故障、设备失效、工艺异常、人的失误等，应用比较广泛。事件树法不能分析平行产生的后果，不适用于详细分析
	影响图方法	影响图能够明显地表示一个决策分析问题中变量之间的条件独立关系。影响图能够清晰地表示变量之间的时序关系、信息关系和概率关系。这种图形表示方式适合决策者认识问题的思维过程。影响图的网络表示形式便于用计算机存储信息与操作处理	节点的边缘概率和节点间的条件概率难得到。进行主观概率估计时，可能会违反概率理论	影响图方法与事件树法适用性类似，由于影响图方法比事件树法有更多的优点，因此，也可以应用于较大的系统分析
	原因—结果分析法	原因—结果分析法实质是事件树法和事故树法的结合使用，因此，它同时具有这两种方法的优点和缺点		其适用性与事故树法和事件法类似，适用于在设计、操作时用来辨识事故的可能结果及原因。不适用于大型系统
	风险评价矩阵法	根据系统层次按次序揭示系统、分系统和设备中的危险源，做到不漏任何一项，并按风险的可能性和严重性分类，以便分别按轻重缓急采取措施，更适合现场作业，可以进行定性和定量分析	主观性比较强，如果经验不足，会对分析带来麻烦。风险严重等级及风险发生频率是研究者自行确定的，存在较大的主观误差	该方法可根据使用的需求对风险等级划分进行修改，使其适用不同的分析系统，但要有一定的工程经验和数据资料作依据。其既适用于整个系统，又适用于系统中某一环节
定量分析方法	模糊综合评判法	模糊数学综合评判法给出了一个数学模型，它简单、容易掌握，是对多因素、多层次的复杂问题评判效果比较好的方法，其适用性较广	模糊数学综合评判法隶属函数或隶属度的确定、评价因素对评价对象的权重的确定都有很大的主观性，其结果也存在较大的主观性。同时对于多因素、多层次的复杂评价，其计算比较复杂	模糊数学综合评判方法适用于任何系统的任何环节，其适用性比较广

续上表

分类	名　称	优　点	缺　点	适用范围
定量分析方法	层次分析法	具有适用、简洁、实用和系统的特点	AHP得出的结果是粗略的方案排序。对于那种有较高定量要求的决策问题，单纯应用APH的使用过程中，无论建立层次结构还是构造判断矩阵，人的主观判断、选择、偏好对结果的影响极大，判断失误即可能造成决策失误，这就使得用APH进行决策主观成分很大	应用领域比较广阔，可以分析社会、经济以及科学管理领域中的问题。适用于任何领域的任何环节，但不适用于层次复杂的系统
	蒙特卡洛模拟法	它能够用于包括随机变量在内的任何计算类型。考虑的变量数目不受限制。用于计算的随机变量可以根据具体数据采用任何分布形式。可以更有效地发挥专家的作用	能够在实际中采取的模拟系统非常复杂，建立模型很困难。没有计入风险因素之间的相互影响，使得风险估计结果可能偏小	比较适合在大中型项目中应用。优点是可以解决许多复杂的概率运算问题，以及适合于不允许进行真实试验的场合。对于那些费用高的项目或费时长的试验，具有很好的优越性。一般只在进行较精细的系统分析时才使用，它适用于问题比较复杂，要求精度较高的场合，特别是对少数可行方案实行精选比较时十分必要
	等风险图法	该方法的优点是方便直观、简单有效，对任何一个具体项目，只要得到其风险发生概率和风险后果，就可直接得到其风险系数	该方法需要得到风险发生概率和风险后果两个变量值，而这两个值在实际操作中不易得到，需要借助其他分析方法，因此，也含有其他分析方法的缺点。同时，根据等风险图只能确定风险系数位于哪一个区间内，如果想得到具体数值，还需要进行计算	该方法适用于对结果要求精确度不高，只需要进行粗略分析的项目，同时，如果只进行一个项目一个方案分析，该方法相对繁琐，所以该方法适用于多个类似项目同时分析或一个项目的多个方案比较分析时使用
	控制区间记忆模型	该方法用直方图代替变量的概率分布，用"和"代替函数积分，变量的概率分布采取经验分布形式，使风险因素量化过程变得简单、直观，并且易于实现概率的加法和乘法计算	该方法只适合于各变量间相互独立的情况，且最终结果的精确与否与所取区间大小有很大关系	该模型适用于结果精确要求不高的项目，且只适用于变量间相互独立或相关性可忽略的项目
	神经网络方法	具有很强的学习能力、抗故障性和并行性	神经网络综合评估模型在已知数据不足或无法准确构造训练样本集的情况下，需要结合其他综合评估方法得到训练样本集，才能实现对网络的训练	①预测问题，原因和结果的关系模糊的场合。②模式辨识，设计模糊信息的场合。③不一定要得到最优解，主要是快速得与之相近的次优解的场合。④组合数量非常多，实际求解集合不可能的场合。⑤对非线性很高的系统进行控制的场合

续上表

分类	名称	优点	缺点	适用范围
定量分析方法	主成分分析法	能将多个指标转化为少数几个指标进行降维处理。能够将指标之间的关联性考虑在内,但计算比较简单。在大样本的情况下,个别样本对主成本的影响不会很大	评价标准的不可继承性。评价工作的盲目性。评价结果和评价指导思想的矛盾性。需借助较多的统计资料	主成分分析法可适用于各个领域,但其结果只是在比较相对大小时才有意义
综合分析方法	专家信心指数法	具有德尔菲法的优点,一定程度上克服了德尔菲法受个人主观因素影响大的缺点	同德尔菲法	同德尔菲法
综合分析方法	模糊层次综合评估方法	同时拥有了层次分析法和模糊数学综合评判法的优点。该方法克服了模糊数学综合评判法中评价因素对评价对象的权重确定主观性强等缺点	除了模糊数学综合评判法的权重确定的主观性的缺点之外,同时具有层次分析法和模糊数学综合评判法的缺点	其适用范围与模糊数学综合评判法一致
综合分析方法	模糊事故树分析法	兼有模糊数学综合评判法和事故树法的优点。避免了对统计资料的强烈依赖性,为事故概率的估计提供了新思路	除了对统计资料的强烈依赖性之外,同时具有模糊数学综合评判法和事故树法的缺点	适用范围与事故树法相同,与事故树法相比,更适用于那些缺乏基本统计数据的项目
综合分析方法	事故树与模糊综合评判组合分析法	兼有事故树法和模糊综合评判法的优点。避免了在确定因素集过程中出现错漏。对风险影响系数大的因素进行分析,得到的结果更科学、合理	除了模糊综合评判法的权重确定的主观性的缺点之外,同时具有事故树法和模糊综合评判法的缺点	适用范围与事故树法相同

附录 3-2 公路桥梁工程主要施工作业活动与典型事故类型对照表

施工作业 \ 事故类型	坍塌	起重伤害	物体打击	高处坠落	机械伤害	触电	淹溺	车辆伤害	中毒窒息	容器爆炸
深基坑施工	○		○	○						
人工挖孔灌注桩	○								○	
水上机械钻孔灌注桩		○			○	○				○
沉井基础施工		○		○		○				
墩塔模板法施工	○	○	○	○						
模板、支架和拱架安装与拆除	○		○	○						
钢筋工程作业			○		○	○				○
砌体工程施工	○		○	○	○					
猫道施工			○	○						
满堂脚手架现浇法作业	○	○	○	○						
顶推法作业			○	○						
悬臂拼装法作业	○	○	○	○						
悬臂现浇法作业	○	○	○	○						
满堂拱架法作业	○		○	○						
劲性骨架法作业	○		○	○						
缆索吊装法作业	○		○	○						
转体安装作业	○			○						
架桥机安装作业	○			○						
浮吊安装作业		○								
模板、支架和拱架安装与拆除	○									
临时设施(塔吊、龙门架等)拆除	○		○	○						
防护栏、隔离墩施工			○	○	○					
桥面防水施工				○	○					
桥面与人行道铺装				○	○					

附录 3-3 公路隧道工程钻爆法施工作业活动与典型事故类型对照表

主要作业内容及程序 \ 事故类型	物体打击	高处坠落	触电	起重伤害	瓦斯爆炸	冒顶片帮	涌水突泥	放炮	火灾	机械伤害	车辆伤害	倒塌	其他
一、临时工程													
1.场地平整													
a.便道施工及危险点处理		○	○							○			
2.施工场地布置													
a.临时建筑	○		○									○	
b.混凝土拌和场		○	○									○	
c.钢拱架、锚杆等加工场			○							○			
d.弃渣场		○									○		
e.重型机具进场				○						○			
二、洞口边坡工程													
1.边坡开挖及防护													
a.地表清除(清表)		○								○			
b.坡面开挖	○	○								○		○	
c.弃土运输	○									○			
d.打设锚杆		○											
e.喷射混凝土		○											
f.截水沟开挖		○											
2.洞口施工													
a.洞口测量													
b.架设钢拱架		○								○			
c.洞口管棚或小导管施工		○	○				○						
d.注浆										○			
e.洞口开挖(爆破或机械开挖)						○	○	○		○			
f.锚喷支护	○	○											

续上表

事故类型 主要作业内容及程序	物体打击	高处坠落	触电	起重伤害	瓦斯爆炸	冒顶片帮	涌水突泥	放炮	火灾	机械伤害	车辆伤害	倒塌	其他
g.明洞工程	○	○	○									○	
三、洞身开挖													
1.隧道开挖													
a.中心线及高程测量	○	○											
b.布孔		○				○	○						
c.钻孔		○	○			○	○	○		○			
d.装药及结线	○		○					○					
e.启爆	○					○	○	○					
f.通风			○										
g.盲炮检查和危石清理（找顶）	○					○	○	○		○			
h.出渣	○					○	○	○					
2.初期支护													
a.初喷	○		○			○	○			○			
b.立钢拱架	○	○	○			○	○	○				○	
c.钢筋网铺设		○	○			○	○	○				○	
d.打锚杆													
e.喷射混凝土	○	○				○	○	○					
3.仰拱施工													
a.仰拱开挖										○	○		
b.仰拱钢拱架施工			○										
c.绑扎钢筋			○										
d.混凝土浇筑						○	○						
4.监控量测													
a.监测仪器装设及量测	○	○											
四、二次衬砌													
1.防水层工程													
a.搭设施工台车		○	○									○	
b.初期支护表面处理	○												
c.土工布铺设		○								○	○		
d.防水板铺设		○								○	○		
2.二次衬砌工程													
a.钢筋绑扎	○	○										○	
b.模板架设		○								○			

续上表

事故类型 主要作业内容及程序	物体打击	高处坠落	触电	起重伤害	瓦斯爆炸	冒顶片帮	涌水突泥	放炮	火灾	机械伤害	车辆伤害	倒塌	其他
c. 混凝土浇筑		○	○							○	○		
d. 养生			○							○			
e. 拆模		○	○										
五、其他工程													
1. 管沟施工													
a. 管沟混凝土工程			○							○			
2. 路面工程													
a. 沥青或混凝土路面摊铺			○							○	○		
3. 交通工程													
a. 机电工程		○	○							○			
b. 安全设施	○									○		○	

附录 3-4　公路桥梁典型的重大风险源风险控制建议

人工挖孔桩施工风险防控对策及建议　　　　　　　　　　　　　　　　　　　　　附表 3-4-1

说明	
人工挖孔桩为隐蔽工程,风险防控应重点考虑坍塌事故、物体打击事故、高处坠落事故以及中毒窒息事故类型	
序号	风险防控对策及建议
1	人工挖孔桩施工前,应根据桩的直径、桩深、土质、现场环境等状况进行混凝土护壁结构的设计,编制施工方案和相应的安全技术措施,并经企业负责人和技术负责人签字批准
2	人工挖孔桩施工前应对现场环境进行调查,掌握以下情况: (1)地下管线位置、埋深和现况。 (2)地下构筑物(人防、化粪池、渗水池、古坟墓等)的位置、埋深和现况。 (3)施工现场周围建(构)筑物、交通、地表排水、振动源等情况。 (4)高压电气影响范围
3	人工挖孔桩施工前,工程项目经理部的主管施工技术人员必须向承担施工的专业分包负责人进行安全技术交底并形成文件。交底内容应包括施工程序、安全技术要求、现况地下管线和设施情况、周围环境和现场防护要求等
4	人工挖孔作业前,专业分包负责人必须向全体作业人员进行详细的安全技术交底,并形成文件
5	施工前应检查施工物质准备情况,确认符合要求,并应符合下列要求: (1)施工材料充足,能保证正常的、不间断的施工。 (2)施工所需的工具设备(辘轳、绳索、挂钩、料斗、模板、软梯、空压机和通风管、低压变压器、手把灯等)必须完好、有效。 (3)系入孔内的料斗应由柔性材料制作
6	当土层中有水时,必须采取措施疏干后方可施工
7	人工挖孔桩必须采用混凝土护壁;首节护壁应高于地面20cm;相邻护壁节间应用锚筋相连。护壁强度达5MPa后方可开挖下层土方。施工中必须按施工设计要求的层深,挖一层土方施做一层护壁,严禁超要求开挖、后补做护壁的冒险作业
8	人工挖孔作业过程中应满足下列要求: (1)每孔必须两人配合施工,轮换作业。孔下人员连续作业不得超过2h,孔口作业人员必须监护孔内人员的安全。 (2)孔下操作人员必须戴安全帽。 (3)桩孔周围2m范围内必须设护栏和安全标志,非作业人员禁止入内。3m内不得行驶或停放机动车。 (4)严禁孔口上作业人员离开岗位,每次装卸土、料时间不得超过1min。 (5)土方应随挖随运,暂不运的土应堆在孔口1m以外,高度不得超过1m。孔口1m范围内不得堆放任何材料。 (6)料斗装土、料不得过满。 (7)孔口上作业人员必须按孔内人员指令操作辘轳。向孔内传送工具等必须用料斗放,严禁投扔。 (8)必须自上而下逐层开挖,每层挖土深度不得大于100cm,松软土质不得大于50cm,严禁超挖。 (9)作业人员上下井孔必须走软梯。 (10)暂停作业时,孔口必须设围挡和安全标志或用盖板盖牢,阴暗时和夜间应设警示灯

续上表

序号	风险防控对策及建议
9	施工中孔口需用垫板时,垫板两端搭放长度不得小于1m,垫板宽度不得小于30cm,板厚不得小于5cm。孔径大于1m时,孔口作业人员应系安全带并扣牢保险钩,安全带必须有牢固的固定点
10	料斗和吊索具应具有轻、柔、软性能,并有防坠装置
11	孔内照明必须使用36V(含)以下安全电压
12	人工挖孔作业中,应检测孔内空气质量,确认符合国家现行标准的要求,并应满足下列要求: (1)孔内空气中氧气浓度应符合现行《缺氧危险作业安全规程》(GB 8958)的有关要求;有毒有害气体浓度应符合本《规程》附录N的有关要求。 (2)现场必须配备气体检测仪器。 (3)开孔后,每班作业前必须打开孔盖通风,经检测氧气、有毒有害气体浓度在要求范围内并记录,方可下孔作业;检测合格后未立即进入孔内作业时,应在进入作业前重新进行检测,确认合格并记录。 (4)孔深超过5m后,作业中应强制通风
13	施工现场应配有急救用品(氧气等)。遇塌孔、地下水涌出、有害气体等异常情况,必须立即停止作业,将孔内处人员立即撤离危险区。严禁擅自处理、冒险作业
14	两桩净距小于5m时,不得同时施工,且一孔浇筑混凝土的强度达5MPa后,另一孔方可开挖
15	夜间不得进行人工挖孔施工
16	人工挖孔过程中,必须设安全管理人员对施工现场进行检查监控,掌握各桩孔的安全状况,消除隐患,保持安全施工
17	挖孔施工中遇岩石爆破时,孔口应覆盖防护,爆破施工应符合有关安全作业要求
18	人工挖孔施工过程中,现场应设作业区,其边界必须设围挡和安全标志、警示灯,非施工人员禁止入内

基坑施工风险防控对策及建议　　　　　　　　　　　　　　附表3-4-2

说明
基坑施工的风险防控应重点考虑基坑坍塌事故、淹溺事故及爆炸事故等

序号	风险防控对策及建议
1	基坑尺寸应能满足基础安全施工和排水要求,基坑顶面应有良好的运输通道
2	当挖土深度超过5m或发现有地下水和土质发生特殊变化时,应根据现场实际情况确定边坡坡度或采取支护措施;基坑支护应根据土质情况、施工荷载、施工周期和现场情况进行施工专项设计,并符合现行《建筑基坑支护技术规程》(JGJ 120)的有关要求
3	开挖中发现危险物、不明物等严禁敲击和擅自处理
4	基坑临近各类管线、建(构)筑物时,开挖前应按施工组织设计的要求实施拆移、加固或保护措施,经检查符合要求后,方可开挖
5	土层中有水时,应在开挖前进行排降水,先疏干再开挖,不得带水挖土
6	开挖中,出现基坑顶部地面裂缝、坑壁坍塌或涌水、涌沙时,必须立即停止施工,人员撤离危险区,待采取措施确认安全后,方可恢复施工
7	基坑开挖与支撑、支护交叉进行时,严禁开挖作业碰撞、破坏基坑的支护结构
8	施工现场附近有电力架空线时,应设专人监护
9	基坑外堆土时,堆土应距基坑边缘1m以外,堆土高度不得超过1.5m
10	人工清基应在挖掘机停止运转,且挖掘机指挥人员同意后进行,严禁在机械回转范围内作业

续上表

序号	风险防控对策及建议
11	基坑内应设安全梯或土坡道等攀登设施
12	基坑排降水时： (1)基坑范围内有地下水,需降水施工时,应根据水文地质和现场环境状况进行施工设计。 (2)在水深超过1.2m的水域作业,必须选派熟悉水性的人员,并应采取防止溺水的措施
13	导流施工时： (1)宜在枯水季节进行。 (2)施工前应对现场情况进行调查,掌握现场的工程地质、水文地质情况和河湖的水深、流速、最高洪水位、上下游闸堤情况与施工范围内的地上、地下设施现况,编制导流施工设计,制订相应的安全技术措施。 (3)施工前应向海事管理部门申办施工手续,并经批准
14	地基处理时： (1)爆破施工应符合现行《爆破安全规程》(GB 6722)的有关要求。 (2)施工前,必须由具有相应爆破设计资质的企业进行爆破设计,编制爆破设计书或爆破说明书,并制订专项施工方案,要求相应的安全技术措施,经市、区政府主管部门批准,方可实施。 (3)爆破施工必须由具有相应爆破施工资质的企业承担,由经过爆破专业培训、具有爆破作业上岗资格的人员操作。 (4)爆破前应对爆破区周围的环境状况进行调查,了解并掌握危及安全的不利环境因素,采取相应的安全防护措施。 (5)露天爆破装药前,应与气象部门联系,及时掌握气象资料,遇雷电、暴雨雪来临;大雾天气,风力大于六级等恶劣天气,必须停止爆破作业

水上群桩施工风险防控对策及建议　　　　　　　　　　　　附表3-4-3

说明
水上群桩施工的风险防控应重点考虑起重事故、船撞事故、平台坍塌事故等

序号	风险防控对策及建议
1	应根据桩径、桩深、工程和水文地质与现场环境等状况选择适宜的施工方法和机具,并要求制订相应的安全技术措施
2	作业平台应根据施工荷载、水深、水流、工程地质状况进行施工专项设计,其高程应在施工期间的最高水位70cm以上
3	施工中应与海事管理部门密切沟通,确保航道运输安全
4	施工中应密切关注气候环境变化情况,尤其需重点关注风速、潮汐等不利因素
5	泥浆护壁成孔时,孔口应设护筒。埋设护筒后至钻孔之前,应在孔口设护栏和安全标志
6	护壁泥浆应满足下列要求： (1)泥浆原料应为性能合格的黏土或其他符合环保要求的材料。 (2)泥浆不断循环使用过程中应加强管理,始终保持泥浆性能符合要求。 (3)现场应设泥浆沉淀池,泥浆残渣应及时清理并妥善处理,不得随意排放,污染环境。 (4)泥浆沉淀池周围应设防护栏杆和安全标志
7	钻孔作业应满足下列安全要求： (1)施工场地应平整、坚实;现场应划定作业区,非施工人员禁止入内。 (2)施工现场附近有电力架空线路时,施工中应设专人监护。 (3)钻机运行中作业人员应位于安全处,严禁人员靠近和触摸钻杆;钻具悬空时严禁下方有人。 (4)钻孔过程中,应经常检查钻渣并与地质剖面图核对,发现不符合时应及时采取安全技术措施

续上表

序号	风险防控对策及建议
7	(5)钻孔应连续作业,建立交接班制,并形成文件。 (6)成孔后或因故停钻时,应将钻具提至孔外置于地面上,关机、断电并应保持孔内护壁措施有效,孔口应采取防护措施。 (7)钻孔作业中发生坍孔和护筒周围冒浆等故障时,必须立即停钻;钻机有倒塌危险时,必须立即将人员和钻机撤至安全位置,经技术处理并确认安全后,方可继续作业。 (8)施工中严禁人员进入孔内作业。 (9)冲抓钻机钻孔,当钻头提至接近护筒上口时,应减速、平稳提升,不得碰撞护筒,作业人员不得靠近护筒,钻具出土范围内严禁有人。 (10)正、反循环钻机钻孔均应减压钻进,即钻机的吊钩应始终承受部分钻具质量,避免弯孔、斜孔或扩孔。 (11)使用全套管钻机钻孔时,配合起重机安套管人员应待套管吊至安装位置,方可靠近套管辅助就位,安装螺栓;拆套管时,应待被拆管节吊牢后方可拆除螺栓

支架法施工风险防控对策及建议　　　　　附表 3-4-4

说明
支架法施工的风险防控应重点考虑坍塌事故、高处坠落事故等类型

序号	风险防控对策及建议
1	支架法施工前,应根据结构特点、混凝土施工工艺和现行的有关要求对支架进行施工专项安全设计,并制订安装、拆除程序及安全技术措施
2	使用材料应满足下列要求: (1)制作支架的材质,应符合现行国家相关技术标准的要求。 (2)钢管支架及其配件应由具有资质企业生产,具有合格证,并经验收确认质量合格。 (3)周转使用的钢管支架及其配件,使用前应经检查,不得有裂纹、变形和腐蚀等缺陷
3	支架立柱应置于平整、坚实的地基上,立柱底部应铺设垫板或混凝土垫块扩散压力;支架地基处应有排水措施,严禁被水浸泡
4	支架的立柱应设水平撑和双向斜撑,斜撑的水平夹角以45°为宜;立柱高于5m时,水平撑间距不得大于2m,并在两水平撑之间加剪刀撑
5	支架高度较高时,应设一组缆风绳
6	在河水中支搭支架应设防冲撞设施,并应经常检查防冲撞设计和支架状况,发现松动、变形、沉降应及时加固
7	支架跨越公路时应满足下列要求: (1)施工前,应制订模板、支架支设方案和交通疏导方案并经道路交通管理部门批准。 (2)模板、支架的净高、跨度应依道路交通管理部门的要求确定,并设相应的防撞设施和安全标志。 (3)位于路面上的支架四周和路面边缘的支架靠路面一侧必须设防护桩和安全标志,阴暗时和夜间必须设警示灯。 (4)安装时必须设专人疏导交通。 (5)施工期间应设专人随时检查支架和防护设施,确认符合方案要求
8	支架跨越铁路时应满足下列要求: (1)施工前,应制订模板、支架支设方案,并经铁路管理部门。 (2)模板、支架的净空、跨度必须符合铁路管理部门的要求。 (3)模板、支架安装前,铁路管理单位派出的监护人员必须到场。 (4)施工过程中必须符合铁路管理部门的要求。 (5)列车通过时,严禁安装模板、支架和在铁路限界内作业。 (6)铁路管理部门允许施工作业的限界,应采取封闭措施,保持铁路正常运行和现场人员的安全

续上表

序号	风险防控对策及建议
9	支架搭设应满足下列要求： (1)立杆应竖直，2m高度的垂直偏差不得大于1.5cm；每搭完一步支架后，应进行校正。立杆的纵、横间距应符合施工设计的要求，每搭完一步支架后，应进行校正。 (2)可调底座的调节螺杆伸出长度超过30cm时，应采取可靠的固定措施。 (3)满堂红支架的四边和中间每隔四排立杆应设置一道纵向剪刀撑，由底至顶连续设置。 (4)高于4m的满堂红支架，其两端和中间每隔四排立杆应从顶层开始向下每隔两步设置一道水平剪刀撑
10	支架安装完成后，应对节点和支撑进行检查，确认符合设计要求，经验收合格，并形成文件
11	支架应按照施工设计要求的方法、程序拆除；严禁使用机械牵引、推倒的方法拆除
12	拆除前，应先清理施工现场，划定作业区。拆除时应设专人值守，非作业人员禁止入内；拆除作业必须由作业组长指挥，作业人员必须服从指挥，步调一致，并随时保持作业场地整洁、道路畅通
13	拆除作业应自上而下进行，不得上下多层交叉作业
14	支架的拆除时间，应根据结构的特点、部位和混凝土达到的强度确定
15	拆除支架时，必须确保未拆除部分的稳定，必要时应对未拆部分采取临时加固、支撑措施，确认安全后，方可拆除
16	拆除跨公路的支架应满足下列要求： (1)拆除前，应指定支架拆除方案和交通疏导方案，并经道路交通管理部门批准。 (2)拆除时应设专人疏导交通。 (3)拆除材料应及时运出现场，经检查确认道路符合交通管理部门要求，方可恢复交通
17	拆除跨铁路的模板、支架应符合下列要求： (1)拆除前，应制订支架拆除方案，并经铁路管理部门批准。 (2)拆除前，铁路管理部门派出的监护人员必须到场。 (3)拆除过程中必须符合铁路管理部门的要求，列车通过时，严禁拆除作业。 (4)拆除材料应及时运出现场，严禁占用铁路限界放置；拆除完毕，应由铁路管理部门派人验收，确认合格，并办理手续
18	支架法施工中应对各种不良气候因素的密切监测，并应对支架立柱基础沉降做好监控

墩柱(塔)施工风险防控对策及建议　　　　　　　　　　　　　　附表3-4-5

说明
墩柱(塔)施工的风险防控应重点考虑坍塌事故、高处坠落事故等类型

序号	风险防控对策及建议
1	采用液压滑动模板施工应符合下列安全要求： (1)滑模施工应符合现行《液压滑动模板施工安全技术规程》(JGJ 65)的有关要求。 (2)参加滑模作业的人员必须进行安全技术培训，考核合格方可上岗。 (3)滑模施工中应经常与当地气象台站取得联系，遇有雷雨、六级(含)以上大风时，必须停止施工，并将作业平台上的设备、工具、材料等固定牢固，人员撤离，切断通向平台的电源。 (4)采用滑模施工的墩周围必须划定防护区，警戒线至墩台的距离不得小于结构物高度的1/10，且不得小于10m。不能满足要求时，应采取有效的安全防护措施。 (5)滑模施工应根据墩台结构、滑模工艺、使用机具和环境状况对滑模进行施工设计，制订专项施工方案，采取相应的安全技术措施。 (6)液压滑动模板应由具有资质的企业加工，具有合格证书和全部技术文件，进场前应经验收确认合格，并形成文件。

续上表

序号	风险防控对策及建议
1	(7)滑升作业前,应检查模板和平台系统,确认符合设计要求;检查电气接线;检查液压系统,确认各部油管连接牢固、无渗漏,并经试运行确认合格,形成文件。 (8)滑模系统应由专业作业组操作,经常维护,发现问题及时处理。 (9)浇注和振捣混凝土时不得冲击、振动模板及其支撑;滑升模板时不得进行振捣作业。 (10)滑升过程中,应随时检查,保持作业平台和模板的水平上升,发现问题应及时采取措施。 (11)夜间施工应有足够的照明。便携式照明应采用36V(含)以下的安全电压。固定照明灯具距平台不得低于2.5m。 (12)拆除滑模装置必须按专项方案要求进行
2	采用支架模板法时应根据结构特点、混凝土施工工艺和现行的有关要求对支架进行施工专项安全设计,并对安装、拆除程序和安全技术措施提出要求

悬臂拼装施工风险防控对策及建议　　　　　　　　　　附表3-4-6

说明
悬臂拼装施工的风险防控应重点考虑坍塌事故、物体打击事故等类型

序号	风险防控对策及建议
1	悬拼施工应对墩顶段浇注托架、墩顶段临时锚固、悬拼吊装系统、挠度控制和合拢进行施工设计
2	悬拼吊装前应对悬拼吊装系统进行检查、试运转,并按至少130%设计荷载进行试吊,确认符合要求并形成文件后,方可正式起吊;吊机每次移位后必须检查其定位和锚固,确认符合要求后,方可起吊
3	桥墩两侧悬拼施工进度应一致,保持对称、平衡,不平衡偏差必须符合设计要求
4	大雨、大雪、大雾、沙尘暴和六级(含)风以上等恶劣天气必须停止作业
5	悬拼法架设连续梁、悬臂梁时,墩顶现浇段与桥墩之间应设临时锚固或临时支承,使其能承受悬拼施工节段产生的不平衡力矩,待全部块件安装完毕后方可拆除临时锚固或支承
6	T型刚构或悬臂梁的挂孔架设中,移运挂孔预制梁需经过悬臂端时,应对悬臂梁结构进行验算,确认符合设计要求,并形成文件
7	跨越通行的公路、铁路及航道架梁时应与相关主管部门取得联系,商定方案和安全防护措施,并经批准
8	梁段拼装完毕后,应按设计要求程序拆除拼装施工临时设施

悬臂浇筑施工风险防控对策及建议　　　　　　　　　　附表3-4-7

说明
悬臂浇筑的风险防控应重点考虑坍塌事故、高处坠落事故等类型

序号	风险防控对策及建议
1	挂篮应进行施工设计,其强度、刚度、稳定性应满足施工各阶段最大荷载组合的要求
2	悬臂浇注应满足下列安全要求: (1)施工前应对墩顶段浇注托架、梁墩锚固、挂篮、梁段模板、挠度控制和合拢等进行施工设计。 (2)墩身预埋件等应在施工过程中进行工序检查,确认位置准确和材质、规格符合施工设计要求。 (3)浇注墩顶段(0号段)混凝土前,应对托架、模板进行检验和预压,消除杆件连接缝隙、地基沉降和其他非弹性变形。 (4)挂篮的抗倾覆、锚固和限位结构的安全系数均不得小于2。 (5)挂篮组拼后应检查锚固系统和各杆件的连接状况,经验收并进行承重试验确认合格,并形成文件后,方可投入使用。 (6)挂篮行走滑道应平顺、无偏移;挂篮行走应缓慢,速度宜控制在0.1m/min以内,并应由专人指挥。 (7)桥墩两侧梁段悬臂施工进度应对称、平衡,其不平衡偏差应符合设计要求

续上表

序号	风险防控对策及建议
3	梁桥混凝土浇筑过程中,应随时检查钢筋、波纹管和预埋件,发现位移或松动必须及时修复,且应设专人监测模板和支架、挂篮的稳定状况,发现异常必须立即停止浇注,并及时采取安全技术措施,经检查确认合格后,方可恢复施工
4	大雨、大雪、大雾、沙尘暴和六级(含)风以上等恶劣天气必须停止架梁作业

架桥机施工风险防控对策及建议

附表3-4-8

说明
架桥机施工的风险防控应重点考虑坍塌事故

序号	风险防控对策及建议
1	应根据现场条件,通航要求和河床情况,梁板外形尺寸、质量,桥梁宽度,桥墩高度,构件存放位置,施工季节和工期要求等因素选择适宜的架梁机械,制订合理的架设方案和相应的安全技术措施
2	使用定型架梁设备应符合生产企业使用说明书的要求,正式吊装前应经试吊,确认合格并形成文件。非定型架梁设施应进行施工设计,其强度、刚度、稳定性应满足桥梁吊装过程中荷载的要求;组拼完成后应进行验收并形成文件;在正式吊装前应经试吊,确认合格,并形成文件
3	架梁前应向全体作业人员(含机械操作工)进行安全技术交底,并形成文件
4	在架梁过程中,施工现场必须根据环境状况设作业区,并设护栏和安全标志,必要时应设专人值守,严禁非施工人员入内
5	架梁过程中,应严格执行相关安全操作规程
6	大雨、大雪、大雾、沙尘暴和六级(含)风以上等恶劣天气必须停止架梁作业
7	桥台位置、曲线超高段等不利位置架梁,应制订详细的安全技术措施,防止架桥机坍塌事故发生
8	在桥梁改、扩建工程中,架梁作业需占用现况桥面时,宜断绝交通。需不断绝交通时,桥面、道路通行部分的宽度应满足交通要求;作业区与通道之间应设围挡、安全标志、警示灯;施工期间应设专人疏导交通。施工前应与交通管理单位研究并制订疏导交通方案,经批准后实施
9	跨越通行的公路、铁路及航道架梁时应与相关主管部门取得联系,商定架设方案和安全防护措施,并经批准

附录 3-5 公路隧道典型的重大风险源风险控制建议

按照专项风险评估确定的风险等级,隧道坍塌事故可从前期调查、开挖作业、支护方式、监控量测、二次衬砌、安全教育等方面分别制订具体措施,可参照附表 3-5-1。

隧道坍塌事故控制措施建议　　　　　　　　　　　　附表 3-5-1

事故控制措施		等级 IV	等级 III	等级 II
(1)前期调查	①资料收集	收集相关地质资料及周边工程施工记录、事故记录(包括自然灾害)等		最好收集上述资料
	②洞口段	对有关滑坡、岩体崩塌等观测		对是否需要观测进行论证
	③断层、破碎带	接近断层、破碎带时,应采用超前地质预报等方式进行确认		
	④浅埋段	进行地表沉降、拱顶下沉等观测		
(2)开挖作业	①开挖方式	根据地质条件、施工条件选择适当的开挖方式,并根据情况进行超前支护	不良地质条件下应讨论改变施工方法及是否进行超前支护	
	②危石	a)应分段仔细检查爆破段并清除危石。 b)钻孔作业前后、爆破后、废渣处理时及处理后,应进行仔细检查,并去除。 c)地震后应检查以上地点		
(3)支护	①喷射混凝土	a)开挖后迅速喷射混凝土		
		b)根据情况对掌子面喷射混凝土	对于地质不良段应讨论确定	
		c)根据情况二次喷射混凝土	对于地质不良段应讨论确定	
		d)采用钢筋网、喷射混凝土进行加固	对于地质不良段应讨论确定	
	②锚杆	a)锚杆应根据地质条件,采用固结性好并便于施工的方式打设。 b)施工时,应进行拉拔试验确认其性能		
	③钢拱架支护	a)缩小钢拱架的间隔。 b)扩大钢拱架的断面。 c)使用适合围岩条件的底板、垫板。 d)讨论钢拱架的形状是否适合	不良地质路段应缩小。 不良地质路段扩大。 不良地质路段应使用合适的底板、垫板。 不良地质路段应讨论其形状	

续上表

事故控制措施	等级 IV	等级 III	等级 II
(4)监控量测	a)根据地质条件和施工情况进行适当的监控量测		
	b)缩小监控量测间隔。 c)增加监控量测频度	不良地质路段应缩小。 不良地质路段应增加频度	
	d)根据监控量测、观察的结果,初期支护发生变形时,应采取有效的加固措施		
(5)二次衬砌	a)讨论是否需要采用仰拱进行断面闭合及尽早浇筑衬砌等问题。	不良地质路段应对是否闭合及尽早衬砌进行讨论	
	b)根据情况,可考虑是否采用临时性衬砌	应对临时衬砌进行讨论	
(6)防坍塌的培训	应对以下内容进行相关培训: a)坍塌事故的危险性; b)防止事故发生的对策及注意事项; c)检查方法(检查内容及时间); d)发生险情时的应急措施		

按照专项风险评估确定的风险等级,隧道瓦斯爆炸事故,可从前期资料收集、施工中调查、可燃气体检测、通风、警报装置、火源管理、应急措施、防瓦斯培训等方面制订具体对策措施,可参照附表3-5-2。

隧道瓦斯爆炸事故控制措施建议 附表3-5-2

事故控制措施		等级 IV	等级 III	等级 II
(1)前期资料收集		根据地形、地质资料收集周边可燃性气体信息;收集周边已完工或在建隧道工程可燃性气体的产生状况、气体爆炸事故、气体爆炸的对策措施等资料		根据需要,收集周边已完工或在建隧道工程可燃性气体的情况
(2)施工中调查		根据开挖面的观察结果,进行钻探或超前地质预报,对气体的涌出量、气体压力、成分等进行调查	根据开挖观察结果,讨论确定是否进行钻探或超前地质预报	
(3)可燃气体检测	①检测设备	同时使用便携式和固定式检测器		使用便携式检测器
		制订检测器的检查、标定要求		
	②检测方法	在开挖面顶端、隧道中间、模板台车、电气设备等附近,设定检测可燃气体浓度的位置,指定瓦斯检测员,进行检测		
		在可燃气体容易停滞的场所,设置固定式检测器,实时进行检测		施工开始后,如有需要,应经常进行测定
		在作业开始前、爆破前后、地震后、低气压等情况,使用便携式检测器进行精确测定		在当天作业开始前等进行测定
		除可燃气体浓度外,氧气浓度、气压、洞内的温度、风速等也需测定		
	③信息沟通机制	确定检测结果的信息沟通机制。特别应明出现异常值时,向现场负责人报告的渠道和机制		
	④记录、保存	记录并整理施工中的各种检测结果,分析可燃气体的变化趋势		

续上表

事故控制措施		等级Ⅳ	等级Ⅲ	等级Ⅱ
(4)通风	①设备、方式	选定适合隧道断面、长度的通风方式。 在可能产生可燃性气体的施工区域,设置能充分稀释产生气体的换气设备		
	②通风竖井	通风设备不能将气体浓度控制在爆炸极限范围外时,应设置通风竖井	对通风竖井的设置进行论证	
(5)警报装置		设置能检测瓦斯异常情况,并迅速通知附近作业人员的自动警报装置	讨论警报装置的种类、功能,采用在出现异常时能迅速向隧道内施工人员发出警报的装置	
		制订警报的标准、拉响警报时的行动要求,并向相关人员公告		
		制订警报装置的检查、维护标准		
		制订检查员,在每天作业前对警报装置进行检查		
(6)火源管理	①火的管理	制订隧道内用火标准,并向相关人员公告		
		将香烟、火柴、打火机、普通灯、相机用闪光灯等可能成为火源的物品在洞口标示,向相关人员公告,禁止将上述物品带入隧道内。另外,还应实施进洞前随身物品检查等具体措施	原则上禁止带入火源,并进行标示	
		在隧道内,将动火作业变更为不用火的方法或转移到洞外作业。 a)着火用具由作业主管进行保管。 b)动火前对周围的气体浓度进行测定并确保安全。 c)用火过程中,配(„配火人, 由监火人进行气体浓度的测定。 制订包含以上要求的动火作业管理规定,并贯彻落实	在隧道内进行动火作业时,提前提出申请。 在作业前、作业中进行气体浓度测定,以确保安全	在隧道内用火时,应提前提出申请,并采取必要的措施
	②机电设备防爆	在可燃性气体浓度可能达到爆炸极限范围场合使用的机电设备应具有防爆性能。 制订防爆设备维护、检查的标准,以维持防爆性能	在机电设备附近测定可燃气体浓度,并根据需要采用具有防爆性能的设备	
	③电气设备绝缘	为防止放电、电火花的发生,检查电气设备的绝缘情况		
		使用耐火性电缆	讨论使用耐火性电缆	根据需要讨论是否使用耐火性的电缆
	④爆破	爆破作业,采用三级以上煤矿许用炸药		
	⑤其他	为防止服装、通风管等的静电,采取防止带电、接地等措施		

续上表

事故控制措施		等级Ⅳ	等级Ⅲ	等级Ⅱ
(7)应急措施	①应急工具	在必要的场所设置应急处理用具,向相关人员公示设置场所和使用方法		
	②应急演练	模拟发生紧急事件,实施应急避难演练		
	(8)防瓦斯培训	培训围绕下列内容: a)可燃性气体的性质; b)气体爆炸的危害; c)可燃性气体的检测; d)通风; e)火源管理; f)应急处置措施		

按照专项风险评估确定的风险等级,隧道涌水突泥事故可从前期资料收集、施工计划、开挖作业、警报装置、应急措施、防涌水突泥培训等方面分级制订具体对策措施,可参照附表3-5-3。

隧道涌水突泥事故控制措施建议 附表3-5-3

事故控制措施		等级Ⅳ	等级Ⅲ	等级Ⅱ
(1)前期资料收集		收集项目周围已完工和在建隧道工程出现涌水情况的资料		根据需要,对周围隧道工程出现涌水情况的资料进行收集
(2)施工计划		在前期调查的基础上,选择适合地质条件的辅助施工方法,如钻排水孔、设置集水坑、降低地下水位、止水施工法		必要时,选择适当的辅助施工方法
(3)开挖作业	①水平钻孔	采取长距离钻孔,进行涌水调查及排水,根据需要可以改变开挖方法	进行短距离钻孔	
	②集水坑	采用水平钻孔进行排水,作业途中有障碍时,应设置集水坑	讨论集水坑是否设置	
	③止水施工法	排水较为困难时,使用帷幕注浆	根据需要,部分地段进行帷幕注浆	根据需要,讨论是否进行帷幕注浆
	④测量管理	测量洞内的涌水量、地下水位、水质的变化等		根据需要,测量洞内的涌水量、地下水位、水质的变化等情况
		采用洞外现有水井或设置观测井的方式,测量地下水位及水质		根据需要,采用调查现有水井或观测井的方法测量地下水位及水质
		连续调查开挖面的地质变化并进行图示	根据需要连续调查开挖面的地层变化并进行图示	
	⑤信息沟通机制	明确测量结果的联络及报告机制		
	⑥记录及保存	记录并整理施工中的各项测量结果,根据数据把握涌水的危险度		

续上表

事故控制措施		等级Ⅳ	等级Ⅲ	等级Ⅱ
(4)警报装置		应设置发生紧急情况的警报装置。 发出警报的标准、警报的种类、警报后的应急行动等应提前确定,并通知到相关人员。 应确定警报装置检修及维护的标准		
(5)应急措施	①应急器械	应将紧急情况下使用的器械设置在必要的位置上,并将其位置及使用方法通知相关人员		
	②排水设备	根据预测涌水量、隧道断面积、隧道长度、坡度等因素,设置有充分排水能力的排水设备		
	③避难训练	进行紧急情况避险训练		
	④救护训练	进行紧急情况的人员救护训练		
(6)防涌水培训		培训围绕下列内容: (1)涌水的危险性; (2)防止事故发生的措施及注意事项; (3)检查方法; (4)发生紧急情况时的对策		

附录3-6　施工安全风险评估报告格式

(1)封面

封面示例见附图3-6-1。

(2)扉页一

①扉页一应注明:施工安全风险评估报告编制单位名称(加盖公章)。

②评估小组负责人,并应亲笔签名。

③扉页示例见附图3-6-2。

(3)扉页二

评估小组人员名单和职称,并应亲笔签名。

(4)概述

(5)目录

(6)正文

(7)附件

第三部分 《公路桥梁和隧道工程施工安全风险评估指南》解析

评估项目名称（二号宋体）

施工安全风险评估报告（一号黑体加粗）

评估报告完成日期（三号宋体加粗）

附图 3-6-1 评估报告封面示例

评估项目名称(三号宋体)

施工安全风险评估报告(二号宋体加粗)

编制单位:(四号宋体加粗)
评估小组负责人:(四号宋体加粗)
日期:(四号宋体加粗)

附图 3-6-2　评估报告扉页示例

第四部分 公路桥梁和隧道工程施工安全风险评估案例

第1章 桥梁工程

1.1 概 述

1.1.1 评估目的

为加强厦漳大桥工程的安全管理,尽早辨识潜在风险,优化工程建设方案,完善风险控制措施,提高工程建设和运行的安全性,厦漳大桥主体工程安全风险评估工作组(以下简称评估组)按照厦漳大桥公司的要求,对厦漳大桥主体工程施工组织设计进行了安全风险评估。

本次厦漳大桥工程安全风险评估的主要目的如下:

(1)对厦漳大桥工程施工风险进行评估。
(2)为厦漳大桥工程下一步施工管理提供重要的技术参考。
(3)对项目安全风险管理提出建议,为安全管理工作提供参考。

1.1.2 评估依据

(1)国家有关法律法规如下:
《中华人民共和国安全生产法》(中华人民共和国主席令[2002]第70号)
《中华人民共和国消防法》(中华人民共和国主席令[1998]第4号)
《中华人民共和国职业病防治法》(中华人民共和国主席令[2001]第60号)
《中华人民共和国建筑法》(中华人民共和国主席令[1997]第91号)
《中华人民共和国环境保护法》(中华人民共和国主席令[1989]第22号)
《中华人民共和国防洪法》(中华人民共和国主席令[1998]第88号)
《中华人民共和国清洁生产促进法》(中华人民共和国主席令[2003]第72号)
《中华人民共和国突发事件应对法》(中华人民共和国主席令[2007]第69号)
《中华人民共和国行政许可法》(2004年7月1日起施行)
《中华人民共和国防震减灾法》(中华人民共和国主席令[1997]第94号)
《建设工程安全生产管理条例》(中华人民共和国国务院令[2003]第393号)
《危险化学品安全管理条例》(中华人民共和国国务院令[2002]第344号)
《使用有毒物品作业场所劳动保护条例》(中华人民共和国国务院令[2002]第352号)
《特种设备安全监察条例》(中华人民共和国国务院令[2003]第373号)
《国务院关于特大安全事故行政责任追究的规定》(国务院令[2001]第302号)
《压力容器安全技术监察规程》(质技监局锅发[1999]154号)
《劳动防护用品监督管理规定》(国家安全生产监督管理总局令[2005]第1号)
(2)工程项目的有关技术文件、资料如下:

《厦漳跨海大桥北汊主桥南半桥施工组织设计》
《厦漳跨海大桥工程详勘节段工程地质勘察报告》
《厦漳跨海大桥工程两阶段施工图设计》
《厦漳跨海大桥设计阶段风险评估》
(3)评估采用的主要规范和标准如下：
《公路工程技术标准》(JTG B01—2003)
《公路桥涵设计通用规范》(JTG D60—2004)
《公路钢筋混凝土及预应力混凝土桥涵设计规范》(JTG D62—2004)
《公路桥涵地基与基础设计规范》(JTG D63—2007)
《公路桥梁抗风设计规范》(JTG/T D60-01—2004)
《公路圬工桥涵设计规范》(JTG D61—2005)
《公路工程抗震设计规范》(JTJ 004—89)
《公路工程混凝土结构防腐技术规范》(JTG/T B07-01—2006)
《公路建设项目环境影响评价规范(试行)》(JTJ 005—96)
《公路环境保护设计规范》(JTG B04—2010)
《公路工程地质勘察规范》(JTJ 064—98)
《公路工程水文勘测设计规范》(JTG C30—2002)
《公路桥涵施工技术规范》(JTG/T F50—2011)
《公路工程质量检验评定标准》(JTG F80—2004)
《公路工程结构可靠度设计统一标准》(GB/T 50283—1999)
《公路桥梁和隧道工程施工安全风险评估指南》(试行)
《企业职工伤亡事故分类》(GB 6441)

1.1.3 评估范围

本案例对厦漳跨海大桥施工过程中可能造成的人员伤亡及经济损失进行了风险评估，并提出相应的安全对策措施。专项风险评估中，为了使案例能够简洁、深入的说明评估过程，以部分工程北汊主桥南半桥为例进行评估。

1.1.4 评估原则

本案例将按国家现行有关劳动安全卫生的法律、法规和标准要求，对本项目进行评价，同时遵循下列原则：
(1)严格执行国家、地方与行业现行有关劳动安全卫生方面的法律、法规和标准，保证评价的科学性与公正性。
(2)采用可靠、先进适用的评价技术，确保评价质量，突出重点。

1.2 工程概况

1.2.1 工程规模

厦漳跨海大桥工程位于厦门海沧区与漳州交界、九龙江入海口处，如图4-1-1所示。路线全长 9.333km,其中桥梁长度 8.546km。北汊桥梁长 6.692km,南汊桥梁长 1.854km,海门岛及漳州岸接线(即海门立交)长 0.787km,按车速 100km/h,双向六车道高速公路标准设计,路基宽度 33.5m,桥梁宽度 33m,设计荷载为公路-Ⅰ级。大桥工程主要由北汊北引桥、北汊主桥、北汊南引桥、海门岛立交及收费服务区、南汊桥、海平互通立交组成。

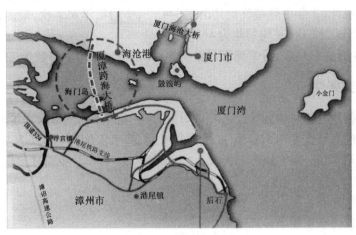

图 4-1-1 厦漳跨海大桥位置图

厦漳跨海大桥的顺利开建,对完善闽南区域路网布局,推进厦门港一体化建设和资源的综合开发,加强厦门与漳州的区域联系,增强厦门中心城市的辐射带动作用,促进厦漳城市联盟和海峡西岸经济区建设等均具有重要意义。

1.2.2 地形地貌

桥位区地貌单元属闽东南沿海低山丘陵—滨海平原区,地貌类型主要有低丘陵、残积台地及冲海积平原。海沧以南海域内分布有海门岛、鸡屿岛和目屿岛。

大桥北岸沿线地形总体由北向南倾斜,大桥起点至过田、炉塘地貌类型主要为残积台地,地势较为平缓,地面高程一般 10.0~20.0m。过田、炉塘以南地貌类型为冲海积平原,地形开阔,地面高程一般 1.0~5.0m,地表水系发育,沟、塘遍布,沿线附近分布有青礁、鸿江等村庄,拟建大桥在青礁村北跨越角美至嵩屿铁路,海岸为淤泥海岸,滩涂生长有红树林,有石砌海堤护岸。

1.2.3 气象特征

桥址区域为欧亚大陆的东南缘,背山面海,是典型的南亚热带海洋性季风气候,受季风的影响十分明显。冬季厦门受欧亚极地下来的干、冷气团控制,多吹东北到偏东风,气温较低,雨量稀少。夏季主要受热带和副热带暖气团的控制,多吹西南到偏南风,气温较高,雨量较多,降水强度也较大。一些主要的灾害性天气多发生在这个季节里,如冰雹、强雷暴、龙卷风、大暴雨、浓雾、台风等。特别是历年三月至六月份的时间内,灾害性天气频繁。

二月份平均温度最低,为 12.4℃,七月份最高,为 28.5℃。年平均气温 20.9℃,极端最高气温 38.5℃,极端最低气温 2.0℃。

降水主要分布在每年的 4~8 月,占全年总降水量的 67%。全年日降水量不小于 25mm

的平均降水日数为13.6天。

厦漳跨海大桥地处我国东南部季风区,位于厦门岛西南部,纵跨九龙江入海口,在海沧大桥西南侧。该区域主导风向为东北风,次之为东南风。9月到翌年4月多东北风,为沿海大风季节,平均风力3~4级,最大8~9级。7~9月为台风季节,风力可达7~10级,最大达12级以上。根据资料统计52年中热带气旋共出现344个,平均每年6.7次,最多达14次,最大风速≥24.5m/s共出现212次,平均每年为4.2次。

全年以3~4月雾日最多,月平均雾日数为5.4天;多年平均雾日数为22天。

1.2.4 水文条件

厦漳跨海大桥地处福建省九龙江入海口附近,为腹大口小的倒罐状溺谷河口湾,桥位处海沧与海门岛之间的海域宽度约5km,海底地形较平缓,海水深度约1.95~8.40m,海门岛与南岸之间海域宽度约420m,海底地形起伏较大,水深可达8~15m。涨潮时,潮流向上逆至石码;退潮时,江水随潮水进入厦门港。

(1)潮汐性质

桥区所在海域属于正规半日潮流型。

(2)潮位特征

桥区历年最高高潮位4.511m(1933年10月22日);最低低潮位-3.209m(1921年2月24日);平均高潮位2.411m;平均低潮位-1.579m;平均潮差3.99m;最大潮差6.92m(1933年10月22日);最小潮差0.99m。

(3)潮流

桥区属正规半潮流区,呈往复流特征,涨潮时外海水向西溯江而上,落潮时则向东顺江流出,主流向与深槽等深线平行。潮流流速具有大潮大于小潮,表层大于底层的规律。一般情况下,落潮流大于涨潮流。口门附近最大流速可达2m/s以上。

1.2.5 工程地质

北汉主桥段(K2+365~K3+795)土体层厚度为20~40m,岩体以花岗岩为主,穿插有辉绿岩和正长岩岩脉,岩体差异风化现象明显,强风化带厚度普遍较大,弱、微风化面起伏很大,地质条件较为复杂。

主跨以南段,第四纪地层组合较简单,中、上部以黏性土为主,下部连续分布有中密—密实状砂砾石层;岩体面总体上由北往南变浅,岩体风化差异较明显,残积层基本缺失;全风化层厚度一般为2~7m;强风化层厚度多为10~20m,局部超过50m;弱风化层厚度一般在1~10m间;微风化面起伏也很大。

全风化层(⑦$_1$)压缩性中等、承载力较低、工程性能较差;砂粒状强风化层(⑦$_2$)压缩性中等偏低、承载力一般、工程性能一般,其内有较多大小不等的弱—微风化残余体,均匀性差;碎块状强风化层(⑦$_3$)承载力较高、压缩性低、工程性能较好,其均匀性优于砂粒状强风化层;弱风化层(⑦$_4$)承载力高、以弹性变形为主、工程性能优于碎块状强风化层,但由于其内存在较多风化裂隙,岩块强度相差较大。

本标段岩土层设计主要参数建议值如表4-1-1所示。

岩土层设计参数建议值 表4-1-1

层号	岩土名称	内摩擦角标准值 $\varphi_k(°)$	黏聚力标准值 $c_k(kPa)$	压缩模量 $E_S(MPa)$	变形模量 $E_0(MPa)$	承载力基本容许值 $[\sigma_0](kPa)$	钻孔桩桩侧土摩阻力标准值 $T(kPa)$	饱和抗压强度 $f_{rc}(MPa)$	土的侧压力系数 ξ
③₁	淤泥	5	10	1.5		40			0.80
③₄	中砂	30	0	4		150	35		0.40
④₁	淤泥	5	15	2		50	10		0.75
④₂	黏土及亚黏土	5	20	3		140	35		0.60
④₃	黏土及亚黏土	10	37	5		250	45		0.50
④₄	粉砂	28	3	6		100	35		0.43
④₅	细砂	30	1	6		200	40		0.43
④₆	中砂	32	0	6		330	50		0.40
④₇	粗砂	35	0	12		370	80		0.40
⑤₃	中砂	35	0	15		350	85		0.40
⑤₄	粗砂	38	0	15		400	90		0.40
⑤₅	砾砂	40	0	20		450	100		0.40
⑤₆	圆砾土	42	0		30	500	120		0.35
⑥₂	残积亚黏土	20	28	15~20		220	45		0.40
⑦₁	全风化花岗岩	25	24	20~50		350	50		0.35
⑦₂	砂砾状强风化花岗岩	30	20	50~500		500	70		0.30
⑦₃	碎块状强风化花岗岩				1500	800	200	25	
⑦₄	弱风化花岗岩				15000	2000	600	33	
⑦₅	微风化花岗岩				40000	4000		124	

1.2.6 施工组织方案

(1)索塔基础施工

索塔下部承台为42m×29m矩形承台,厚度6.5m,承台顶面设计高程为3.7m。承台下设置36根φ2.5~φ3.0m的变径端承桩。

钻孔灌注桩采用搭设水上施工平台,泥浆护壁,气举反循环钻机工艺、冲击钻正循环成孔工艺施工。钻孔平台由支撑钢管桩、钢护筒和梁系组成。钢护筒在加工车间按31.15m+9.35m拼装好后运至施工现场。钢护筒用80t全回转浮吊+ICE360型振动锤+导向架进行振动下沉。基桩直径大、深度深、岩层强度高,选用3台ZDZ3000型气举反循环钻机配φ2.50m刮刀钻头、滚刀钻头,另外配置6台JK-15型冲击钻,配10~13t冲击锤。

南主墩承台施工采用钢板桩围堰作为挡水结构及外模板,围堰内空尺寸长46m、宽33m、高14.5m,围堰顶高程+6.5m。钢板桩采用DZ-90型振动锤施打。经计算封底混凝土厚3.0m,方量约4554m³,采取一次浇筑封底。承台为大体积混凝土,方量为7883m³,自上而下按2.5m、2m、2m厚度分3次浇筑,塔座下部0.5m与承台一起浇筑。

索塔基础施工工期:2009年8月至2010年9月,共14个月。

(2)索塔塔柱施工

索塔为钻石型结构,塔高227m,由上、中、下塔柱和下横梁组成。塔柱起步段分两层,每层高度为3m,模板利用液压爬模的外模;其余塔柱采用液压爬模施工,爬模施工标准节段高4.5m,共分52个节段。下横梁施工采用落地式钢管支撑架,塔梁异步施工工法,分两次浇筑,一次张拉。下、中塔柱施工过程分阶段设置水平撑(拉)杆。钢锚梁与钢牛腿在现场连接后进行整体吊装;1、2号斜拉索套管安装分两次定位,3~25号斜拉索套管索安装1次定位。索塔混凝土养护采用养护剂养护。

索塔施工垂直起重设备采用1台ZSC900型塔吊和1台MD250塔吊。索塔中、下塔柱及下横梁混凝土输送设备各为1台SCWHINGBP4000的高压泵和1台HBT90CH-2122D的混凝土泵。上塔柱混凝土输送设备为1台SCWHINGBP4000高压泵(HBT90CH-2122D混凝土泵为备用)。采用3台SCQ200GP施工载人电梯作为人员上下的升降通道。

索塔施工工期:2010年9月至2012年1月,共16个月。

(3)辅助墩、过渡墩施工

BZP5号墩、BZP6号墩分别为辅助墩、过渡墩。墩身为矩形圆倒角薄壁墩;承台为27m×10m×3.6m的整体式矩形承台,混凝土强度等级为C40,承台顶面设计高程为1.6m;承台下设置12根$\phi1.8 \sim \phi2.2$m变径桩端承桩,采用C35海工混凝土。

钻孔灌注桩采用搭设水上施工平台,泥浆护壁、气举反循环钻机成孔工艺施工。投入ZDZ2500大功率气举反循环旋转钻机两台。

承台采用钢板桩围堰作为挡水结构。

墩身采用液压爬模施工,墩身施工节段高度按3.5~4.5m进行划分,垂直运输机械采用1250kN·m塔吊。

(4)钢箱梁施工

钢箱梁主梁含风嘴全宽38.0m,全桥钢箱梁划分为A~I共9种节段类型。索塔区梁段、临时墩、辅助墩及过渡墩墩顶梁段采用1000t起重船吊装;各标准梁段、合龙梁段采用桥面吊机吊装。

钢箱梁施工工期:2011年7月至2012年6月,共11个月。

(5)斜拉索施工

斜拉索采取空间双索面扇形结构,每塔的两侧各布置25对斜拉索。斜拉索施工主要包括斜拉索运输、展索、挂设、张拉、索力检测、调整及减振装置安装等。

1~9号短索采用ZSC900塔吊整体提升上桥面置于卧式放索机上;用桥面卷扬机及手扳葫芦牵引梁端锚头入索套管锚固;ZSC900塔吊进行桥面展开及塔端挂设(手扳葫芦辅助);最后在塔端进行张拉及调索。

10~25号长索采用桥面吊索桁车整体提升上桥面置于立式放索机上;桥面卷扬机牵引梁端锚头至前端梁,ZSC900塔吊提升斜拉索中部协助完成其桥面展开;用桥面卷扬机、角度调整支架及手板葫芦牵引梁端锚头入索套管锚固;利用塔顶门架及卷扬机进行塔端挂设,最后在塔端进行张拉及调索。

斜拉索施工主要设备有卷扬机、50t 汽车吊、ZSC900 塔吊、桥面吊索桁车、墩顶桁车。

斜拉索施工工期:2011 年 9 月至 2012 年 5 月,共 9 个月。

1.2.7　工程特点与难点

(1)厦漳大桥北汊主桥南半桥所在标段合同总工期仅 36 个月,工期紧,工序转换频繁,施工组织难度大。

(2)桥址位于台风多发区域,极易受台风的影响,对工程建设的组织和安全带来不利的因素,增大工程建设施工的难度。

(3)北汊海域 3 个标段同时施工,水上施工船舶及栈桥行驶车辆众多,交通组织管理难度大。

(4)桩基钢护筒参与结构受力,单根长 31.15m,质量达 58.6t,入土深度 31m,施沉倾斜度要求达到 1/200,施工控制技术难度大。

(5)主桥基础均采用海中钻孔灌注桩,孔径达到 3.0m,均为嵌岩桩,且要求以弱风化岩层为基底的桩基,桩底嵌入弱风化岩层的深度不少于 4m;以微风化岩层为基底的桩基,桩底嵌入微风化岩层的深度不少于 1m,因此对钻机的性能、钻孔操作等施工技术和工程管理方面都提出了更高的要求。

(6)桥区地质条件复杂,弱、微风化岩面起伏较大,岩石强度高;桩基嵌岩深度大,对钻机性能要求较高。

(7)大桥主梁施工悬臂很长,结构刚度较小;桥位处风况复杂,施工期间可能会遭遇到台风,风险较大;主梁跨度大、结构的刚度较小,变形较大,需采用桥梁构件几何控制法或索力与高程相结合的方法进行控制,控制较为复杂。

(8)本标段位于北汊海域与海门岛之间,为滨海潮间带滩涂,主桥钢箱梁吊装施工时受潮汐影响较大。

1.3　总体风险评估

1.3.1　总体风险评估思路

桥梁工程施工安全总体风险评估是指开工前根据工程的建设规模、气候环境、水文地质、地形地貌、桥位特征、施工成熟度等孕险环境与致险因子,评估桥梁工程的整体风险,估测其安全风险等级。属于静态评估。

根据《指南》推荐,厦漳大桥北汊主桥采用风险指标体系法进行总体风险评估,评估思路如下:

(1)现场踏勘,收集与总体风险评估相关的基础资料。

(2)分析《指南》中风险评估指标体系是否能较好地反映本工程的特点与难点,如有不妥,可做适当修改。

(3)根据工程具体情况,对照风险评估指标体系,依次对各评估指标的进行风险赋值,并求和得出总体风险值。

(4)根据总体风险分级标准,确定桥梁工程施工安全总体风险等级。

1.3.2 建立风险评估体系

厦漳大桥工程施工安全风险总体评估主要考虑桥梁建设规模、地质条件、气候环境条件、地形地貌、桥位特征及施工工艺成熟度六个评估指标,评估指标的分类、赋值标准可参见表4-1-2。

桥梁工程总体风险评估指标体系 表4-1-2

评估指标	分类		分值	说明
建设规模(A_1)	单孔跨径L_k(总长L)超过或达到国内外同类桥型最大单孔跨径L_k(总长L)		6~8	应结合各地工程建设经验及水平,综合判定,其中拱桥应按高限取值
	$L_k \geq 150m$ 或 $L \geq 1\,000m$		4~5	
	$40m \leq L_k < 150m$ 或 $100m \leq L < 1\,000m$		2~3	
	$L_k < 40m$ 或 $L < 100m$		0~1	
地质条件(A_2)	不良地质灾害多发区域(包括岩溶、滑坡、泥石流、采空区、强震区、雪崩区、水库塌岸区等)		4~6	特殊性岩土主要包括:冻土、膨胀性岩土、软土等
	存在不良地质灾害,但不频发或存在特殊性岩土,影响施工安全及进度		2~3	
	地质条件较好,基本不影响施工安全		0~1	
气候环境条件(A_3)	极端气候事件多发区域(洪水、强风、强暴雨雪、台风等)		4~6	应结合施工工艺特征综合判定
	气候环境条件一般,可能影响施工安全,但不显著		2~3	
	气候条件良好,基本不影响施工安全		0~1	
地形地貌条件(A_4)	山岭区	峡谷、山间盆地、山口等险要区域	4~6	应结合勘察资料,综合判定
		一般区域	1~3	
	江、河、海湾区	险要区域	3~5	
		一般区域	1~2	
	平原区		0~1	
桥位特征(A_5)	跨江、河、海湾	通航等级1~3级	4~6	跨线桥应综合考虑交叉线路的交通量状况
		通航等级4~6级	2~3	
		通航等级7级及等外	0~1	
	陆地	跨线桥(公路、铁路等)及其他特殊桥	3~6	
施工工艺成熟度(A_6)	新技术、新工艺,新设备国内首次应用		2~3	应考虑施工企业工程经验
	施工工艺较成熟,国内有相关应用		0~1	

1.3.3 总体评估

1) 风险赋值

(1) 建设规模

厦漳跨海大桥工程北汊桥,包括主桥及南、北引桥,长度为 6.692km;北汊斜拉桥主跨为 780m。

本案例风险评估对象是北汊主桥,为 $780 \times 1/2m + 230m + 95m$ 的连续半飘浮体系双塔双索面斜拉桥,在同类型桥梁中其主跨跨度位居全国第六、世界第九。该桥最大单孔跨径 L_k = 780m > 150m,但未超过或达到国内外同类桥型最大单孔跨径 1 088m(苏通大桥),因此其所在分值区间为 3~5 分;在已建成和在建的斜拉桥中,其主跨跨度现居世界前列,最终确定其风险分值为 5 分。

(2) 地质条件

根据上述 1.2 中工程的地质条件,对照地质条件打分表,可以判断为"存在特殊性岩土,影响施工安全及进度",所在分值区间为 1~3 分。北汊主桥段土体层厚度 20~40m,岩体以花岗岩为主,岩体差异风化现象明显,弱、微风化岩面起伏较大,地质条件较复杂,对钻孔平台的稳定性、围堰施工都会造成影响。综上所述,风险分值为 3 分。

(3) 气候环境

夏季时,桥址所在区域多会发生灾害性天气,如冰雹、强雷暴、龙卷风、大暴雨、浓雾、台风等。特别是历年三月到六月份这段时间内灾害性天气频繁。据此,我们可以判断气候环境条件属于"极端气候事件多发区域(洪水、强风、强暴雨雪、台风等)",分值区间为 4~6 分。

桥址位于台风多发区域,极易受台风的影响,将对工程建设的组织和安全带来不利的因素,增大工程建设施工的难度。因此,估测其风险分值为 5 分。

(4) 地形地貌特征

《指南》中指标评估体系主要考虑了山岭区和平原区两种情况,这里我们考虑到此处为跨海桥梁,故调整指标体系,加入跨江、河、海湾分值选项。

根据地质勘测资料,桥位区地貌单元属闽东南沿海低山丘陵~滨海平原区九龙江江口一带的冲海积平原及海域。低潮时部分海床显露,大型船舶设备作业时间受潮汐影响,不利于组织水上施工,风险分值为 2 分。

(5) 桥位特征

施工期间北汊海域禁止通航,可视为通航等级 7 级及等外,但还是存在施工用船舶,风险值为 1 分比较合适。

(6) 施工工艺成熟度

我国至今已建成各种类型的斜拉桥 100 多座,成为拥有斜拉桥最多的国家。在世界 10 大著名斜拉桥排行榜上,中国有 8 座,尤其是苏通长江大桥主跨长 1 088m,为世界斜拉桥第一跨。对照施工工艺成熟度打分表,判断厦漳大桥施工工艺成熟度类别为"施工工艺较成熟,国内有相关应用",分值范围在 0~1 分区间。

工程施工单位经验丰富,具有公路工程施工总承包特级资质,参与完成的项目有苏通长江大桥及杭州湾跨海大桥等。综合考虑后,估测其风险分值为1分。

2) 风险分级

根据桥梁工程施工安全总体风险大小计算公式,得:

$$R = A_1 + A_2 + A_3 + A_4 + A_5 + A_6$$

代入数值,计算其总体风险分值为17分。

根据桥梁工程施工安全总体风险分级标准,如表4-1-3,判断其风险等级属Ⅳ级,为极高风险桥梁工程。从指标体系中我们还可以判断大跨度、台风是影响施工安全的主要因素。根据《指南》要求,风险等级在Ⅲ级(高度风险)及以上的桥梁工程,应纳入专项风险评估范围。

桥梁工程施工安全总体风险分级标准　　　　表4-1-3

风　险　等　级	计算分值 R
等级Ⅳ(极高风险)	14分及以上
等级Ⅲ(高度风险)	9~13分
等级Ⅱ(中度风险)	5~8分
等级Ⅰ(低度风险)	0~4分

1.4 专项风险评估

1.4.1 专项风险评估思路

桥梁工程专项风险评估是将总体风险评估等级为Ⅲ级(高度风险)及以上桥梁工程中的施工作业活动(或施工区段)作为评估对象,根据其作业风险特点以及类似工程事故情况,进行风险源普查,并针对其中的重大风险源进行量化估测,提出相应的风险控制措施,属于动态评估。

桥梁工程专项风险评估的步骤如下:
(1)分解施工作业程序,形成评估单元。
(2)辨识评估单元中的典型事故类型,建立风险源普查清单。
(3)利用安全系统工程的方法进行风险分析。
(4)辨识重大风险源。
(5)对重大风险源进行风险估测,并提出风险控制措施。

1.4.2 施工作业程序分解

桥梁工程施工作业程序分解包括分部分项工程及工序(单位)作业划分。可参照《公路工程质量检验评定标准》(JTG F80—2004),以及施工组织设计文件所确定的施工工艺,将公路桥梁或隧道工程按照单位工程—分部工程—分项工程—工序(单位)作业的层次进行分解,熟悉单位作业主要工序、施工方法、作业程序、机械设备和建筑材料等特点。

专项风险评估单元可以是分部工程、分项工程和工序(单位)作业,评估单元大小视风险评估具体需求而定。作业程序分解情况应作为风险评估过程的记录之一。

为方便风险评估,公路桥梁工程施工作业活动一般分解到分项工程。厦漳跨海大桥北汊主桥南半桥的施工作业活动分解如表4-1-4所示。

北汊主桥南半桥的施工作业活动分解
表4-1-4

单位工程	分部工程	分项工程		子分项工程	
工程名称	工程名称	序号	工程名称	序号	工程名称
一、北汊南塔、辅助墩、过渡墩	(一)辅助墩	1	桩基	1	钢护筒
				2	钢筋加工及安装
				3	桩基浇筑
		2	承台	1	钢筋加工及安装
				2	混凝土浇筑
		3	墩身	1	钢筋加工及安装
				2	混凝土浇筑
		4	盖梁	1	钢筋加工及安装
				2	混凝土浇筑
				3	预应力筋的加工及张拉
		5	支座垫石	1	钢筋加工及安装
				2	混凝土浇筑
	(二)过渡墩	1	桩基	1	钢护筒
				2	钢筋加工及安装
				3	桩基浇筑
		2	承台	1	钢筋加工及安装
				2	混凝土浇筑
		3	墩身	1	钢筋加工及安装
				2	混凝土浇筑
		4	盖梁	1	钢筋加工及安装
				2	混凝土浇筑
				3	预应力筋的加工及张拉
		5	支座垫石	1	钢筋加工及安装
				2	混凝土浇筑
	(三)塔基础	1	桩基*	1	钢护筒
				2	钢筋加工及安装
				3	桩基浇筑
	(四)塔承台	1	承台*	1	封底
				2	钢筋加工及安装
				3	混凝土浇筑

续上表

单位工程 工程名称	分部工程 工程名称	分项工程 序号	分项工程 工程名称	子分项工程 序号	子分项工程 工程名称
一、北汊南塔、辅助墩、过渡墩	(五)索塔	1	塔座	1	钢筋加工及安装
				2	塔座混凝土浇筑
		2	下塔柱L(R)	1	钢筋加工及安装
				2	下塔柱混凝土浇筑
		3	下横梁	1	下横梁钢筋加工及安装
				2	下横梁混凝土浇筑
				3	下横梁预应力加工及张拉
		4	中塔柱L(R)	1	钢筋加工及安装
				2	中塔柱混凝土浇筑
		5	上塔柱	1	钢筋加工及安装
				2	上塔柱混凝土浇筑
				3	预应力加工及张拉
				4	钢锚梁制作与安装
二、主塔上部构造浇注与安装	(一)安装	1			斜拉索安装
		2			钢箱梁安装
	(二)桥面系及附属工程	1			纵向阻尼装置安装
		2			抗风支座安装
		3			支座安装
		4			伸缩缝安装
	(三)桥梁总体	1			桥梁总体

1.4.3 风险辨识

施工作业程序分解后,通过相关人员调查、评估小组讨论、专家咨询等方式,结合《指南》中附录2"公路桥梁工程主要施工作业活动与典型事故类型对照表",分析得出风险源普查清单,如表4-1-5所示。

厦漳跨海大桥北汊主桥南半桥风险源普查清单　　表4-1-5

序号	风险源	判断依据
1	桩基施工	坍塌、起重、触电、船撞、溺水、物体打击、高处坠落、机械伤害、火灾、爆炸、尘肺、中暑等
2	索塔塔柱施工	坍塌、起重、触电、船撞、溺水、物体打击、高处坠落、机械伤害、火灾、爆炸、尘肺、中暑等
3	下横梁支架现浇施工	坍塌、物体打击、高处坠落、触电
4	钢梁悬拼施工	坍塌、起重伤害、触电、船撞、溺水、物体打击、高处坠落、中暑等
5	钢筋加工及安装	物体打击、机械伤害、触电、火灾、爆炸
6	斜拉索的安装	高处坠落、起重伤害、触电
7	桥面系及附属工程	高处坠落、物体打击、机械伤害、溺水
8	混凝土浇筑作业	物体打击、机械伤害、触电

1.4.4 风险分析

风险分析是指采用系统安全工程的方法对风险源可能导致的事故进行分析,找出可能受伤害人员、致害物、事故原因等,确定主要物的不安全状态和人的不安全行为。

(1)致险因子分析

评估小组应从人、机、料、法、环等方面对可能导致事故的致险因子进行分析,具体如下:

①人,指有关作业人员的素质,包括责任感、安全意识、技能水平等;
②机,指机械、设备等是否运行正常,是否具有本质安全性;
③料,材料本身的特性、材质、规格等符合安全要求;
④法,指作业方式、工艺、方法和技术措施符合安全要求;
⑤环,指人的作业环境,机械设备的工作环境。

(2)受伤人员类型、伤害程度分析

可能受到事故伤害的人员类型分为作业人员本身、同一作业场所的其他作业人员及周围其他人员;人员伤害程度分为死亡、重伤和轻伤。《企业职工伤亡事故分类》(GB 6441)中规定:轻伤是指损失工作日低于 105 日的失能伤害;重伤相当于表定损失工作日等于和超过 105 日的失能伤害。

(3)不安全状态、不安全行为分析

在《企业职工伤亡事故分类》(GB 6441)中,不安全状态分为 4 大类,不安全行为分为 13 大类,每一大类又有细分,可供参考。如表4-1-6 所示,我们以水上群桩施工作业为例进行风险分析。

水上群桩施工作业风险源风险分析表　　　　表 4-1-6

单位作业内容	潜在的事故类型	致险因子	受伤人员类型		伤害程度			不安全状态	不安全行为
			本人	他人	轻伤	重伤	死亡		
水上群桩施工作业	坍塌	不良地质 方法缺陷	√	√		√	√	1. 材料堆放不规范 2. 平台加固不牢 3. 模板制安方面有缺陷	1. 违章操作 2. 违章指挥
	起重	违章作业 机械故障 天气恶劣	√	√			√	1. 钢筋笼吊点焊接不牢固 2. 设备故障、超负荷 3. 吊装工索具不符合要求	1. 指挥信号不清 2. 设备检查不到位 3. 起重物下停留作业
	触电	违章作业 机械故障	√	√			√	1. 电线老化、破损、接头 2. 钻机、电焊等设备漏电 3. 设备接地保护损坏	1. 非操作人员无证上岗 2. 个人防护意识差
	船撞	违章作业 船舶故障 天气恶劣			√	√		1. 船舶信号装置缺陷 2. 船舶主机失灵 3. 船舶照明损坏	1. 忽视安全、操作错误 2. 冒进进入危险区域 3. 不良天气航行
	除以上事故类型,还包括物体打击、高处坠落、机械伤害、火灾、爆炸、溺水、中暑等								

1.4.5 风险估测

(1) 风险估测方法选择

风险估测是采用定性或定量的方法对风险事故发生的可能性及严重程度进行数量估算。本案例采用 LEC 法进行风险估测。该方法采用与系统风险率相关的 3 种方面指标值之积来评价系统中人员伤亡的风险大小：L 为发生事故的可能性大小；E 为人体暴露在这种危险环境中的频繁程度；C 为一旦发生事故会造成的损失后果。风险分值 $D = LEC$。D 值越大，说明该系统危险性大，需要增加安全措施，或改变发生事故的可能性，或减少人体暴露于危险环境中的频繁程度，或减轻事故损失，直至调整到允许范围内。

(2) 量化分值标准

为了简化计算，将事故发生的可能性、施工人员暴露时间、事故发生后果划分不同的等级并赋值，如表 4-1-7 ~ 表 4-1-9 所示。

事故发生可能性 L 等级划分及赋值   表 4-1-7

分 数 值	事故发生的可能性	分 数 值	事故发生的可能性
10	完全可以预料	1	可能性小，完全意外
6	相当可能	0.5	很不可能，可以设想
3	可能，但不经常	0.1	极不可能

人员暴露时间 E 等级划分及赋值   表 4-1-8

分 数 值	暴露于危险环境的频繁程度	分 数 值	暴露于危险环境的频繁程度
10	连续暴露	2	每月一次暴露
6	每天工作时间内暴露	1	每年几次暴露
3	每周一次或偶然暴露	0.5	非常罕见暴露

事故后果严重程度等级划分及赋值   表 4-1-9

分 数 值	发生事故产生的后果	分 数 值	发生事故产生的后果
100	10 人以上死亡	7	严重
40	3 ~ 9 人死亡	3	重大，伤残
15	1 ~ 2 人死亡	1	引人注意

根据公式 $D = LEC$ 就可以计算出作业的危险程度，并判断评价危险性的大小。其中的关键还是如何确定各个分值，以及对乘积值的分析、评价和利用。将结果按表 4-1-10 分级。

LEC 法评估结果分级   表 4-1-10

D 值	危险程度	D 值	危险程度
>320	极其危险，不能继续作业	20 ~ 70	一般危险，需要注意
160 ~ 320	高度危险，要立即整改	<20	稍有危险，可以接受
70 ~ 160	显著危险，需要整改		

(3)风险估测

这里我们以钻孔灌注桩为例,按照 LEC 法将计算结果填入表 4-1-11 中。

从计算结果可以得出,在钻孔灌注桩过程中临时结构坍塌、船撞事故为极高风险,高处坠落事故为高度风险,均应引起高度重视,列入重大风险源,进一步进行风险估测。

LEC 法风险估测计算　　　　　　　　　　　　　　　　　表 4-1-11

作业内容	事故类型	风险估测			
		事故发生可能性 L	人员暴露频率 E	后果严重程度 C	风险大小 D
钻孔灌注桩	临时结构坍塌	3	6	40	720
	起重	3	3	15	135
	触电	1	6	15	90
	船撞	3	3	40	360
	高处坠落	3	6	15	270

1.5　重大风险源风险估测

1.5.1　重大风险源评估思路

厦漳大桥工程重大风险源风险估测采用定性与定量相结合的方法。事故严重程度的估测方法推荐采用专家调查法,事故可能性的估测方法推荐采用指标体系法。

事故严重程度,主要从人员伤亡、直接经济损失两个方面进行估算,等级标准如表 4-1-13 和表 4-1-14 所示。当两种后果同时产生时,应采用就高原则确定事故严重程度等级。

物的不安全状态引起的事故可能性评估指标选取时,目前主要考虑某些典型事故类型,如坍塌事故、起重事故等可能导致重大人员伤亡及财产损失的事故类型。

1.5.2　风险矩阵的建立

指南中推荐采用风险矩阵法对重大风险源动态估测。按照事故发生的可能性、事故后果严重程度建立风险矩阵表,如表 4-1-12 ~ 表 4-1-14 所示。

事故发生可能性等级标准　　　　　　　　　　　　　　　　　表 4-1-12

概率范围	中心值	概率等级描述	概率等级
>0.3	1	很可能	4
0.03 ~ 0.3	0.1	可能	3
0.003 ~ 0.03	0.01	偶然	2
<0.003	0.001	不太可能	1

注:(1)当概率值难以取得时,可用频率代替概率。
　　(2)中心值代表所给区间的对数平均值。

人员伤亡等级标准   表4-1-13

等级	1	2	3	4
定性描述	一般	较大	重大	特大
人员伤亡	人员死亡(含失踪)人数<3或重伤人数<10	3≤人员死亡(含失踪)人数<10或10≤重伤人数<50	10≤人员死亡(含失踪)人数<30或50≤重伤人数<100	人员死亡(含失踪)人数≥30或重伤人数≥100

注:人员伤亡是指在施工活动过程中人员所发生的伤亡,依据人员伤亡的类别和严重程度进行分级。

直接经济损失等级标准   表4-1-14

等级	1	2	3	4
定性描述	一般	较大	重大	特大
经济损失(万元)	$Z<10$	$10 \leq Z < 50$	$50 \leq Z < 500$	$Z \geq 500$

注:直接经济损失是指事故发生后造成工程项目发生的各种费用的总和,包括直接费用和事故处理所需(不含恢复重建)的各种费用。

根据评估指南的要求,结合风险矩阵法,建立如表4-1-15所示的风险接受准则。专项风险等级分为四级:低度(Ⅰ级)、中度(Ⅱ级)、高度(Ⅲ级)、极高(Ⅳ级)。

低度(Ⅰ级)表示有一般危险,需要注意;中度(Ⅱ级)表示有显著风险,需加强管理不断改进;高度(Ⅲ级)表示高度风险,需制订风险消减措施;极高(Ⅳ级)表示极高风险,不可忍受风险,需纳入目标管理或制订管理方案。

专项风险等级标准   表4-1-15

可能性等级 \ 严重程度等级		一般 1	较大 2	重大 3	特大 4
很可能	4	高度Ⅲ	高度Ⅲ	极高Ⅳ	极高Ⅳ
可能	3	中度Ⅱ	高度Ⅲ	高度Ⅲ	极高Ⅳ
偶然	2	中度Ⅱ	中度Ⅱ	高度Ⅲ	高度Ⅲ
不太可能	1	低度Ⅰ	中度Ⅱ	中度Ⅱ	高度Ⅲ

结合本项目实际,水上群桩施工易发生临时结构坍塌事故、起重事故、船撞作业平台事故;索塔墩柱施工易发生高处坠落、支架坍塌、临时结构坍塌事故;支架浇筑施工易发生支架坍塌、高处坠落事故;钢箱梁悬拼施工易发生起重事故和坍塌事故。以下将水上群桩施工、索塔墩柱施工、支架浇筑施工、钢箱梁悬拼施工列为重大风险源进行评估。

1.5.3 安全管理评估指标

根据评估指南要求,按表4-1-16建立安全管理评估指标体系,计算指标分值 M。

厦漳大桥北汊主桥南半桥施工总承包企业中交二航局为公路工程总承包特级,总包企业资质,A 为0分。劳务分包企业有资质,B 为0分。历史发生过一般事故,C 为1分。作业人员经验较为丰富,D 为0分。安全管理人员配备符合规定,E 为1分。安全投入符合规定,F 为0分。机械设备配置及管理基本符合合同要求,G 为1分。专项施工方案可操作性强,H 为0分。

安全管理评估指标体系 表4-1-16

评估指标	分类	分值	说明
总包企业资质 A	三级	3	
	二级	2	
	一级	1	
	特级	0	
专业及劳务分包企业资质 B	无资质	1	针对当前作业的主要分包企业
	有资质	0	
历史事故情况 C	发生过重大事故	3	指项目部主要管理人员从事过的工程项目上曾经发生的事故情况
	发生过较大事故	2	
	发生过一般事故	1	
	未发生过事故	0	
作业人员经验 D	无经验	2	从特种作业人员、一线施工人员的工程经验考虑
	经验不足	1	
	经验丰富	0	
安全管理人员配备 E	不足	2	从"三类人"的持证、在岗情况考虑
	基本符合规定	1	
	符合规定	0	
安全投入 F	不足	2	
	基本符合规定	1	
	符合规定	0	
机械设备配置及管理 G	不符合合同要求	2	
	基本符合合同要求	1	
	符合合同要求	0	
专项施工方案 H	可操作性较差	2	
	可操作性一般	1	
	可操作性强	0	

经过计算：$M = A + B + C + D + E + F + G + H = 2$。根据表4-1-17中的安全管理评估指标分值与折减系数的对照，可得折减系数 $\gamma = 0.8$。

安全管理评估指标分值与折减系数对照表 表4-1-17

计算分值 M	折减系数 γ
$M > 12$	1.2
$9 \leq M \leq 12$	1.1
$6 \leq M \leq 8$	1
$3 \leq M \leq 5$	0.9
$0 \leq M \leq 2$	0.8

1.5.4 水上群桩施工风险评估

(1) 水上群桩作业事故可能性评估

根据项目实际情况,结合指南中关于施工事故可能性评估体系建立要求,建立表 4-1-18 的事故可能性评估指标。

水上群桩作业施工事故可能性评估指标体系　　　　表 4-1-18

序号	评估指标	分　　类	分值	说　　明
1	水域通航条件	航道等级 1、2、3 级	4~6	无
		航道等级 4、5、6 级	2~3	
		航道等级 7 级及等外	0~1	
2	水文条件	水文条件不良,冲刷大,水位变化大	3~6	应综合考虑水深、流速、冲刷水平等不利水文条件,其中冲刷水平应结合地质条件、河道压缩等考虑
		水文条件较好,冲刷小,对施工安全基本无影响	0~2	
3	气候环境条件	峡谷、沿海等极端气候事件多发区域(强风、暴雨雪等)	4~6	应重点考虑风对施工安全影响
		气候环境条件一般,对施工安全有影响,但不显著	2~3	
		气候环境较好,对施工安全基本无影响	0~1	
4	河床地质	工程地质条件不良、影响工期	0~1	地质条件主要考虑不良地质条件对施工进度影响程度
5	施工期	汛期、高温、严寒等季节	2~3	应结合工程施工组织设计文件,综合评估
		施工期适宜,基本不影响施工安全	0~1	
6	临时结构	采用以往经验设计方案	2~3	应综合考虑临时结构设计及制作状况
		采用专业设计验证方案,并由具有相关资质的企业制作	0~1	

施工期间北汊海域禁止通航,可视为通航等级 7 级及等外,但还是存在施工用船舶,风险值为 1 分比较合适。本标段位于北汊海域与海门岛之间,为滨海潮间带滩涂,水流最高流速 2m/s,平均潮差 4m,主桥钢箱梁吊装施工时受潮汐影响较大,水文条件赋值 3 分。桥址位于台风多发区域,极易受台风的影响,将对工程建设的组织和安全带来不利的因素,加大工程建设施工的难度,气候环境条件赋值 5 分。桥区地质条件复杂,风化岩面起伏较大,其上覆盖层厚,岩石上层 20~30m 都是淤泥,对钻孔平台的稳定性、围堰施工都会造成影响,赋值 1 分。工程需在汛期、高温季节开展,显著增大施工风险,施工期赋值 2 分。采用专业设计验证方案,并由具有相关资质的企业制作,临时结构赋值 1 分。

总分 $R = 13$ 分,$P = R \times \gamma = 13 \times 0.8 = 10.4$,对照表 4-1-19,确定其事故可能性为三级。

(2) 严重程度等级

如果发生临时结构坍塌,有可能造成暴露在施工作业环境中的 20 多名作业人员发生死亡事故,后果特别严重,为 3 级。

(3) 事故危险性评估

参照表4-1-15建立的风险矩阵,坍塌事故为高度(Ⅲ级)风险,需制订风险消减措施。

典型重大风险源事故可能性等级划分 表4-1-19

计算分值 P	等级描述	等级
$P \geq 14$ 分以上	等级 Ⅳ(很可能)	4
$6 \leq P < 14$	等级 Ⅲ(可能)	3
$3 \leq P < 6$ 分	等级 Ⅱ(偶然)	2
$P < 3$	等级 Ⅰ(不太可能)	1

1.5.5 索塔墩柱施工风险评估

(1) 索塔墩柱施工事故可能性评估

根据项目实际情况,结合指南中关于施工事故可能性评估体系建立要求,建立表4-1-20的事故可能性评估指标。

索塔施工事故可能性评估指标体系 表4-1-20

序号	评估指标	分 类	分 值	说 明
1	索塔高度	$H \geq 200m$	4~6	应结合当地施工经验及施工水平,按墩柱(塔)实际高度,比照基准分,综合判定
		$100m \leq H < 200m$	2~3	
		$H < 100m$	0~1	
2	气候环境条件	极端气候事件多发区域(强风、强暴雨雪等)	4~6	应主要考虑强风、大雾等对施工作业安全的影响
		气候环境条件一般,可能影响施工安全,但不显著	2~3	
		气候条件良好,基本不影响施工安全	0~1	
3	施工方法	支架模板法	1~3	应综合考虑作业人员施工经验
		机械滑模法(爬升模板法、提升模板法等)	0~1	
4	临时结构设计	采用经验设计支护方案	2~3	无
		采用专业设计支护方案	0~1	

主塔墩塔柱高达227m,赋值5分。桥址位于台风多发区域,极易受台风的影响;大雾天气主要出现在冬春季,气候环境条件赋值5分。施工采用爬模分节段施工;下横梁采用支架模板法,赋值1分。临时结构采用专业设计验证方案,并由具有相关资质的企业制作,赋值1分。

总分 $P = R \times \gamma = 12 \times 0.8 = 9.6$,对照表4-1-19,确定其事故可能性为3级。

(2) 严重程度等级

如果发生支架坍塌事故,会造成暴露在施工作业环境中的3~10名作业人员发生死亡事故,后果较为严重,为2级。

(3)事故危险性评估

参照表 4-1-15 建立的风险矩阵,坍塌事故为高度(Ⅲ级)风险,需制订风险消减措施。

1.5.6 支架现浇施工风险评估

(1)支架浇筑施工事故可能性评估

根据项目实际情况,结合指南中关于施工事故可能性评估体系建立要求,建立表 4-1-21 的事故可能性评估指标体系。

支架现浇法施工事故可能性评估指标体系 表 4-1-21

序号	评估指标	分 类	分 值	说 明
1	支架规模	支架高 $H \geq 8m$,搭设跨度 18m 及以上,施工总荷载 15kPa 及以上;集中线荷载 20kPa 及以上	4~6	按支架实际高度,比照基准分,综合判定
		$5m \leq$ 支架高 $H < 8m$,搭设跨度 10m 及以上;施工总荷载 10kPa 及以上;集中线荷载 15kPa 及以上;高度大于支撑水平投影宽度且相对独立无联系构件的混凝土模板支撑工程	2~3	
		支架高 $H < 5m$,跨度 10m 以下,施工总荷载不超过 10kPa,集中线荷载不超过 15kPa	0~1	
2	地质及基础岩土条件	不良地质灾害多发区域(包括岩溶、滑坡、泥石流、采空区、强震区、雪崩区、水库坍岸区等)	3~6	主要考虑地质灾害及不良岩土条件对支架结构安全性的影响
		基础岩土为特殊性岩土(冻土、膨胀性岩土、软土等)	3~6	
		地质条件较好,基本不存在影响施工安全因素	0~1	
3	气候环境条件	极端气候事件多发区域(强风、强暴雨雪等)	4~6	主要考虑风荷载、雪荷载对支架结构安全及水对支架基础承载力的影响
		气候环境条件一般,可能影响施工安全,但不显著	2~3	
		气候条件良好,基本不影响施工安全	0~1	
4	支架设计	采用经验设计方案	2~3	无
		采用专业设计方案	0~1	
5	交通状况	跨域公路、铁路等开放交通及无覆盖危化品管线	3~6	应结合交通水平综合判定
		无开放交通、仅存在与施工相关交通	0~1	
		封闭环境,无交通	0	

支架实际高度约为 45m,远大于 8m,支架规模赋值 6 分。落地式钢管支架搭设在承台之上,地质条件较好,基本不存在影响施工安全因素,赋值 0 分。桥址位于台风多发区域,极易受台风的影响,将对工程建设的组织和安全带来不利的因素,增大工程建设施工的难度,气候环境赋值 5 分。支架设计采用专业设计方案,赋值 1 分,无开放交通、仅存在与施工相关交通,赋值 1 分。

$P = R \times \gamma = 13 \times 0.8 = 10.4$,可能性等级为3级。

(2)严重程度等级

如果发生支架坍塌,直接经济损失主要为重新购买钢管支架的费用。另外,横梁支架现浇法施工人员比较多,大约为30~40人。

因此,事故严重等级按特大考虑为4级。

(3)事故危险性评估

参照表4-1-15建立的风险矩阵,支架现浇法施工为极高(Ⅳ级)风险,需制订严格的风险管理措施,务必保证工人安全。

1.5.7 钢梁悬拼施工风险评估

(1)支架浇筑施工事故可能性评估

根据项目实际情况,结合指南中关于施工事故可能性评估体系建立要求,建立事故可能性评估指标。

悬臂拼装施工事故可能性评估指标主要基于起重吊装事故,见表4-1-22。

悬臂拼装施工事故可能性评估指标体系　　　　表4-1-22

序号	评估指标	分类	分值	说明
1	吊具及锚具设计、制作	采用经验设计方案	3~6	无
		采用专业设计验证方案或相关合格且可靠产品	0~1	
2	吊装方式	采用卷扬机吊装	2~3	无
		采用浮运吊装	0~1	
3	气候环境	极端气候事件多发区域(强风、强暴雨雪等)	4~6	主要考虑风对吊装作业的影响
		气候环境条件一般,可能影响施工安全,但不显著	2~3	
		气候条件良好,基本不影响施工安全	0~1	
4	施工位置	水上或山区	2~3	主要考虑梁运输机定位困难引起的施工风险
		陆地	0~1	

吊具及锚具设计、制作采用专业设计验证方案或相关合格且可靠产品,风险赋值1分。吊装方式采用浮运吊装、桥面吊机吊装,赋值1分。气候环境条件赋值5分。桥址所在海域水流流速2/m,波浪比较小,地形地貌相对平坦,给2分。总分$R = 13$,$P = R \times \gamma = 9 \times 0.8 = 7.2$,可能性等级为3级。

(2)严重程度等级

如果发生起重吊装事故,最多会造成暴露在施工作业环境中的十几名作业人员发生死亡事故,并且造成经济损失大于500万,严重等级为4级。

(3)事故危险性评估

参照表4-1-15建立的风险矩阵,坍塌事故为极高(Ⅳ级)风险,需制订严格的风险管理措施。

1.6 风险控制措施

1.6.1 风险接受准则

根据风险评估结果,按照风险接受准则,提出风险控制措施。公路桥梁、隧道工程施工安全风险接受准则如表4-1-23所示。

风险接受准则　　　　　　　　　　　　　表4-1-23

风险等级	接受准则	处 理 措 施
低度	可忽略	不需采取风险处理措施和监测
中度	可接受	一般不需采取风险处理措施,但需予以监测
高度	不期望	必须采取风险处理措施降低风险并加强监测,且满足降低风险的成本不高于风险发生后的损失
极高	不可接受	必须高度重视,采取切实可行的规避措施并加强监测,否则要不惜代价将风险至少降低到不期望的程度

通过表4-1-23可以看出,厦漳跨海大桥水上群桩施工、主塔施工为"不期望"风险,必须采取风险处理措施并加强施工期间的监测,但需要同时考虑经济成本。支架现浇法施工及钢箱梁悬拼施工为不可接受风险,必须高度重视,必要时要不惜代价将风险至少降低到不期望的程度。

1.6.2 一般风险源控制措施

一般风险源指风险源相对简单,影响因素间关联性较低,运用一般知识与经验即可防范的风险源,与之对应的常见事故类型有触电、高处坠落、物体打击、车辆伤害、火药爆炸、火灾等。

一般风险源的控制措施应简明扼要,明确安全防护、安全警示、安全教育、现场管理等方面的具体内容,以下我们以桥面系及附属工程为例进行说明,如表4-1-24所示。

一般风险源风险控制措施　　　　　　　　　　　　　表4-1-24

一般风险源	危险有害因素	事故类型	防控措施
桥面系及附属工程	机械设备未按设计要求安装作业	人员伤害	严格按设计方案施工,严格按大型设备安全管理规定作业
	水泥蓄存罐防雷设施不到位或达不到防雷要求而发生雷击事故	雷击	按要求设置防雷设施,接地电阻的阻值满足设计要求
	作业平台保护设施不到位,易发生坠落事故	高处坠落	严格按高空作业有关规定施工,做好临边防护设施的安装,并张贴警示标牌
	起重钢丝绳及吊具选择不合理,钢丝绳断丝超过安全使用标准,吊物下面站人易发生起重伤害	物体打击起重伤害	起重工作前检查所用吊具,索具等设施是否良好,不得凑合使用,严格执行"十不吊"有关规定
	电气设备无漏电保护装置,无接地或接零保护,易发生触电、火灾事故	触电	按要求配备漏电保护装置和接地或接零保护装置,配备灭火器材

续上表

一般风险源	危险有害因素	事故类型	防控措施
桥面系及附属工程	氧气瓶、乙炔瓶使用时安全距离不够，乙炔瓶使用不设防回火装置	火灾、爆炸	严格按操作规程作业，安全距离大于5m，并按要求配置防回火装置，配备灭火器材
	高处作业人员不佩戴或正确使用安全带	高处坠落	高处悬空或临边作业人员必须按要求佩戴和正确使用安全带方可进行作业
	夜间混凝土施工，光线阴暗或不足而发生人、车伤害事故	人员、车辆伤害	按要求配置好灯具，保证施工场地光线充足，并不影响驾驶员行车

1.6.3 重大风险源控制措施

重大风险源指风险源相对比较复杂，存在较大的不可预见性，引发的事故严重性较大，必须从结构设计、环境因素、施工方法、安全管理等角度进行控制和防范的风险源。

1) 水上群桩施工风险控制措施（表4-1-25）

水上群桩施工风险控制措施及建议　　　　　　　　　　　表4-1-25

序号	风险防控对策及建议
1	应根据桩径、桩深、工程和水文地质与现场环境等状况选择适宜的施工方法和机具，并要求制订相应的安全技术措施
2	作业平台应根据施工荷载、水深、水流、工程地质状况进行施工专项设计，其高程应在施工期间的最高水位70cm以上
3	施工中应与其余标段施工单位密切沟通，确保公用航道的运输安全
4	施工中应密切关注气候环境变化情况，尤其需重点关注台风、潮汐等不利因素
4	泥浆护壁成孔时，孔口应设护筒。埋设护筒后至钻孔之前，应在孔口设护栏和安全标志
5	护壁泥浆应满足下列要求： (1)泥浆原料应为性能合格的黏土或其他符合环保要求的材料。 (2)泥浆不断循环使用过程中应加强管理，始终保持泥浆性能符合要求。 (3)现场应设泥浆沉淀池，泥浆残渣应及时清理并妥善处理，不得随意排放，污染环境。 (4)泥浆沉淀池周围应设防护栏杆和安全标志
6	钻孔作业应满足下列安全要求： (1)施工场地应平整、坚实；现场应划定作业区，非施工人员禁止入内。 (2)施工现场附近有电力架空线路时，施工中应设专人监护。 (3)钻机运行中作业人员应位于安全处，严禁人员靠近和触摸钻杆；钻具悬空时严禁下方有人。 (4)钻孔过程中，应经常检查钻渣并与地质剖面图核对，发现不符时应及时采取安全技术措施。 (5)钻孔应连续作业，建立交接班制，并形成文件。 (6)成孔后或因故停钻时，应将钻具提至孔外置于地面上，关机、断电并应保持孔内护壁措施有效，孔口应采取防护措施。 (7)钻孔作业中发生塌孔和护筒周围冒浆等故障时，必须立即停钻；钻机有倒塌危险时，必须立即将人员和钻机撤至安全位置，经技术处理并确认安全后，方可继续作业。 (8)施工中严禁人员进入孔内作业。 (9)冲抓钻机钻孔，当钻头提至接近护筒上口时，应减速、平稳提升，不得碰撞护筒，作业人员不得靠近护筒，钻具出土范围内严禁有人。 (10)正、反循环钻机钻孔均应减压钻进，即钻机的吊钩应始终承受部分钻具质量，避免弯孔、斜孔或扩孔。 (11)使用全套管钻机钻孔时，配合起重机安套管人员应待套管吊至安装位置，方可靠近套管辅助就位，安装螺栓；拆套管时，应待被拆管节吊牢后方可拆除螺栓

2) 墩柱(塔)施工风险控制措施(表4-1-26)

墩柱(塔)施工的风险防控应重点考虑坍塌事故、高处坠落事故等类型。

墩柱(塔)墩柱施工风险控制措施及建议　　　　　　　　　　　　　　表4-1-26

序号	风险防控对策及建议
1	采用液压滑动模板施工应符合下列安全要求: (1)滑模施工应符合现行《液压滑动模板施工安全技术指南》(JGJ 65)的有关要求。 (2)参加滑模作业的人员必须进行安全技术培训,考核合格方可上岗。 (3)滑模施工中应经常与当地气象台站取得联系,遇有雷雨、六级(含)以上大风时,必须停止施工,并将作业平台上的设备、工具、材料等固定牢固,人员撤离,切断通向平台的电源。 (4)采用滑模施工的墩台周围必须划定防护区,警戒线至墩台的距离不得小于结构物高度的1/10,且不得小于10m。不能满足要求时,应采取有效的安全防护措施。 (5)滑模施工应根据墩台结构、滑模工艺、使用机具和环境状况对滑模进行施工设计,制定专项施工方案,采取相应的安全技术措施。 (6)液压滑动模板应由具有资质的企业加工,具有合格证书和全部技术文件,进场前应经验收确认合格,并形成文件。 (7)滑升作业前,应检查模板和平台系统,确认符合设计要求;检查电气接线;检查液压系统,确认各部油管连接牢固、无渗漏,并经试运行确认合格,形成文件。 (8)滑模系统应由专业作业组操作,经常维护,发现问题及时处理。 (9)浇注和振捣混凝土时不得冲击、振动模板及其支撑;滑升模板时不得进行振捣作业。 (10)滑升过程中,应随时检查,保持作业平台和模板的水平上升,发现问题应及时采取措施。 (11)夜间施工应有足够的照明。便携式照明应采用36V(含)以下的安全电压。固定照明灯具距平台不得低于2.5m。 (12)拆除滑模装置必须按专项方案要求进行
2	采用支架模板法时应根据结构特点、混凝土施工工艺和现行的有关要求对支架进行施工专项安全设计,并要求安装、拆除程序和安全技术措施

3) 支架现浇施工风险控制措施(表4-1-27)

支架法施工的风险防控应重点考虑坍塌事故、高处坠落事故等类型。

支架现浇施工风险控制措施及建议　　　　　　　　　　　　　　表4-1-27

序号	风险防控对策及建议
1	支架法施工前,应根据结构特点、混凝土施工工艺和现行的有关要求对支架进行施工专项安全设计,并制订安装、拆除程序及安全技术措施
2	使用材料应满足下列要求: (1)制作支架的材质,应符合现行国家相关技术标准的要求。 (2)钢管支架及其配件应由具有资质企业生产,具有合格证,并经验收确认质量合格。 (3)周转使用的钢管支架及其配件,使用前应经检查,不得有裂纹、变形和腐蚀等缺陷
3	支架立柱应置于平整、坚实的地基上,立柱底部应铺设垫板或混凝土垫块扩散压力;支架地基处应有排水措施,严禁被水浸泡
4	支架的立柱应设水平撑和双向斜撑,斜撑的水平夹角以45°为宜;立柱高于5m时,水平撑间距不得大于2m,并在两水平撑之间加剪刀撑
5	支架高度较高时,应设一组缆风绳
6	在海上支搭支架应设置防冲撞设施,并应经常检查防冲撞设计和支架状况,发现松动、变形、沉降应及时加固

续上表

序号	风险防控对策及建议
7	支架搭设应满足下列要求： (1)立杆应竖直,2m高度的垂直偏差不得大于1.5cm;每搭完一步支架后,应进行校正。立杆的纵、横间距应符合施工设计的要求,每搭完一步支架后,应进行校正。 (2)可调底座的调节螺杆伸出长度超过30cm时,应采取可靠的固定措施。 (3)满堂红支架的四边和中间每隔四排立杆应设置一道纵向剪刀撑,由底至顶连续设置。 (4)高于4m的满堂红支架,其两端和中间每隔四排立杆应从顶层开始向下每隔两步设置一道水平剪刀撑
8	支架安装完成后,应对节点和支撑进行检查、确认符合设计要求,经验收合格,并形成文件后
9	支架应按照施工设计要求的方法、程序拆除;严禁使用机械牵引、推倒的方法拆除
10	拆除前,应先清理施工现场,划定作业区。拆除时应设专人值守,非作业人员禁止入内;拆除作业必须由作业组长指挥,作业人员必须服从指挥,步调一致,并随时保持作业场地整洁、道路畅通
11	拆除作业应自上而下进行,不得上下多层交叉作业
12	支架的拆除时间,应根据结构的特点、部位和混凝土达到的强度确定
13	拆除支架时,必须确保未拆除部分的稳定,必要时应对未拆除部分采取临时加固、支撑措施,确认安全后,方可拆除
14	支架法施工中应对各种不良气候因素的密切监测,并对支架立柱基础沉降应做好监控

4)悬臂拼装施工风险控制措施(表4-1-28)

悬臂拼装施工的风险防控应重点考虑坍塌事故、物体打击事故等类型。

钢梁悬拼施工风险控制措施及建议   表4-1-28

序号	风险防控对策及建议
1	悬拼施工应对墩顶段浇注托架、墩顶段临时锚固、悬拼吊装系统、挠度控制和合龙进行施工设计
2	悬拼吊装前应对悬拼吊装系统进行检查、试运转,并按至少130%设计荷载进行试吊,确认符合要求并形成文件后,方可正式吊装;吊机每次移位后必须检查其定位和锚固,确认符合要求后,方可起吊
3	桥墩两侧悬拼施工进度应一致,保持对称、平衡,不平衡偏差必须符合设计要求
4	大雨、大雪、大雾、沙尘暴和六级(含)风以上等恶劣天气必须停止作业
5	悬拼法架设连续梁、悬臂梁时,墩顶现浇段与桥墩之间应设临时锚固或临时支承,使其能承受悬拼施工节段产生的不平衡力矩,待全部块件安装完毕后方可拆除临时锚固或支承
6	T型刚构或悬臂梁的挂孔架设中,移运挂孔预制梁需经过悬臂端时,应对悬臂梁结构进行验算,确认符合设计要求,并形成文件
7	梁段拼装完毕后,应按设计要求程序拆除拼装施工临时设施

1.6.4 相关风险控制措施

1)防台风、防大潮方案

我们发现:无论是在总体风险评估还是专项风险评估中,气候环境条件指标分值均为5分,占总风险分值的比重很大。因此,非常必要建立专门的防台风、防大潮方案。

(1)成立领导小组、完善组织机构、落实责任人

①成立以项目经理为第一责任人,与纵向(公司)、横向(业主)都有紧密联系的防台防潮

领导小组,领导小组的日常工作由专职安全工程师负责,并组织以分管副经理或工段长为组长的防台风抢险小组。

②防台风领导小组主要职责:制订防台风方案,确定施工船舶防台抗风锚地,合理配置资源,召集防台风会议,协调各工段的防台风工作,组织检查和落实各项防台风措施,向业主和上级报告防台风防潮情况。

③各防台风抢险小组主要职责:根据本工段特点制订防洪防台风、防汛抢险行动计划,分组分工落实责任到人。切实执行防台风防潮领导小组的命令。落实防台风、防潮物资设备。

(2)对工程、设备、人员进行保险

开工前,应对工程、主要船机设备和施工人员进行保险,保险种类、金额根据实际情况和相关规定确定。

(3)合理选择施工船舶防台风、防大潮、避风锚地

①根据业主统一安排在离桥梁施工区域最近的避台风港作为防大潮、防季风锚地,施工附近水域作为船舶施工停泊锚地。

②选择在附近港口作为防台风锚地。

(4)工程船舶防台风、抗风措施

①制订切实可行的处理措施,合理配置资源,工程配置的驳船全部为海上船舶,拖轮有效输出功率不小于 1 600hp(1hp = 0.746kW),设备性能完好,数量充足。

②当现场风力大于 8 级时,大型施工船舶离开墩位一定距离就地锚泊,其他船舶拖到季风锚地避风;大潮流急不能作业时,离开承台一定距离就地抛锚;当接到台风警报时,所有船舶进入防台锚地避风。

③由专职安全员负责,每天及时收听天气预报,收接上级防台风指示,做好台风及热带风暴预报的记录,遇有台风警报时,及时向有关领导和有关部门汇报。

④根据气象台预报的台风或热带风暴情况,召开防台风领导小组会议,研究部署防台风应急措施,落实各船防台风责任人,明确船舶防台风行走路线,并配合有关部门办理相关手续,完成防台风线路上的清障工作。

⑤防台风期间安排防台风专用拖轮及有关责任人24h值班,各船均需做好防台风准备,做到随时出航。

⑥防台风期间除自航船舶外,起重船、混凝土拌和船等大型船舶每船配备 1 艘防台风拖轮;非自航运输驳船等每 2 艘配备一艘防台风拖轮,2 艘驳船一起吊拖。暂时不作业的船舶先行拖运至防台风锚地,正在作业的船舶根据台风预报时间分批拖运,提前 2 天左右开始起拖。

⑦项目部防台风领导小组下达防台风指令后各抗台抢险小组立即按预定的计划积极行动,落实各项防台风任务。所有施工船舶均应熟悉防台航行路线和防台风锚地基本情况,对不熟悉的应组织实地考察或进行防台风演练。

⑧按工程建设指挥部要求建立统一的通信指挥网络,保证通信畅通,启动紧急救援措施,及时向上级及有关部门汇报防台风、抗台风情况,必要时能及时得到当地有关部门的援助。应做好防台风期间的各项后勤保障和物资供应工作,接到台风风警报后,所有防台风物资均应及时发放到位。

⑨各单位要随时掌握船舶在避风锚地的情况,及时处理船舶在防台风中出现的问题,并及

时向防洪防台风领导小组报告。

(5)塔吊、电梯及架梁吊机防风措施

①塔吊、电梯及架梁吊机应根据现场气象条件设计,各项参数考虑施工期抗风需要,主要控制指标如下:

a.7级风以下能够正常作业;

b.7~10级风停止作业自行抗风;

c.10级风以上采取措施抗风。

②根据施工进度计划的安排,塔吊经历的台风期如下:

a.架梁吊机经历2009~2012年4个台风期,在主桥施工完毕后拆除;

b.电梯经历2010~2012年3个台风期,在桥面线形调整完成后拆除;

c.塔吊在主塔横梁施工完毕后开始安装,经历2010~2012年3个台风期。

③塔吊防台风措施:

a.塔吊整体构件、附墩支架、基础按抗12级台风正面袭击设计;

b.当接到台风警报,明确台风走向有可能袭击本地区后,在现场风力小于6级时,塔吊立即停止作业,将超过塔顶的标准节段拆除,切断电源,将塔吊的起重臂锁定,并固定在预先安装在塔顶的固定支架上防台风,待台风警报解除,现场风力小于7级后,重新顶升至正常作业高度。

(6)其他机械设备、临时设施及人员防台措施

①钻孔平台上的发电机组、箱变、配电柜等通过适当提高安装高程,台风来临前用防水布包裹防止浪溅等措施防台风。

②台风来临前将钻杆、钻头拆除固定在钻孔平台上,钻机上的电机拆除后包裹好运到陆上防台,将钻架固定在平台上防台风。

③平台上的施工人员生活及办公设施、仓库等用型钢加固后固定平台上。

④平台上易于拆除的小型设备运输到陆上防台风;其他不便拆除的机电设备,用防水布包裹后固定在平台上防台风。

⑤车间、仓库、临时房等按防台标准建设,台风期间针对情况预先加固,疏通排水沟渠。

⑥能移动的机电设备收集于室内;施工现场机电设备做好防雨、防风、防撞,现场切断电源,并将配电箱箱门锁好。

⑦陆上吊车、运输机械转移到安全地带避风,防止水淹;旋转吊车的扒杆应放在固定支架上,吊钩挂在固定位置。

⑧贵重物品及图纸资料等尽早转移至安全地方。防台期间所有作业人员必须集体行动,未经允许不得私自外出,台风正面袭击时,人员转移到陆上避风场所。

(7)结构物防台风措施

每年7~9月为台风多发季节,项目部将根据施工现场水文气象特点,修订施工作业和进度计划,合理安排施工工期,制订切实可行的结构物防台风措施,确保结构物安全。

①可能出现的不利情况

a.钻孔桩基础施工防台风:是指钻孔平台防台风及钻孔桩已经开钻但尚未成孔或钻孔桩已经成孔但尚未浇筑混凝土时,接到台风警报的情况。

b. 承台施工防台风:是指钢围堰已安装尚未进行封底或已封底尚未浇筑承台混凝土。

c. 预制箱梁安装防台风:是指预制箱梁一联已部分安装形成较大悬臂尚未合拢的情况。

②针对不利情况的预防措施

a. 钻孔桩基础施工防台风措施

根据施工工期安排,钻孔桩施工要经历台风期,钻孔平台及钻孔桩施工均应采取有效措施防台风。

(a)根据总体进度安排,钻孔平台主要在台风期搭设,故平台设计时应充分考虑台风的影响。部分钢管桩沉放完毕后应及时连接,保证有足够数量整体抗台风,护筒沉放安排在台风间隙期间进行,单根护筒沉放到位后立即与平台连成整体,以增加平台的整体稳定性。

(b)合理配置钻孔设备,用优质泥浆护壁,提高成孔速度和成孔质量,缩短成桩时间,根据我公司苏通大桥的施工经验,通过合理选择成桩设备和工艺,可将单桩成桩时间控制在72h以内。对局部破碎层采用清水冲击钻桩。

(c)开钻施工时应合理安排开孔时机和开孔数量,合理投入钻机数量,严格控制护壁泥浆指标,适当加大各桩成孔时间差,密切关注天气情况,确定开孔时机。

(d)接到台风警报且明确台风动向可能影响本地区时已经成孔的钻孔桩,经分析若台风影响本地区的时间在3d以后,可以确保混凝土浇筑后达到48h的凝期,则应采取措施加快拆除钻机和钢筋笼的安装速度,抓紧时间浇筑混凝土,并将钢护筒与钻孔平台固结成整体,若已开钻但尚未出护筒,则应立即停止钻进,将护筒与平台固结防台风。

b. 承台施工防台风措施

主桥承台都具备体积大、施工要求高、技术复杂等特点,故应通过合理安排施工工期,避开在台风季节安装钢围堰进行承台施工,以防出现意外,造成难以挽回的损失。

根据工期安排,尽量避免台风影响。承台在施工期间经历一个台风期,可从以下两个方面采取措施防台风:

(a)承台模板设计时应有足够的刚度,充分考虑台风袭击的影响。

(b)接到台风袭击警报时,若承台施钢筋以绑扎完毕,模板已安装到位,应充分分析台风最早可能袭击的时间,在确保台风袭击时混凝土可以达到80%以上设计强度的情况下,应立即浇筑混凝土,并加强养护;否则不得安装模板及绑扎钢筋。

2)结构物防撞控制方案

由于本工程施工水域开阔、施工作业及过往船舶较多、施工海域海况复杂、气候多变,容易出现船舶撞墩事故,特别是栈桥安全易受到船舶撞击的威胁,因此,应制订较为可行的施工水域标识和结构物防撞措施,尽量减少此类事故发生。

(1)施工水域标识及警戒措施

①认真组织学习《中华人民共和国海上交通安全法》、《海上避碰规则》、《沿海港口信号规定》等各项涉及水上安全的法规和规定,学习和执行指挥部关于安全的有关规定。

②根据施工作业要求,确定施工占用水域,依据相关程序上报,及时要求航道管理部门发布航行通报,设置施工水域禁航标志。

③依据相关规定在工程作业船舶和在已施工完毕或正在施工的墩位上设置障碍物警示

标志。

④在施工区域上下游各配置一艘巡逻艇,设置施工作业警示标志,配备高频对讲机,GPS定位系统和雷达系统,配合港监、海事部门担任施工水域安全警戒任务,对过往船舶的航行进行监督,提醒误入或即将进入施工水域的过往船舶及时掉头,按规定的航道航行。

⑤工程船舶抛设的锚缆要求抛设浮标进行标识。

(2)防止工程船舶撞墩措施

①所有进入本工程施工的船舶事先必须进行严格的安全资质审查,确保证书及人员配备齐全、设备完好率高、符合相关法律法规要求、能够满足在本工程施工作业要求,并签订安全协议书,明确安全责任。被租用船舶、设备必须建立相应的安全组织,并纳入本项目经理部的统一安全管理体系,接受安全管理与监督。

②水上各型船舶(包括交通船)均配置高频对讲系统、GPS定位系统及雷达设施,并随时处在开启,能够即时了解天气变化情况,以便能及时停止施工作业,采取必要的安全防护措施。

③根据本工程施工特点,制订严格的施工船舶作业计划和操作规程,并对所有船员进行针对性培训,经考核合格后才能上岗,定期进行考核,防止违规操作发生撞墩事故。

④所有作业船舶均需配备足够的锚定系统,防止发生走锚事故。

⑤严格执行相关法律、法规和防台风、防潮汛、防季风预案,6级以上风力时必须停止所有施工作业,10级以上风力时所有船舶均应撤离施工现场。

⑥配备1~2艘港口作业经验丰富、动力足够的拖轮锚泊在施工区域附近,当出现作业船舶走锚或其他紧急事故时,能及时救助,防止撞墩事故的发生。

⑦所有作业船舶因故未作业就地锚泊时,离已施工完成的结构物应有足够的安全距离。大型作业及运输船舶调迁或进出施工水域时,均必须在港口作业拖轮的指挥配合下进行。

(3)防止工程船舶撞栈桥措施

施工栈桥距离桥轴线最长距离为30m,最短距离为22m,主桥钢箱梁运输及引桥节段运输船舶喂梁都对栈桥撞击存在潜在的威胁,防撞措施如下:

①所有船舶均需配备足够的锚定系统,在进入喂梁区域抛出后锚,控制惯性撞击栈桥,同时防止发生走锚事故。

②船舶进入吊装区域后,及时制动或挂倒挡。

③沿着栈桥每隔30m搭设钢管桩防止船舶与栈桥接触,同时作为系缆柱,缓慢绞船进行入架梁区。

3)防突风、防雾方案

(1)根据施工经验,突风作用时间较短,故所有作业船舶均需健全安全预警制度,作业期间派专人观测风力风向变化,当风力大于6级时应立即停止作业,船舶原地抛设防风锚抗御突风,突风过后再进行正常工作。

(2)运输船舶在运输途中遇到突风,应及时调整航行方向,抛设防风锚。

(3)塔吊、桅杆吊、起重船等起重设备在安装作业过程中若遇突风,应立即停止安装作业,采取措施保证自身安全。

(4)由于钻孔桩混凝土浇筑不允许长时间中断,商品混凝土运输路径较长、路况复杂,施工单位根据本工程的实际情况,合理安排和组织商品混凝土的供应,商品混凝土通过栈桥运输,保证在7级风时可正常作业,可根据天气预报,合理安排拆钻时机,确保钻孔桩混凝土浇筑顺利进行。

(5)根据招标文件提供的资料,大雾天气主要出现在冬春季,项目部应根据季节变化,及时收集天气变化信息,并及时将收集到的信息通报给各施工工段,调整施工作业计划,雾天在不能满足通视要求时应停止所有作业,船舶就地锚泊,并派专人进行安全警戒,防止发生撞船事故,并及时向项目部报告所处方位;

(6)墩身施工时竖向受力钢筋和模板安装到位后应立即采取措施固定,防止突风袭击;主塔液压爬模爬升过程中若遇突风,应立即停止爬升,采取临时措施避风;

(7)钢箱梁吊装过程中若遇突风,则应在风力小于7级时将箱梁下放到驳船上,采取临时措施将桥面吊机固定防风,停止桥面安装的所有工作;

(8)按设计要求安装主梁及斜拉索防风减振设施或采取在承台上加设防风缆、将斜拉索串联、加设临时墩等措施。

(9)预制梁段的吊装避开7级以上大风,并根据其设计风况安排作业及抗风加固。架桥机和桥面吊机不能在超过16m/s的风速时进行过跨作业。

4)海上紧急救援方案

(1)紧急救援组织机构及职责

①组织机构

进场后应根据现场施工特点,成立领导小组,完善组织机构,落实责任人,制订切实可行的紧急救援措施,确保出现紧急情况后,能够及时得到救助。

②紧急救援职责

a.紧急救援领导小组,为项目部海上紧急救援领导机构,其主要职责为:分析可能出现的紧急救援情况,制订紧急救助方案,明确各紧急救助队职责,配置救助设施、设备,召集紧急会议,组织演习,协调救助工作,组织检查和落实各项救助措施,向业主和上级报告有关情况,对外联系、协调紧急救助机构。

b.各紧急救援队是海上紧急救援实施机构,其主要职责为:在项目部安全管理委员会的统一指挥下,根据本救助队的职责,制订紧急救助行动计划,分组分工落实责任到人。切实执行紧急救助指令。落实紧急救助所需物资设备。船舶救援队主要完成队遇险船舶的施救工作;现场医疗队主要完成队溺水和工伤人员的紧急抢救工作;交通快艇救助分队主要完成施工水域内落水人员的搜救工作;直升机救援分队主要执行较大范围的搜救和严重伤员的护送工作。

c.各工段(船舶)紧急救援小组为各工段(船舶)自救机构,其主要职责是:根据自身特点,制订遇险自救和互救计划,落实自救互救设备,并确保设备性能完好,能够满足救生要求,遇到紧急情况及时与项目部紧急救援领导机构联系,配合各救援队实施紧急救助。

(2)紧急救援设施设备配置

①船舶救援队配置1艘功率为2640hp(1hp=0.746kW)以上的紧急救援拖轮及必要的救援设备。

②现场医疗队配置紧急救援所需的医疗设备,与其他各紧急救援队一起行动。
③交通快艇救助分队配置2艘12座紧急救助交通快艇。
④各作业面、船舶配置必要的逃生交通工具、医疗急救包、求救信号弹、通信联络设施等。
⑤必要时利用业主的气垫救生船和交通快艇。

(3)紧急救援措施

①遇险船舶紧急救援措施

a.施工作业船舶在施工水域内或作业工程中出现险情,应立即停止作业,向项目部紧急救援领导小组和附近作业船舶发出求救信号,在保证人员安全的前提下实施自救。

b.作业船舶在调迁和运输船舶在运输途中遇险,应立即与附近船舶、当地紧急救援机构和项目部取得联系,并采取措施自救。

c.项目部紧急救援领导小组在接到求救信号后,应立即报告指挥部并标示遇险船舶所处地点,向各救援队和附近作业点发出救援指令。各紧急救援队和附近作业点在接到紧急救援指令后,应立即行动赶赴出事地点,实施紧急救助。

d.所有船舶均应根据自身船况、作业特点、可能出现的紧急情况制订紧急自救计划和人员救生计划,确保救生设施、设备完好,救生通道畅通,至少有2条相互独立的救生通道。遇到险情后应积极采取措施自救。

e.艘救援拖轮应停泊在作业水域附近,并随时处于施航状态。

f.受损船只视情况拖往码头修复,若有受伤人员则及时送往就近医院进行医治。

②落水人员及伤员紧急救援措施

a.所有施工作业人员应严格执行项目部的各项安全制度,按规定佩戴安全帽、穿着救生衣、系安全带,增强自我保护意识,各作业点(船舶)应按规定设置安全防护设施,并确保措施到位,安全可靠。

b.项目部应制订严格的安全管理规章制度、作业指导书和操作规程,所有作业人员均需定期进行安全作业培训,并严格考核,考核不合格者不得上岗。

c.每个作业点和船舶均需按规定配置必要的交通工具和急救设施。

d.当出现人员落水和工伤事故后,应立即进行自救,并与项目部取得联系,通报事故基本情况,以便做出正确救援措施。项目部紧急救援领导小组在接到求救信号后,应立即对事故等级和严重程度做出正确判断,采取最为有效的救助措施施救。

e.现场医疗队驻扎在BZP4墩钻孔平台上。

f.交通快艇救援分队的2艘救援艇,应停靠在施工作业水域附近,并随时处于适航状态。

g.各工程船舶除按常规情况配置救生设备外,均要求增设救生筏1~2只。

h.施工单位与当地海事部门建立了紧密联系,施工过程中若遇到重大险情时,可立即向其寻求救助。

i.与厦门、漳州等附近医院建立紧密联系,作为工伤人员急救定点医疗单位。

5)施工船舶防雾、防雷电方案

(1)大雾

①按规定鸣放雾号,并迅速报告现场安全组,施工船长上驾驶台亲自操纵船舶。

②指派专人观测雷达,派人到船首加强瞭望,并将情况及时报告船长。
③通知水手等船员做好抛锚、停泊的准备。
④机舱作好停车、倒车的准备。
⑤随时保持与海事处联系。
⑥密切注意周围环境,正确掌握本船的动态。
⑦建议当视线小于1km且雾仍在变浓时,应选择安全地点停泊。
⑧雾中定点施工的工程船建议停止作业,并按锚泊船的规定鸣放雾号。

(2) 雷电雨天

在夏季雷电雨天多发时期,项目经理部办公室、劳安部应做到:

①加强与气象部门的联系,随时掌握天气的变化情况,及时向施工现场发布雷雨消息;
②做好防雷电的安全措施,注意在各施工现场布设避雷针,以免出现火灾,设备损坏和人员伤亡;
③做好防雷电的监督、检查和指导工作;随时注意各工段的施工情况,遇异常情况及时向安全领导小组汇报;
④在此期间应注重组织人员对火灾急救的演习;
⑤做好现场交通船等设备的准备和记录总结;
⑥雷电雨中避免高空作业、舷外作业、带电作业;
⑦当气候十分恶劣时,应根据施工情况及时向安全小组请求停止施工,做好船舶设施的防护工作。注意天气变化,当天气好转后及时向安全小组汇报,请求恢复施工。

第 2 章 隧 道 工 程

2.1 概 述

2.1.1 案例项目简介

本项目为国道网中 108 国道(北京—昆明)在北京境内的一部分,是北京市道路网西南部主要放射线,承担着北京与河北、山西等地区的交通衔接任务,是北京城区与京郊门头沟、房山地区联系的重要交通纽带。

108 国道北京段在市域六环路内已改建为城市快速路,六环路以外规划为一级公路,其中六环至门头沟区石门营段已按公路一级标准建成通车,房山区内正在对区内部分路段改造扩建,本项目是 108 国道位于门头沟区内的一部分。

108 国道(南村—石门营段)改建工程南村隧道地处北京市门头沟区永定镇与潭柘寺镇交界处,隧道西洞口位于潭柘寺镇南村以东约 450m 处,隧道东洞口位于永定镇苛罗坨村西(图 4-2-1)。

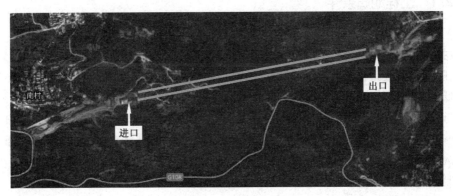

图 4-2-1 南村隧道示意图

本隧道为越岭岩质隧道,主要为变质长石石英砂岩及硬绿泥石石英千枚岩。场地地形起伏大,隧道进口处最低高程约为 210m,山脊最高处高程约为 375m,相对高差达 165m,整体为构造低山剥蚀地貌。

2.1.2 案例编制说明

(1)一致性

本案例按照《公路桥梁和隧道工程施工安全风险评估指南》(以下简称《指南》)内容和要求进行编制。

(2)指导性

本案例以北京门头沟区南村隧道为案例,进行施工阶段整体安全风险评估、专项风险评估和重大风险源评估。案例旨在进一步解释评估的步骤和方法,对施工安全风险评估起到指导性作用。本案例中采用的方法并非唯一的评估方法,评估小组可按《指南》要求,结合项目实际,选择合适的评估方法。

2.1.3 评估内容

安全风险评估是以实现工程安全为目的,综合运用有关的风险评估原理和方法,专业理论知识和工程经验,在对工程系统中存在的风险源进行辨识的基础上,研究工程事故发生的可能性及其产生后果的严重程度,并进行分类排序,从而为风险控制措施提供依据。

本案例主要评估内容包括:

(1)根据隧道工程的地质环境条件、建设规模、结构特点等孕险环境与致险因子,结合隧道施工组织文件,评估隧道工程的整体风险,估测其安全风险等级,属于静态评估。

(2)对隧道开挖阶段进行专项风险评估。

(3)对辨识出的重大危险源进行重大风险源评估。

(4)提出风险控制措施。

2.2 工程概况

2.2.1 工程地质条件

(1)地形地貌特征

南村隧道为越岭岩质隧道,主要为变质长石石英砂岩及硬绿泥石石英千枚岩。场地地形起伏大,隧道进口处最低高程约为210m,山脊最高处高程约为375m,相对高差达165m,整体为构造低山剥蚀地貌。

隧道西洞口至桩号K13+100处,微地貌类型为山前台地,场地内多为垦砌梯田,在A线南侧有一冲沟,冲沟内覆盖1~3m左右的覆盖层。隧道东洞口位于苛萝坨村西南部,微地貌类型为沟谷地貌,场地内两侧为低山,中间冲沟部位为垦砌梯田,冲沟内覆盖层厚度由上到下逐渐变厚,厚度2.0~11.0m不等。

(2)不良地质

通过对拟建隧道周围调查,在隧道进口处西北角约100m处发现废弃的南村煤矿,该煤矿井口已被封堵,经过对当地村民了解,该煤矿井井口朝向东北并向北延续,延续的长度约200m,并不会对本隧道产生影响。根据现场钻探资料、高密度电阻率法测得视电阻率无明显异常,以及对场地采空区的调查,在拟建隧道位置未发现采空区。

根据区域地质资料,108国道(松树岭隧道—石门营)改建工程地质灾害评估报告及场区工程地质测绘情况,场区现况边坡处于自然稳定状态,局部沿乡村路旁的边坡陡峭。因岩性较破碎会有危岩掉落,要采取一定的整治措施。在雨季,部分冲沟内可能会有碎石、泥沙被冲下山谷,但不会形成较大规模冲刷物,对周围环境无影响,但要采取保护现有植被措施,在隧道洞口两侧应设置排水沟。对隧道进出口施工弃渣要及时清运,以免对周围环境产生不利影响。

2.2.2 围岩级别

根据区域地质资料及设计勘探,揭露的地层较复杂。山地斜坡、坡脚及冲沟谷底表层主要由第四系坡洪积、坡残积的亚黏土、碎石混卵石、块石组成,现自地表起叙述之。

1) 第四系坡洪积、坡残积层(Q4dl + el + pl)

(1) 亚黏土:黄褐—褐—灰黑色,含 30%~45% 非均匀分布的砂、碎石、块石,见亚砂土夹层,含有机质,为硬塑状态,厚度 1.0~5.0m,普遍分布在山体表面。

(2) 碎石土:杂色,主要由变质长石石英砂岩、石英岩为主要组成,次棱角状,最大粒径 18cm,一般粒径 6~10cm,含 30%~40% 的亚黏土、砂,密实,湿,分布较普遍。

(3) 块石土:杂色,主要由变质长石石英砂岩、石英岩为主要组成,次棱角状,最大粒径 120cm,一般粒径 40~60cm,含 30% 的亚黏土、砂,厚度 5m,密实,湿。

2) 二叠系~三叠系(P~T)基岩

(1) 强风化变质长石石英砂岩:灰白色—灰褐色,由石英、长石、绢云母组成,石英、长石含量 >55%,且石英含量大于长石。长石表面风化变质绢云母化,绢云母部分有风化现象。具变余砂状结构,并有定向排列现象。岩石风化严重,变质较浅。原岩可能为泥质胶结的长石石英砂岩。节理裂隙较发育,金刚石钻头可以钻进。饱和单轴抗压强度 6cw 值为 15MPa,软化系数 K_{pc} 值为 0.50,属易软化的软岩。

(2) 煤线:黑色,含碎石、炭质砂岩薄夹层,主要为劣质煤,厚度 2.60~13.50m,硬塑状态。

(3) 中风化变质长石石英砂岩:灰白色~灰褐色,由石英、长石、绢云母组成,石英、长石含量 >55%,且石英含量大于长石。长石表面风化变质为绢云母化,绢云母部分有风化现象。具变余砂状结构,并有定向排列现象。岩石风化较严重,变质较浅。原岩可能为泥质胶结的长石石英砂岩。节理裂隙不太发育,金刚石钻头可以钻进。饱和单轴抗压强度 6cw 值为 22MPa,软化系数 K_{pc} 值为 0.50,属易软化的较软岩。

(4) 微风化变质长石石英砂岩:灰白色,由石英、长石、绢云母组成,石英、长石含量 >60%,且石英含量大于长石。长石表面风化变质绢云母化,绢云母部分有风化现象。具变余砂状结构,并有定向排列现象。岩石风化较严重,变质较浅。原岩可能为泥质胶结的长石石英砂岩。节理裂隙不太发育,金刚石钻头可以钻进。

(5) 强风化硬绿泥石石英千枚岩:浅灰色,主要矿物为绢云母、石英、硬绿泥石等。绢云母含量 >60%,部分绢云母已风化为粘黏土。石英含量 10%~15%,硬绿泥石含量 <10%,呈放射状,全铁化保持假象,具有变余砂状结构及变余基底胶结方式,千枚状构造,岩石表面有丝绢光泽,属浅变质岩。节理裂隙发育,金刚石钻头能钻进。

(6) 中风化硬绿泥石石英千枚岩:浅灰色,主要矿物为绢云母、石英、硬绿泥石等。绢云母含量 >60%,部分绢云母已风化为黏土。石英含量 10%~15%,硬绿泥石含量 <10%,呈放射状,全铁化保持假象,具有变余砂状结构及变余基底胶结方式,千枚状构造,岩石表面有丝绢光泽,属浅变质岩。节理裂隙不太发育,金刚石钻头能钻进。饱和单轴抗压强度 6cw 值为 22MPa,软化系数 K_{pc} 值为 0.642,属易软化的软岩。

(7)微风化硬绿泥石石英千枚岩:浅灰色,主要矿物为绢云母、石英、硬绿泥石等。绢云母含量>60%,部分绢云母已风化为黏土。石英含量10%~15%,硬绿泥石含量<10%,呈放射状,全铁化保持假象,具有变余砂状结构及变余基底胶结方式,千枚状构造,岩石表面有丝绢光泽,属浅变质岩。节理裂隙不太发育,金刚石钻头能钻进。饱和单轴抗压强度6cw值为15MPa,软化系数K_{pc}值为0.340,属易软化的软岩。

(8)变质泥岩:棕红色—紫红色,泥质结构,层状构造,主要矿物成分为黏土矿物,中风化,岩体属于软岩—极软岩,岩芯呈土状,合金钻头钻进速度快。

隧道各级围岩构成如下表4-2-1所示。

南村隧道围岩级别构成表　　　　　　　表4-2-1

隧道名称	IV		V		明洞		洞门形式	
	长度(m)	比例(%)	长度(m)	比例(%)	进口	出口	进口	出口
南村隧道A线1 348m	600	46.6	688	53.4	30	30	削竹式	削竹式
南村隧道B线1 395m	600	45.2	727	54.8	30	38	削竹式	削竹式

2.2.3 水文气象条件

隧道附近无河流,根据场地周围调查及钻探揭露情况,隧道底板高程以上未见地下水,隧道位置及附近地区也未发现泉水出露,通过对南村村民用机井调查,机井中的水位约150m(相当于高程约70.00m),水位远低于隧道底板高程。隧道场地地下水主要为基岩裂隙水,其补给方式主要为大气降水、地表水渗入、灌溉水及其他各层基岩裂隙水之间的补给,排泄方式主要以地下渗流的方式向临近的沟谷、低地排泄。局部可能形成涌水(细小水流状)或局部赋存裂隙水,但总体水量小,在隧道施工过程中可能会遇到少量滴水或淋水。

隧道区属中纬度大陆性季风气候,春季干旱多风,夏季炎热多雨,秋季凉爽湿润,冬季寒冷干燥,四季分明,干湿冷暖变化明显。极端最低气温-19.5℃,极端最高气温40.2℃,年平均气温11.7℃。春季60d,夏季76d,秋季60d,冬季169d,冬季漫长是境内气候的一大特征。年平均风速为2.7m/s,8级以上大风21次,年平均无霜期200d左右,年平均日照在2 470h左右,降水量年际变化大,年平均降水量约600mm。

2.2.4 地震

拟建场区位于燕山地震带与华北平原中部地震带的交汇区域,且紧邻汾渭地震带和郯庐深大断裂地震带,是个多震区,历史上曾遭受过多次强烈地震的破坏和影响,其中以1679年马坊地震和1730年西郊地震的影响最大。自有史记载以来,北京地区曾遭受有感地震592次(到1957年3月4日止),至于近年利用仪器记录地震(ML≥3.5)多达几千次。1976年唐山大地震,对拟建场区内震害程度较轻,未出现沙土液化现象,房屋破坏也相对较轻。

据《中国地震震动参数区划图》(GB 18306—2001),场地抗震设防烈度为Ⅶ度,地震动峰值加速度为 0.15g,设计地震分组为第一组。标准冻结深度为 1m。

2.2.5 隧道设计概况

(1)隧道整体设计

本隧道是双洞双向行驶一级公路隧道,隧道标准断面轮廓:0.75m(检修道)+0.5m(左侧向宽度)+2×3.5m(行车道)+2.5m(连续停车带)+0.05m(建筑限界间隙)+0.75m(检修道),11.55m;限高5.0m,如图4-2-2和图4-2-3所示。

隧道分为A线和B线:

A线全长1 348m,隧道底面高程202.1～235.8m,里程桩号 AK12+759～AK14+107;最大曲线半径4 000m,坡度2.5%下坡。

B线全长1 395m,隧道底面高程201.4～236.1m,里程桩号 BK12+745～BK14+140,最大曲线半径3 000m,坡度2.5%下坡。

南村隧道属长隧道,内设有2个人行横通道,1个车行横通道,如图4-2-4所示。采用钻爆法施工,进出口洞门形式采用削竹式。

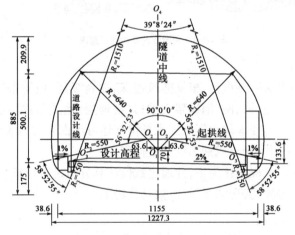

图 4-2-2　隧道标准断面轮廓设计图(尺寸单位:cm)

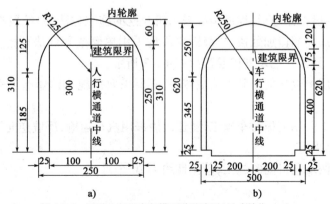

图 4-2-3　隧道人行和车行横通道设计图(尺寸单位:cm)
a)人行横通道内轮廓及建筑限界设计图;b)车行横通道内轮廓及建筑限界设计图

(2)隧道明洞衬砌

为降低洞外路基开挖形成的高边坡,缓解洞口偏压,减少洞口段病害的发生;同时考虑到抗震和环保的要求,隧道洞口段结合地形、地质情况设置了一段明洞。明洞采用钢筋混凝土拱形结构。

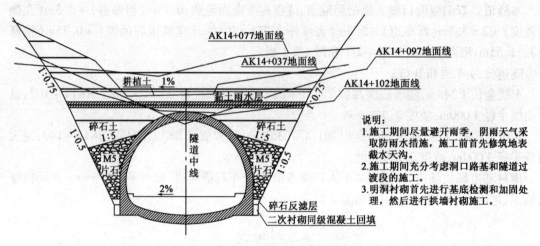

图 4-2-4　明洞开挖及衬砌示意图

(3)隧道暗挖段衬砌

洞身段衬砌均按新奥法原理设计,根据隧道埋深、围岩级别、地质条件设计了相应的衬砌断面形式。初期支护采用喷、锚、网、钢拱架支护;并视地层、地质条件增加管棚、小导管、超前锚杆等预加固措施;偏压、浅埋地段根据施工现场情况还可考虑采用地表砂浆锚杆或反压回填等工程措施;二次衬砌采用混凝土或钢筋混凝土衬砌。

隧道支护参数选择以工程类比为主,并通过数值计算分析进行校核,在施工中还需要通过现场量测分析调整设计参数,实现动态设计,信息化施工。

2.2.6　施工组织概况

(1)开挖和支护

隧道洞门、明洞段根据地形、地质情况采用明开挖的施工方法,暗挖段根据不同围岩级别采用相应的施工方法。洞口加强段、Ⅴ级围岩段均采用单侧壁导洞法开挖,Ⅳ级围岩段采用上、下台阶法开挖。具体开挖及支护参数如表 4-2-2 所示。

隧道钻爆施工质量直接关系到施工成败,有必要采取措施对钻爆施工进行严格的监测和控制。

二次衬砌混凝土采用模板台车施工,隧道出渣采用汽车运输,反坡逆向段隧道在施工中还应加强临时截、排水措施。

南村隧道可由两端洞口同时施工,总工期约为 20 个月。

(2)监控量测

隧道的一般围岩地段和极差围岩地段监测的项目和要求不同。监控量测项目及方法如表 4-2-3 所示。

隧道开挖及支护参数表　　　　　　　　　　　　　　　　　　　　　　　　　　　　表4-2-2

围岩级别	施工方案	超前支护	初期支护				二次衬砌		预留变形
			喷C20混凝土	钢筋网、间距	锚杆	钢格栅	C25混凝土	仰拱C25混凝土	
IV级	上、下台阶	无	20cm	拱、墙φ6.5焊网20cm×20cm	拱、墙φ22砂浆锚杆L=3.5m，间距1.0cm×1.0cm	钢格栅拱架，纵向间距1m	50cm钢筋混凝土	50cm素混凝土	10cm
V级	单侧壁导洞	Φ42超前注浆小导管，L=3.5m，倾角10~30°	25cm	拱、墙φ6.5焊网20cm×20cm	拱、墙φ22砂浆锚杆L=3m，间距1.0cm×1.0cm	钢格栅拱架，纵向间距0.75m	60cm钢筋混凝土	60cm钢筋混凝土	12cm
洞口加强段	单侧壁导洞	Φ108管棚（长度比洞口加强段长2m），间距45cm，倾角1~3°	25cm	拱、墙φ6.5焊网20cm×20cm	拱、墙φ22砂浆锚杆L=3m，间距1.0cm×1.0cm	I18型钢拱架，纵向间距0.75m	60cm钢筋混凝土	60cm钢筋混凝土	12cm（根据现场试验确定）
明洞段	明挖							70cm钢筋混凝土	

隧道现场监控量测项目及量测方法　　　　　　　　　　　　　　　　　　　　　　表4-2-3

	项目名称	方法及工具	布置	量测间隔时间			
				1~15天	16天~1个月	1~3个月	3个月以上
必测项目	地表下沉	精密水平仪	每5~50m一个断面，每断面至少3个测点	开挖面距量测断面前后<2B时，1~2次/天；开挖面距量测断面前后<5B时，1次/2天；开挖面距量测断面前后<5B时，1次/周（B为隧道开挖宽度）			
	周边位移	收敛计或测杆	每10~50m一个断面，每断面2~3对测点	1~2次/天	1~2次/2天	1~2次/周	1~3次/月
	拱顶下沉	水平仪、水准尺、测杆	每10~50m一个断面，每断面至少3对测点	1~2次/天	1次/2天	1~2次/周	1~3次/月
选测项目	地质超前预报	地震法超前预报仪TSP203	间隔100~150m一个断面				
	锚杆轴力	锚杆拉拔器	每10~50m一个断面，每断面至少3根锚杆	1~2次/天		1~2次/周	
	围岩内位移（洞内设点）	洞内钻孔中安设单点或多点式位移计	每代表地段1~2断面，每断面15~20对测点	1~2次/天	1次/2天	1~2次/周	1~3次/月
	围岩压力	压力盒	每代表地段2~10断面，每断面2~5测点	1~2次/天	1次/2天	1~2次/周	1~3次/月
	钢支撑内力及外力	支柱压力计或其他测力计	每10~50榀钢支撑一对测力计	1~2次/天	1次/2天	1~2次/周	1~3次/月
	地质和初期支护观察	岩性。结构面产状及支护裂隙观察，地质罗盘	全长度开挖后及初期支护后进行	每次爆破后进行			

(3)隧道掘进循环时间、进度计算

隧道掘进循环时间、进度如表4-2-4所示。通过计算,总工期约20个月。

隧道掘进时循环时间、进度计算　　　　　　表4-2-4

工序 \ 围岩级别	V(含洞口段)	IV	备　注
清理(min)	60	60	
出渣(min)	200	200	包括测量
锚杆、挂网、拱架(min)	120	150	
喷混凝土(min)	50	80	不在正常班次循环中
超前支护(min)	200	240	
钻孔(min)	150	150	
装药爆破(min)	60	60	
通风(min)	30	60	
时间统计(min)	870	1 000	
小时统计(h)	14.5	16.6	
循环进尺(m)	0.8	2.5	
月生产能力(m/月)	40	108	每月以30天计

2.2.7 风险评估依据

(1)交通运输部《公路桥梁和隧道工程施工安全风险评估指南》(试行);
(2)《公路工程技术标准》(JTG B01—2003);
(3)《公路隧道设计规范》(JTG D70—2004);
(4)《公路隧道施工技术规范》(JTG F60—2009);
(5)《公路工程地质勘察规范》(JTG C20—2011);
(6)《公路工程抗震设计规范》(JTJ 004—89);
(7)《锚杆喷射混凝土支护技术规范》(GB 50086—2001);
(8)《混凝土结构设计规范》(GB 50010—2002);
(9)《建筑地基处理技术规范》(JTJ 79—2002);
(10)《建筑地基基础设计规范》(GB 50007—2011);
(11)《建筑边坡工程技术规范》(GB 50330—2002);
(12)《公路隧道交通工程设计规范》(JTG/T D71—2004);
(13)《隧址洞口区1:200地形图》北京市测绘设计研究院;
(14)《隧址区1:1000地形图》北京市测绘设计研究院;
(15)《隧址区横断面测量》北京市测绘设计研究院;
(16)《108国道(南村—石门营段)改造工程—南村隧道详细勘察阶段岩土工程勘察报告》河北中核岩土工程有限责任公司;

(17)《108国道(南村—石门营段)改建工程实施性施工组织设计》;

(18)108国道(南村—石门营段)改建工程,第五篇——隧道工程,第一册——南村隧道施工图设计说明书;

(19)南村隧道前阶段施工、设计变更等相关文件。

2.3 总体风险评估

2.3.1 总体风险评估思路

总体风险评估指开工前根据隧道工程的地质环境条件、建设规模、结构特点等孕险环境与致险因子,评估隧道工程整体风险,估测其安全风险等级,属于静态评估。

评估思路:

(1)结合项目实际,遵循指南要求,建立评估体系;

(2)根据项目情况,参照评估体系,选择合适的分值;

(3)建立评估等级,并确定本项目的等级。

2.3.2 建立风险评估体系

隧道工程施工安全总体风险评估主要考虑隧道地质条件、建设规模、气候与地形条件等评估指标,建立如表4-2-5所示的总体风险评估指标体系。

隧道工程总体风险评估指标体系　　表4-2-5

评估指标		分类	分值	说明
地质 $G=(a+b+c)$	围岩情况 a	1. Ⅴ、Ⅵ围岩长度占全隧长度70%以上	4~5	根据设计文件和施工实际情况确定
		2. Ⅴ、Ⅵ围岩长度占全隧长度40%以上、70%以下	3	
		3. Ⅴ、Ⅵ围岩长度占全隧长度20%以上、40%以下	2	
		4. Ⅴ、Ⅵ围岩长度占全隧长度20%以下	1	
	瓦斯含量 b	1. 隧道洞身穿越瓦斯地层	2~3	
		2. 隧道洞身附近可能存在瓦斯地层	1	
		3. 隧道施工区域不会出现瓦斯	0	
	富水情况 c	1. 隧道全程存在可能发生涌水突泥的地质	2~3	
		2. 有部分可能发生涌水突泥的地质	1	
		3. 无涌水突泥可能的地质	0	
开挖断面 A		1. 特大断面(单洞四车道隧道)	4	
		2. 大断面(单洞三车道隧道)	3	
		3. 中断面(单洞双车道隧道)	2	
		4. 小断面(单洞单车道隧道)	1	

续上表

评估指标	分类	分值	说明
隧道全长 L	1. 特长(3 000m以上)	4	
	2. 长(大于1 000m、小于3 000m)	3	
	3. 中(大于500m、小于1 000m)	2	
	4. 短(小于500m)	1	
洞口形式 S	1. 竖井	3	
	2. 斜井	2	
	3. 水平洞	1	
洞口特征 C	1. 隧道进口施工困难	2	从施工便道难易、地形特点等考虑
	2. 隧道进口施工较容易	1	

注:①指标的取值针对单洞。
②表中"以上"表示含本数,"以下"表示不含本数,下同。

2.3.3 总体评估

(1)分值选择

根据南村隧道围岩情况,A、B 线 V 级围岩比例分别为 53.4% 和 54.8%。对照表 4-2-5,围岩情况 a 分值为 2 分。

因南村隧道穿越含煤地层,瓦斯含量 b 分值为 2 分。

隧道附近无河流,隧道底板高程以上未见地下水。富水情况 c,无涌水突泥可能的地质,分值为 0 分。

隧道为单洞双车道隧道,开挖断面 A 为中断面,分值为 2 分。

隧道 A 线长 1 348m,B 线长 1 395m,隧道长度大于 1 000m,小于 3 000m,隧道全长 L 分值为 3 分。

隧道洞口选用水平洞,分值为 1 分。

洞口为 V 级围岩,采用 CD 法施工,进口施工难度较大,洞口特征 C 分值为 2 分。

(2)风险大小及等级

隧道工程施工安全风险 $R = G(A + L + S + C) = (a + b + c)(A + L + S + C)$,代入数值,得 $R = 32$。

建立风险等级标准表,结合工程经验,建立如表 4-2-6 所示风险分级标准。

隧道工程施工安全总体风险分级标准　　　　表 4-2-6

风险等级	计算分值 R
等级Ⅳ(极高风险)	22 分及以上
等级Ⅲ(高度风险)	14 ~ 21 分
等级Ⅱ(中度风险)	7 ~ 13 分
等级Ⅰ(低度风险)	0 ~ 6 分

由表 4-2-6 可以看出,该隧道施工安全总体风险等级为 IV(极高风险)。

2.4 专项风险评估

2.4.1 专项风险评估思路

专项风险评估是指将总体风险评估等级为 III 级(高度风险)及以上隧道工程中的施工作业活动(或施工区段)作为评估对象,根据其作业风险特点以及类似工程事故情况,进行风险源普查,并针对其中的重大风险源进行量化估测,提出相应的风险控制措施,属于动态评估。

评估思路:
(1)将某一阶段的施工工序分解;
(2)结合分解的工序,进行危险源普查,列出风险源普查清单;
(3)用系统安全方法对辨识出的危险源进行定性评估;
(4)选用合适的评估方法,对辨识出的危险源进行定量评估。

2.4.2 施工作业程序分解

将南村隧道施工作业程序按表 4-2-7 分解。

南村隧道施工作业工序分解　　　　表 4-2-7

分部工程	分项工程	单位作业
洞口工程	洞口开挖	清表作业
		挖掘作业
		爆破作业
		超前管棚
		支护钢拱架
		喷射混凝土
洞身开挖	钻爆作业	人工钻孔
		装药与起爆
		通风
		危石清除(找顶)
	洞内运输	装渣
		无轨运输
		卸渣
		爆破器材运输

续上表

分部工程	分项工程	单位作业
洞身衬砌	初期支护	超前支护或超前小导管
		立拱架
		铺设钢筋网
		喷射混凝土
	二次衬砌	铺设防水层
		绑扎二次衬砌钢筋
		浇筑二次衬砌混凝土
		填充仰拱混凝土
隧道路面	基层面层	（沥青）混凝土浇筑
		养生
交通工程	交通安全设施	高处作业
	机电设施	机电安装

2.4.3 风险源普查

1) 隧道围岩现状

根据设计说明中钻探、野外观察、孔内原位测试、室内岩石试验资料及地质测绘和物探结果，将隧道A、B线围岩分别分为三个区段。

(1) B线进口段

地表为第四系坡洪积的亚黏土、碎石土、碎石混卵石，其下为强风化～中风化的变质长石石英砂岩、硬绿泥石石英千枚岩，上述岩层均夹煤线（相当于硬状态的亚黏土）或变质泥岩等软岩～极软岩。岩体完整程度呈极破碎～较破碎，岩芯呈碎块状～短柱状，局部岩芯呈土状，节理裂隙发育。围岩基本质量指标BQ<280，围岩基本质量指标修正值[BQ]<239，综合确定B线进口段（长约450m）围岩等级为Ⅴ级。围岩完整性、稳定性均较差，开挖时会出现掉块、崩塌，局部可能会存在少量上层滞水或基岩裂隙水。

(2) B线洞身段

地表为第四系覆盖层硬塑状态的亚黏土（部分地段此层缺失），其下为强风化～中等风化状态的变质长石石英砂岩和硬绿泥石石英千枚岩，夹土状变质泥岩，岩体完整程度呈破碎～较完整，岩芯呈碎块状～柱状。隧道顶部以上三倍洞径范围内均为中风化状态的变质长石石英砂岩、中～微风化的硬绿泥石石英千枚岩，岩体完整程度呈较破碎～较完整，岩芯呈短柱状～长柱状。围岩基本质量指标BQ=297，修正后[BQ]=253～257，综合确定洞身段（长度约600m）围岩等级为Ⅳ级。开挖时局部会出现掉块及渗水现象。

(3) B线出口段

大部分地段地表为一层厚约0.5～2.5m的呈硬塑状态的亚黏土和稍密状态的素填土，其下为强风化～中风化状态的变质长石石英砂岩，夹变质泥岩，节理裂隙发育。岩体完整程度呈极破碎~较破碎,岩芯呈碎块状,局部呈土状。围岩基本质量指标 BQ<281,围岩基本质量指标修正值[BQ]<226,综合确定 B 线隧道出口段(长约340m)围岩为 V 级。围岩完整性及稳定性均较差,局部地段也可能存在少量上层滞水或基岩裂隙水,开挖时会出现掉块、崩塌等。

(4) A 线进口段

地表为第四系覆盖层,其厚度为3~9m,岩性为硬塑状态的亚黏土、中密状态的碎石混卵石、块石,其下为强风化状态的变质长石石英砂岩、硬绿泥石石英千枚岩,且均夹劣质煤线。岩体完整程度呈极破碎~破碎,岩芯呈碎块状~短柱状,部分呈土状。根据钻孔中深度9~10m所取岩样试验,可知该段基岩为软岩(饱和单轴抗压强度仅为6.23MPa)。围岩基本质量指标 BQ<287,围岩基本质量指标修正值[BQ]<232,综合考虑 A 线隧道进口段(长约447m)围岩级别为 V 级。围岩完整性、稳定性均较差,开挖时会出现掉块、崩塌、局部可能会存在少量上层滞水和基岩裂隙水。

(5) A 线洞身段

地表为第四系覆盖层硬塑状态的亚黏土(部分地段此层缺失),其下为强风化~中等风化状态的变质长石石英砂岩和硬绿泥石石英千枚岩,夹土状变质泥岩。岩体完整程度呈破碎~较完整,岩芯呈碎块状~柱状。隧道顶部以上三倍洞径范围内均为中风化状态的变质长石石英砂岩、中~微风化的硬绿泥石石英千枚岩,岩体完整程度呈较破碎~较完整,岩芯呈短柱状~长柱状。围岩基本质量指标 BQ=297,修正后[BQ]=253~257,综合确定洞身段(长度约600m)围岩等级为 IV 级。开挖时局部会出现掉块及渗水现象。

(6) A 线出口段

地表为厚度约0.5~6.0m 的素填土、硬塑状态的亚黏土及呈中密、潮湿状态的碎石块石土,其下为强风化状态的变质长石石英岩和变质泥岩,节理裂隙发育,岩体完整程度呈极破碎~破碎,岩芯呈碎块状、土状。围岩基本质量指标 BQ<279,围岩基本质量指标修正值[BQ]<224,综合考虑该线出口段(长约301m)围岩等级为 V 级。围岩完整性、稳定性均较差,局部地段可能会存在少量上层滞水及基岩裂隙水,开挖时会出现掉块、崩塌等。

2)专家分析

通过与现场施工人员座谈、评估小组讨论、专家咨询、工程类比等方式,结合《指南》中附录3关于公路隧道工程钻爆法施工作业活动与典型事故类型对照表,分析得出表4-2-8危险源普查清单。

危险源普查清单　　　　表4-2-8

序 号	风 险 源	判 断 依 据
1	洞口开挖	本隧道洞口为 V 级围岩,采用 CD 法施工,施工难度较大,易发生坍塌等事故
2	钻孔	钻孔阶段易发生塌方、机械伤害等事故
3	盲炮检查和危石清理	盲炮检查和找顶易发生爆炸、物体打击等事故
4	立钢拱架	立钢拱架期间易发生塌方、机械伤害等事故

风险源风险分析表

表 4-2-9

序号	单位作业内容	潜在的事故类型	致险因子	受伤害人员类型	伤害程度	不安全状态	不安全行为
1	洞口挖掘作业	坍塌、机械伤害	(1)施工方法不符合设计要求； (2)机械带"病"运转； (3)围岩破碎施工难度大	作业人员	重伤	(1)防护不当； (2)设备带病运转； (3)保养不当，设备失灵	(1)开动、关停机器未给信号； (2)操作错误
2	洞口施工支护钢拱架	坍塌	(1)施工方法不符合设计要求； (2)围岩破碎施工难度大	作业人员	重伤	(1)设备带病运转； (2)个人防护用品缺失	(1)开动、关停机器未给信号； (2)操作错误
3	洞口支护喷射混凝土	坍塌、机械伤害	(1)机械带"病"运转； (2)围岩破碎施工难度大	作业人员	重伤	(1)个人防护用品缺失； (2)照明光线不良； (3)通风效率低	(1)开动、关停机器未给信号； (2)物体存放不当； (3)操作错误
4	钻孔	坍塌、机械伤害	(1)钻孔不符合设计要求； (2)机械带"病"运转； (3)围岩破碎施工难度大	作业人员或作业场所其他人员	死亡	(1)个人防护用品缺失； (2)照明光线不良； (3)通风效率低	(1)开动、关停机器未给信号； (2)物体存放不当； (3)操作错误
5	盲炮检查和危石清理	坍塌、放炮	(1)作业人员无经验； (2)安全防护设施不符合规定	作业人员	死亡	(1)个人防护用品缺失； (2)照明光线不良	未"敲帮问顶"即开始作业
6	初期支护	坍塌	(1)未按设计要求施工； (2)施工材料不符合要求	作业人员或作业场所其他人员	死亡	(1)个人防护用品缺失； (2)照明光线不良； (3)通风效率低； (4)设备带病运转	(1)物体存放不当； (2)操作错误

2.4.4 风险分析

采用系统安全工程的方法,从人、机、料、法、环五个方面分析导致事故的致险因子,如表 4-2-9 所示。人员方面,未接受安全教育、未持证上岗、无相关证件等;机械方面,未经过安全检查、劳损严重等;原料方面,物料乱堆放、原材料不合格或不符合设计要求等;施工方法方面,未按设计施工、重大施工方案未经审查等;环境方面,主要是围岩情况复杂,给施工带来困难。

2.4.5 风险估测

(1)风险估测方法选择

风险估测是采用定性或定量的方法对风险事故发生的可能性及严重程度进行数量估算。本案例采用 LEC 法进行风险估测。该方法采用与系统风险率相关的 3 个方面指标值之积来评价系统中人员伤亡风险大小:L 为发生事故的可能性大小;E 为人体暴露在这种危险环境中的频繁程度;C 为一旦发生事故会造成的损失后果。风险分值 $D = LEC$。D 值越大,说明该系统危险性大,需要增加安全措施,或改变发生事故的可能性,或减少人体暴露于危险环境中的频繁程度,或减轻事故损失,直至调整到允许范围内。

(2)量化分值标准

为了简化计算,将事故发生的可能性、施工人员暴露时间、事故发生后果划分不同的等级并赋值,如表 4-2-10 ~ 表 4-2-12 所示。

事故发生可能性 L 等级划分及赋值　　　　表 4-2-10

分　数　值	事故发生的可能性	分　数　值	事故发生的可能性
10	完全可以预料	1	可能性小,完全意外
6	相当可能	0.5	很不可能,可以设想
3	可能,但不经常	0.1	极不可能

人员暴露时间 E 等级划分及赋值　　　　表 4-2-11

分　数　值	暴露于危险环境的频繁程度	分　数　值	暴露于危险环境的频繁程度
10	连续暴露	2	每月一次暴露
6	每天工作时间内暴露	1	每年几次暴露
3	每周一次或偶然暴露	0.5	非常罕见暴露

事故后果严重程度等级划分及赋值　　　　表 4-2-12

分　数　值	发生事故产生的后果	分　数　值	发生事故产生的后果
100	10 人以上死亡	7	严重
40	3 ~ 9 人死亡	3	重大,伤残
15	1 ~ 2 人死亡	1	引人注意

根据公式 $D = LEC$ 就可以计算作业的危险程度,并判断评价危险性的大小。其中的关键还是如何确定各个分值,以及对乘积值的分析、评价和利用。将结果按表 4-2-13 分级。

LEC 法评估结果分级　　　　　　　表 4-2-13

D 值	危险程度	D 值	危险程度
>320	极其危险,不能继续作业	20~70	一般危险,需要注意
160~320	高度危险,要立即整改	<20	稍有危险,可以接受
70~160	显著危险,需要整改		

(3)风险估测

按照 LEC 法将计算结果填入表 4-2-14 中。

LEC 法风险估测计算　　　　　　　表 4-2-14

序号	风险源		风险估测			
	作业内容	潜在的事故类型	事故发生可能性 L	人员暴露频率 E	后果严重程度 C	风险大小 D
1	洞口挖掘作业	坍塌 机械伤害	3	6	3	54
2	洞口施工支护钢拱架	坍塌	3	6	3	54
3	洞口支护喷射混凝土	坍塌	3	6	3	54
4	钻孔	坍塌 机械伤害	6	6	15	540
5	盲炮检查和危石清理	坍塌 放炮	6	6	15	540
6	初期支护	坍塌	6	6	40	1 440

从计算结果可以看出,初期支护阶段最易发生坍塌事故。同时,在钻孔和找顶作业中,也应采取必要的监控措施加强防护。

2.5　重大风险源评估

2.5.1　重大风险评估思路

重大风险源指风险源相对比较复杂,存在较大的不可预见性,引发的事故严重性较大,必须从结构设计、环境因素、施工方法、安全管理等角度进行控制和防范的风险源。

结合专项风险评估的结果,经评估小组讨论决定:坍塌、瓦斯爆炸和洞口失稳为南村隧道重大风险源。

重大风险源评估思路:
(1)按指南要求,建立评估风险矩阵;
(2)评估事故发生的可能性,预测事故后果,进行评估;
(3)参照风险矩阵,确定风险等级。

2.5.2　风险矩阵的建立

指南中推荐采用风险矩阵法对重大风险源动态估测。按照事故发生的可能性、事故后果严重程度建立风险矩阵表。表 4-2-15~表 4-2-17 为事故可能性和后果等级分级表。

事故发生可能性等级标准 表4-2-15

概 率 范 围	中 心 值	概率等级描述	概 率 等 级
>0.3	1	很可能	4
0.03～0.3	0.1	可能	3
0.003～0.03	0.01	偶然	2
<0.003	0.001	不太可能	1

注：①当概率值难以取得时,可用频率代替概率。
②中心值代表所给区间的对数平均值。

人员伤亡等级标准 表4-2-16

等 级	1	2	3	4
定性描述	一般	较大	重大	特大
人员伤亡	人员死亡(含失踪)人数<3或重伤人数<10	3≤人员死亡(含失踪)人数<10或10≤重伤人数<50	10≤人员死亡(含失踪)人数<30或50≤重伤人数<100	人员死亡(含失踪)人数≥30或重伤人数≥100

注：人员伤亡是指在施工活动过程中人员所发生的伤亡,依据人员伤亡的类别和严重程度进行分级。

直接经济损失等级标准 表4-2-17

等 级	1	2	3	4
定性描述	一般	较大	重大	特大
经济损失(万元)	$Z<10$	$10 \leq Z<50$	$50 \leq Z<500$	$Z \geq 500$

注：直接经济损失是指事故发生后造成工程项目发生的各种费用的总和,包括直接费用和事故处理所需(不含恢复重建)的各种费用。

根据《指南》要求,结合风险矩阵法,建立如表4-2-18所示的风险接受准则。专项风险分为四个等级:低度(Ⅰ级)、中度(Ⅱ级)、高度(Ⅲ级)、极高(Ⅳ级)。

低度(Ⅰ级)表示有一般危险,需要注意;中度(Ⅱ级)表示有显著风险,需加强管理不断改进;高度(Ⅲ级)表示高度风险,需制定风险消减措施;极高(Ⅳ级)表示极高风险,不可忍受风险,需纳入目标管理或制定管理方案。

专项风险等级标准 表4-2-18

可能性等级		严重程度等级	一般	较大	重大	特大
			1	2	3	4
很可能	4		高度Ⅲ	高度Ⅲ	极高Ⅳ	极高Ⅳ
可能	3		中度Ⅱ	高度Ⅲ	高度Ⅲ	极高Ⅳ
偶然	2		中度Ⅱ	中度Ⅱ	高度Ⅲ	高度Ⅲ
不太可能	1		低度Ⅰ	中度Ⅱ	中度Ⅱ	高度Ⅲ

结合本项目实际,隧道围岩较破碎,易发生坍塌事故;隧道穿越含煤地层,有瓦斯爆炸的风险;洞口围岩较破碎,施工方法较复杂,易发生洞口失稳事故。以下将坍塌、瓦斯爆炸和洞口失稳列为重大危险源进行评估。

2.5.3 施工管理引发的事故可能性评估指标

根据评估指南要求,按表4-2-19建立安全管理评估指标体系,计算指标分值 M。

安全管理评估指标体系 表4-2-19

评估指标	分类	分值	说明
总包企业资质 A	三级	3	
	二级	2	
	一级	1	
	特级	0	
专业及劳务分包企业资质 B	无资质	1	针对当前作业的主要分包企业
	有资质	0	
历史事故情况 C	发生过重大事故	3	指项目部主要管理人员从事过的工程项目曾经发生的事故情况
	发生过较大事故	2	
	发生过一般事故	1	
	未发生过事故	0	
作业人员经验 D	无经验	2	从特种作业人员、一线施工人员的工程经验考虑
	经验不足	1	
	经验丰富	0	
安全管理人员配备 E	不足	2	从"三类人"的持证、在岗情况考虑
	基本符合规定	1	
	符合规定	0	
安全投入 F	不足	2	
	基本符合规定	1	
	符合规定	0	
机械设备配置及管理 G	不符合合同要求	2	
	基本符合合同要求	1	
	符合合同要求	0	
专项施工方案 H	可操作性较差	2	
	可操作性一般	1	
	可操作性强	0	

南村隧道总包企业北京市公路桥梁建设公司资质为公路工程总承包特级,总包企业资质 A 为0分。专业及劳务分包企业为中铁二十二局,有资质,B 为0分。历史发生过一般事故,C 为1分。作业人员经验较为丰富,D 为0分。安全管理人员配备基本符合规定,E 为1分。安全投入基本符合规定,F 为1分。机械设备配置及管理基本符合合同要求,G 为1分。专项施工方案可操作性一般,H 为1分。

经过计算:$M = A + B + C + D + E + F + G + H = 5$。根据《指南》中表23的指标体系,可得:折减系数 $\gamma = 0.9$。

2.5.4 坍塌事故危险性评估

(1) 坍塌事故可能性评估

根据项目实际情况,结合指南中关于坍塌指标体系建立要求,建立表4-2-20的洞身开挖坍塌事故可能性评估指标。

坍塌事故可能性评估指标　　　　　　　表4-2-20

评估指标	分　类		分　值	说　明
围岩级别 A	V、VI级		4~5	可根据围岩节理发育情况和岩性适当调整分值
	IV级		3	
	III级		2	
	I、II级		0~1	
断层破碎情况 B	存在宽度50m以上的大规模断层破碎带		3~4	
	存在宽度20m以上、50m以下的中等规模断层破碎带		2	
	存在宽度20m以下小规模断层破碎带		1	
	不存在断层破碎带		0	
渗水状态 C	岩溶管道式涌水		1.5	渗水状态应考虑天气影响因素
	线状一股状		1.2	
	线状		1.0	
	干一滴渗		0.9	
地质符合性 D	工程地质条件与设计文件相比较差		2~3	由监理工程师确认
	工程地质条件与设计文件基本一致		1	
	施工控制与设计		0	
施工方法 E	施工方法不适合水文地质条件的要求		2~3	可参照有关技术标准确定是否适合
	施工方法基本适合水文地质条件的要求		1	
	施工方法完全适合水文地质条件的要求		0	
施工步距 $F=a+b$	a	V、VI级围岩衬砌到掌子面距离在200m以上或全断面开挖衬砌到掌子面距离在250m以上	4~5	二次衬砌距离掌子面的距离是影响隧道稳定性的一个重要因素。本指标主要考虑施工时台阶法施工、全断面法施工二次衬砌是否及时跟上
		V、VI级围岩衬砌到掌子面距离在120m以上、200m以下或全断面开挖衬砌到掌子面距离在160m以上、250m以下	3	
		V、VI级围岩衬砌到掌子面距离在70m以上、120m以下或全断面开挖衬砌到掌子面距离在120m以上、160m以下	2	
		V、VI级围岩衬砌到掌子面距离在70m以下或全断面开挖衬砌到掌子面距离在120m以下	0~1	
	b	一次性仰拱开挖长度在8m以上	2~3	
		一次性仰拱开挖长度在8m以下	0~1	

南村隧道围岩级别为Ⅴ、Ⅳ级,围岩级别 A 定为4分。据本地区地质资料,隧址区域无活动断裂带,但围岩稳定性整体较差,围岩破碎 B 为1分。根据水文气象资料,隧址区域无河流,且探测未发现地下水,渗水主要来自大气降水补给,渗水状态 C 为0.9分。工程地质条件与设计文件基本一致,D 为1分。施工方法基本符合水文地质条件要求,E 为1分。据现场观测,二次衬砌距离掌子面一般均在80m左右,仰拱开挖一般在6m左右,施工步距 $F = a + b = 2 + 1 = 3$ 分。

隧道坍塌事故可能性分值 $P = \gamma(C \times A + B + D + E + F) = 0.9(0.9 \times 4 + 1 + 1 + 1 + 3) = 8.64$。

建立如表4-2-21隧道施工坍塌事故可能性等级标准。

隧道施工坍塌事故可能性等级标准   表4-2-21

计算分值 P	事故可能性描述	等 级
$P \geq 15$	很可能	4
$8 \leq P < 15$	可能	3
$3 \leq P < 8$	偶然	2
$0 \leq P < 3$	不太可能	1

从表4-2-21中可以看出,本隧道发生坍塌的可能性为可能。

(2)坍塌事故可能性评估

经过计算,南村隧道发生坍塌事故的可能性为可能。隧道如果发生坍塌,会造成暴露在施工作业环境中的3~10名作业人员发生死亡事故,后果较为严重。

(3)坍塌事故危险性评估

参照表4-2-18建立的风险矩阵,坍塌事故为高度(Ⅲ级)风险,需制订风险消减措施。

2.5.5 瓦斯爆炸危险性评估

建立表4-2-22所示的瓦斯爆炸事故可能性评估指标。

隧道施工区段瓦斯爆炸事故可能性评估指标   表4-2-22

评估指标	分 类	分 值	说 明
瓦斯含量 A	存在瓦斯突出危险	4	可根据设计文件、现场监测结果进行判断
	瓦斯涌出量 $\geq 0.5 \text{m}^3/\text{min}$	2~3	
	瓦斯涌出量 $< 0.5 \text{m}^3/\text{min}$	1	
	无瓦斯	0	
洞内通风 B	洞内掌子面最小风速未达标	2~3	由现场监测结果进行判定
	洞内掌子面最小风速达标	1	
机械设备防爆情况 C	未采用防爆设备	3	对出渣机械、机电设备等综合判定
	采用防爆设备	1~2	
瓦斯监测体系 D	洞内瓦斯监测体系不完备	2~3	由评估小组按照有关技术标准判定
	洞内瓦斯监测体系完备	1	

南村隧道虽穿越煤层,但经检测,瓦斯涌出量十分微小,A 为 1 分。洞内掌子面最小风速达标,洞内通风 B 为 1 分。机械设备未采用防爆设备,C 为 2 分。隧道内设立了瓦斯检测体系,D 为 1 分。

隧道施工区段瓦斯爆炸事故可能性分值计算公式为:$P = \gamma \cdot A \times (B + C + D)$,代入数值计算得 $P = 3.6$。对照表4-2-23,瓦斯爆炸事故可能性为偶然。

(1) 瓦斯爆炸事故可能性评估

经过计算,南村隧道发生瓦斯爆炸事故的可能性为偶然。因瓦斯涌出量微小,可能会造成 3 人以下重伤事故。

隧道施工区段瓦斯爆炸事故可能性等级标准　　　　　　　　　　　　　表4-2-23

计算分值 P	事故可能性描述	等　　级
$P \geq 12$	很可能	4
$7 \leq P < 12$	可能	3
$3 \leq P < 7$	偶然	2
$0 \leq P < 3$	不太可能	1

(2) 瓦斯爆炸事故危险性评估

参照表4-2-18 建立的风险矩阵,瓦斯爆炸事故为中度(Ⅱ级),有显著风险,需加强管理不断改进。

2.5.6 洞口失稳危险性评估

建立表4-2-24所示的洞口失稳可能性评估指标。

洞口失稳可能性评估指标　　　　　　　　　　　　　表4-2-24

评估指标	分　类	分　值	说　明
围岩级别 A	Ⅴ、Ⅵ级	4~5	可根据围岩节理发育情况和岩性适当调整分值
	Ⅳ级	3	
	Ⅲ级	2	
	Ⅰ、Ⅱ级	0~1	
施工方法 B	施工方法不适合水文地质条件的要求	2~3	可参照有关技术标准确定是否适合
	施工方法基本适合水文地质条件的要求	1	
	施工方法完全适合水文地质条件的要求	0	
洞口偏压 C	洞口存在较严重偏压	3	
	洞口存在可矫正偏压	2	
	洞口无偏压	0~1	

南村隧道围岩为 Ⅴ、Ⅳ 级,整体围岩较差,A 为 4 分。施工方法选用 CD 法施工,基本适合水文地质条件要求,B 为 1 分。洞口无明显或不可矫正的偏压,洞口偏压 C 为 1 分。

隧道施工区段洞口失稳事故可能性分值计算公式为:$P = \gamma(A + B + C)$。代入数值得 $P = 3.6$ 分。对照表4-2-25,发生洞口失稳可能性为偶然。

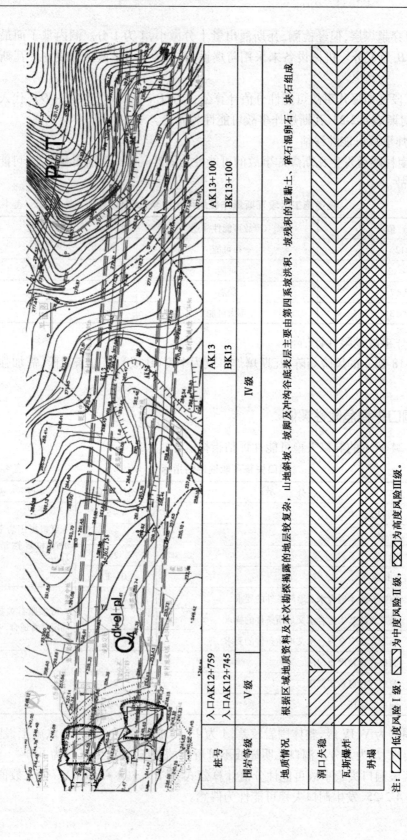

图4-2-5 施工安全风险分布示意图

注：▨ 为低度风险Ⅰ级，▨ 为中度风险Ⅱ级，▨ 为高度风险Ⅲ级。

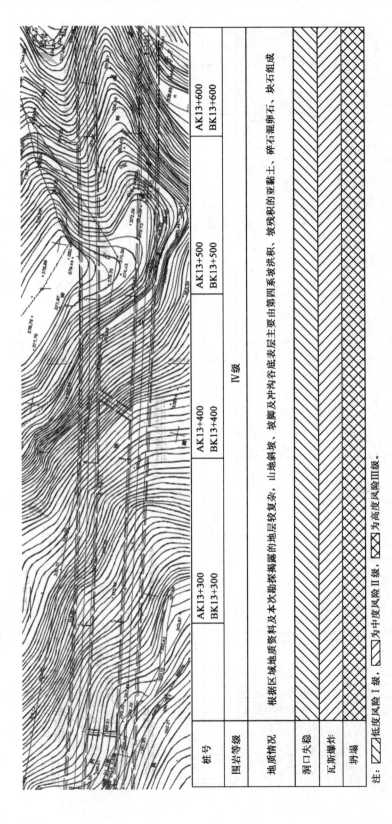

图4-2-6 施工安全风险分布示意图

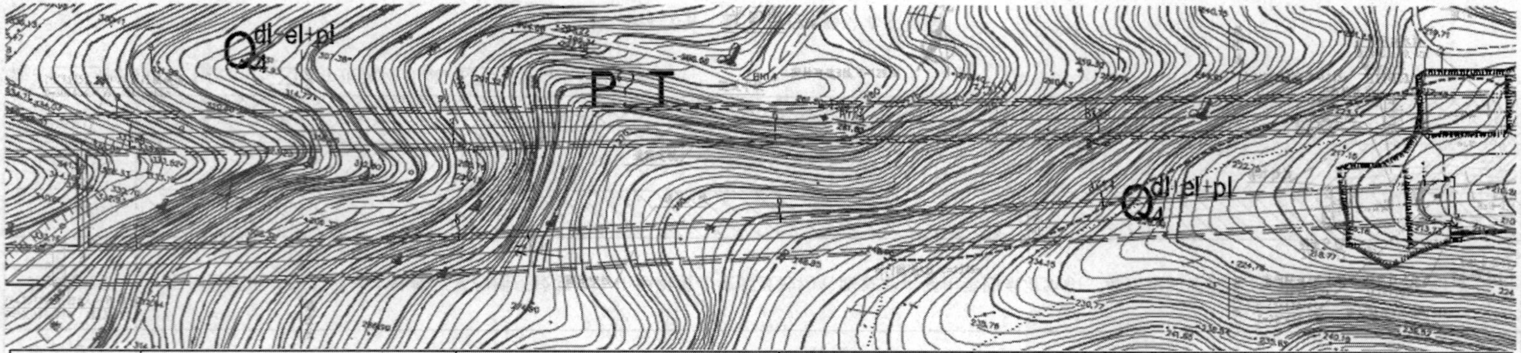

桩号	AK13+800 BK13+800	AK13+900 BK13+900	AK14 BK14	出口AK14+107 出口BK14+102
围岩等级	Ⅳ级	Ⅳ级		Ⅴ级
地质情况	根据区域地质资料及本次勘探揭露的地层较复杂，山地斜坡、坡脚及冲沟谷底表层主要由第四系坡洪积、坡残积的亚黏土、碎石混卵石、块石组成			
洞口失稳				
瓦斯爆炸				
坍塌				

注：▨ 低度风险Ⅰ级，▨ 为中度风险Ⅱ级，▨ 为高度风险Ⅲ级。

图4-2-7 施工安全风险分布示意图

隧道施工区段洞口失稳事故可能性等级标准 表4-2-25

计算分值P	事故可能性描述	等级
$P \geq 8$	很可能	4
$5 \leq P < 8$	可能	3
$2 \leq P < 5$	偶然	2
$0 \leq P < 2$	不太可能	1

(1)洞口失稳事故后果评估

经过计算,南村隧道发生洞口失稳事故的可能性为偶然。事故发生后,可能会造成暴露在施工作业环境中的3~10名作业人员发生重伤事故,后果较为严重。

(2)洞口失稳事故危险性评估

参照表4-2-18建立的风险矩阵,洞口失稳事故为中度(Ⅱ级),有显著风险,需加强管理不断改进。

2.5.7 绘制风险分布表

根据隧道工程进度表,绘制施工安全风险分布表4-2-26和分布图4-2-5~图4-2-7。

施工安全风险分布表 表4-2-26

序号	施工区段(里程桩号)	坍塌			瓦斯爆炸			洞口失稳		
		可能性等级	严重程度等级	风险等级	可能性等级	严重程度等级	风险等级	可能性等级	严重程度等级	风险等级
1	AK12+759~AK13+206	可能	较大	高度Ⅲ级	偶然	较大	中度Ⅱ级	偶然	较大	中度Ⅱ级
2	AK13+206~AK13+806	可能	较大	高度Ⅲ级	偶然	较大	中度Ⅱ级	—	—	—
3	AK13+806~AK14+107	可能	较大	高度Ⅲ级	偶然	较大	中度Ⅱ级	偶然	较大	中度Ⅱ级

2.6 风险控制措施

2.6.1 风险接受准则

按评估指南要求,一般风险源由施工企业按常规制定控制措施。重大危险源应按照预案、预警、预防等三阶段来制定控制措施。表4-2-27为风险接受准则。

风险接受准则 表4-2-27

风险等级	接受准则	处理措施
低度	可忽略	不需采取风险处理措施和监测
中度	可接受	一般不需采取风险处理措施,但需予以监测
高度	不期望	必须采取风险处理措施降低风险并加强监测,且满足降低风险的成本不高于风险发生后的损失
极高	不可接受	必须高度重视,采取切实可行的规避措施并加强监测,否则要不惜代价将风险至少降低到不期望的程度

通过表4-2-27可以看出，南村隧道瓦斯爆炸和洞口失稳属"可接受"风险，需采取一定的监测措施。南村隧道坍塌属"不期望"风险，需采取处理措施并加强监测，防止事故发生。

2.6.2 一般风险源控制措施

一般风险源指风险源相对简单，影响因素间关联性较低，运用一般知识与经验即可防范的风险源。主要包括触电、高处坠落、物体打击、车辆伤害等事故。

1）安全用电及洞内电气设备安全保证措施

(1) 所有施工人员掌握安全用电的基本知识和所用设备性能，用电人员各自保护好设备的负荷线、地线和开关，发现问题及时找电工解决，严禁非专业电气操作人员乱动电器设备。

(2) 洞内电气设备的操作符合下列规定：非专职电工不得操作电气设备；手持式电气设备的操作手柄和工作中接触的部位，设有良好的绝缘。

(3) 高压线引至施工现场的室内变电所，所内通风及排水良好，门向外开，上锁并由专人负责。人员不得随便进入，变压器安设位置、接地电阻符合规范要求。

(4) 配电系统分级配电，配电箱、开关箱外观完整、牢固，防雨防尘、外涂安全色、统一编号。其安装形式必须符合有关规定，箱内电器可靠、完好，造型、定值符合规定，并标明用途。

(5) 现场内支搭架空路线的线杆底部要实，不得倾斜下沉，与基坑边及临近建筑有一定安全距离，且必须采用绝缘导线，不得成束架空敷设，达不到要求必须采取有效保护措施。

(6) 施工现场所有用电设备，必须按规定设置漏电保护装置，严格按TN-S系统布置，定期检查，发现问题及时处理解决。

(7) 现场内各用电设备，尤其是电焊、电热设备、电动工具，其装设使用符合规范要求，维修保管由专人负责。

(8) 直接向洞内供电的馈线上，严禁设自动重合闸，手动合闸时与洞内值班人员联系。

2）安全焊接作业

(1) 工作时穿戴工作服、绝缘鞋、电焊手套、防护面罩、护目镜等防护用品，高处作业时系安全带。

(2) 焊接作业周围10m范围内不得堆放易燃易爆物品。

(3) 作业前检查焊机、线路、料机外壳保护接零，确认安全。

(4) 焊接时二次线必须双线到位，严禁用其他金属物作二线回路。

(5) 焊把线不得放在电弧附近或炽热的焊缝旁，不得碾压焊把线。

(6) 气焊时先开乙炔阀点火，后开氧气阀调整火焰。关闭时先关闭乙炔阀，再关闭氧气阀。

(7) 氧气瓶和乙炔瓶保持距离在5m以上，与焊炬、割炬和其他明火不小于10m。

(8) 作业中若氧气管着火立即关闭氧气阀门，不得折弯胶管断气；若乙炔管着火，先关熄炬火，可用弯折前面一段软管的办法止火。

(9) 焊机必须设单独的电源开关、自动断电装置，外壳设可靠的保护接零。

3）洞内防火安全保证措施

(1)治安消防工作必须坚持"预防为主、以消为辅"的指导思想，保证本工程建设过程的安全。

(2)施工现场成立消防委员会、义务消防队，负责日常消防工作。

(3)对现场的操作人员进行安全防火知识教育，并充分利用醒目标语等多种形式宣传防火知识，签订防火协议，从思想上使每个职工重视安全防火工作，增强防火意识。

(4)施工现场配备充足的灭火器，消防物品周围不得堆放其他材料，以保证消防通道畅通。在附近写上119火警电话醒目标志。

(5)专职消防人员要每天巡视现场消防工作情况，做好治安记录。经常检查消防器材，以保证其使用时的灵敏有效。

(6)施工中电器设备的安装、维修，均由正式电工负责。严禁私自拉照明线、点电炉，避免电器引起火灾事故。

(7)材料库房内易燃、易爆物品与料具不能混放，完善领料手续，经常查看库房。

(8)施工现场严禁私点明火，如确因工程需要，则必须报安全员备案，领取用火证，并经安全技术员检查，确保安全后方可用火。

(9)严格控制施工区及附近生活区的吸烟等易引起火灾的行为，在安全地带设置吸烟专区。

(10)施工现场未经批准不得任意动用明火。如必须用火时，要严格执行用火证制度，并且有专人对施工现场用火进行巡视。

(11)划分出禁火作业区（易燃材料的堆放场地）、仓库区（易燃废料的堆放区）和现场的生活区。各区域之间要按规定保持防火安全距离。

(12)施工现场各类材料仓库、木工作业场所以及其他禁火的地方，悬挂"严禁烟火"警告牌，禁火区严禁吸烟。入库人员严禁带入火柴、打火机等火种。

4）其他一般风险源采取的对策

(1)建立健全各工种操作规程；

(2)适时开展职工安全教育和培训；

(3)做好安全交底；

(4)为职工配备防护用品，并做好安全防护；

(5)施工现场做好警示标志；

(6)制定监督检查制度，定时开展检查工作。

2.6.3 重大风险源控制措施

经过评估，南村隧道有发生坍塌、瓦斯爆炸和洞口失稳三种事故的可能，且这三种事故均为重大风险源。瓦斯爆炸和洞口失稳属于中度可接受风险，需加强监控。坍塌属于高度风险，加强监测的同时需采取必要的降低风险的措施，防止事故发生。

2.6.3.1 瓦斯爆炸控制措施

1）瓦斯检查、监测及预防措施

(1)隧道开挖前采用水平地质钻孔，超前钻探，钻孔时利用炮孔对瓦斯赋存条件、赋存情况进行探测。

(2)施工期间,在工区建立瓦斯通风监控、检测的组织系统,测定温度、气压、瓦斯浓度、风速、风量等参数。在工区配备便携式瓦斯检测仪、高浓度瓦斯检测仪、瓦斯自动检测报警断电装置和风速表等仪器装备。

(3)建立瓦斯安全检测仪器检测站,负责对瓦斯安全检测仪器进行检定、检验、调试和备件管理。

(4)瓦斯检查员对工区内每班检查瓦斯2~3次。每个检测断面检查5点,即拱顶、两侧拱脚和两侧墙脚各距隧道周边20cm处,检测隧道风流中瓦斯和二氧化碳浓度。

(5)瓦斯检测地点及范围:

①开挖工作面风流、回风流中,爆破地点附近20 m内的风流中及局部塌方冒顶处;

②隧道总回风的风流中;

③局部通风机前、后各10m内的风流中;

④各种作业台车和机械附近20m内的风流中;

⑤电动机及其开关附近20m内的风流中;

⑥隧道洞室中,如变电所、水泵站等处;

⑦炭质页岩、煤线或接近地质破碎带处;

⑧在每个检测地点设置明显的瓦斯记录牌,每次检测结果及时填写在瓦斯记录本和记录牌上。

(6)开挖工作面内,在体积大于 $0.5m^3$ 时的空间中,如坍塌洞穴、避车洞等处,其局部积聚瓦斯浓度达到2%时,附近20m范围内必须停止工作,撤出人员,切断电源,进行局部通风处理。

(7)瓦斯断电仪的配置与使用符合要求。

(8)在超前掘进的平导工作面,为探测前方地层瓦斯情况,实施超前探孔。具体做法是:在工作面中部正前方和左测与隧道走向夹角15°方向,各施作一个超前探孔,孔径60~90mm,孔深30~50m。如孔内无瓦斯异常涌出,平导可正常掘进,如瓦斯涌出量较大,则停止掘进,根据瓦斯涌出情况适当增加钻孔数量,充分排放围岩中的瓦斯后,方可继续施工。

2)预防煤尘爆炸的措施

(1)煤尘注水

在有煤尘爆炸危险的煤系地层中,通过钻孔注入0.5~1MPa(浅孔注水)或2~4MPa(深孔注水)的压力水,使压力水沿煤层层理、节理的裂隙渗入并润湿煤体,以减少煤尘发生量。深孔注水孔深为3~5m,$\phi100~127mm$;浅孔注水孔深为2~3.5m,$\phi42mm$。实践证明,煤尘注水可降低煤尘发生量的70%~80%。

(2)喷雾洒水

在掘进中,除应对掘进机、装渣机、运输机等设备配备喷雾或喷水装置外,还应在产生煤尘的施工地段进行喷雾洒水。

(3)水封爆破和水炮泥

水封爆破是借炸药爆破时产生的压力将水压入煤体的一种防尘方法。水炮泥是用装水塑料袋代替泥炮填于炮眼中,降低因爆破而引起的煤尘飞扬。

(4)控制风速

坑道内风速大小将影响空气中的粉尘浓度,通过实践经验得知施工通风采用最佳风速为 1.5~3m/s。

3)含瓦斯煤系地层隧道施工要点

(1)加强施工通风

①瓦斯隧道运营通风风机采用普通型,有特殊要求时可采用防爆型;

②设置机械通风的瓦斯隧道的通风量,应在稀释隧道内瓦斯所需风量和防止瓦斯聚积最小风速之相应风量中最大者确定。计算风压时需计入适量自然反风,防止瓦斯积聚的最小风速按1m/s计;

③机械通风的风机有一定的备用量,采用射流风机时应有50%的备用量,采用大型风机时应有100%的备用量,备用风机必须能在10min内启动;

④瓦斯隧道的机械通风运转时间由计算确定,风机每次运转时间不应小于15min。风机应具有短时反转控制风流大小及方向的消防功能;

⑤瓦斯隧道运营期间宜采用定时通风,当隧道内瓦斯浓度达到0.4%时,必须启动风机进行通风,保证隧道内瓦斯浓度不大于0.5%,当瓦斯浓度降到0.3%以下时,可停止通风。

(2)施工中应详细记录瓦斯涌出地段涌出量的变化、工程地质及水文地质情况,加强瓦斯检查和量测工作。

(3)洞内机电设备必须采用防爆型,坑道内只用电缆,不得使用皮线。

(4)加强安全教育,严格遵守安全生产有关规程的规定。

①开挖工作面风流中瓦斯浓度达到1%时,必须停止用电钻打眼,并在放炮地点附近20m以内严禁放炮;达到1.5%时必须停止工作,撤出人员切断电源进行处理;个别地段达到2%时,人员撤离并立即进行处理;

②瓦斯浓度必须在1%以下,才准开动机器;

③采用湿式凿岩,严禁打干钻;

④禁绝火源火种入洞;

⑤当隧道通过煤层时,宜采用水炮泥、放炮喷雾、装岩(煤)洒水和通风等综合防尘措施。对施工缝、沉降缝采用膨胀水泥砂浆填塞严密。

(5)依据目前初步判定的隧道瓦斯涌出量级别,须在明洞和二次衬砌模筑混凝土中掺加气密剂;同时只容许在无煤层或无瓦斯涌出量的位置上设置变形缝。

4)瓦斯爆炸控制措施简单表述

表4-2-28为瓦斯爆炸控制措施。

2.6.3.2 洞口失稳控制措施

1)边仰坡控制措施

边、仰坡防护砂浆锚杆采用$\phi 22mm$钢筋,长度3m,梅花形布设,间距$1.2m \times 1.2m$。钢筋

网片采用 φ6.5mm,间距 25cm×25cm,钢筋网与锚杆尾部采用焊接。

瓦斯爆炸控制措施　　　　　　　　　表 4-2-28

序号	作业内容	控制措施
1	可燃气体检测设备	使用便携式检测器
2		制定检测器的检查、标定要求
3		在开挖面顶端、隧道中间、模板台车、电气设备等附近,设定检测可燃气体浓度的位置
4	可燃气体检测方法	指定瓦斯检测员进行检测
5		在当天作业开始前等进行测定
6		除可燃气体浓度、氧气浓度、气压、洞内温度、风速等也需测定
7	信息沟通机制	确定检测结果的信息沟通机制,特别应明确出现异常值时,向现场负责人报告的渠道和机制
8	信息记录和保存	记录并整理施工中的各种检测结果,分析可燃气体的变化趋势
9	通风设备和方式	选定适合隧道断面、长度的通风方式
10	警报装置	制定警报的标准、拉响警报时的行动要求,并向相关人员公告
11		制定警报装置的检查、维护标准
12		安排检查员,在每天作业前对警报装置进行检查
13	火源管理	制定隧道内用火标准,并向相关人员公告
14		原则上禁止带入火源,并进行标示
15		在隧道内用火时,应提前提出申请,并采取必要的措施

钻孔前根据设计要求定出孔位,做出标记。钻孔和安装均需垂直于坡面,孔径及深度符合设计的要求。钻孔完成后,采用高压风清孔,检查符合要求后,即可进行注浆作业。注浆开始或中途暂停超过 30min 时,用水润滑灌浆罐及其管路。注浆孔口压力不得大于 0.4MPa。注浆管插至距孔底 5~10cm 处,随水泥砂浆的注入缓慢匀速拔出,随即迅速将杆体插入,锚杆杆体插入孔内的长度不得短于设计长度的 95%,若孔口无砂浆流出,将锚杆拔出重新注浆。锚杆安设后不得随意敲击,其端部 3d 内不得悬挂重物。锚杆头与网片焊接,以形成整体,具体施工部位按设计实施。锚杆支护采用人工 YT28 凿岩机钻孔,搅拌机拌制普通砂浆后进行灌注,其配合比(质量比)为水泥:砂:水宜为 1:(1~1.5):(0.45~0.5)。注浆时注意随时排除孔中空气。

2)边、仰坡防护喷射混凝土施工

喷混凝土班每班由 8~10 人组成,包括喷射手、喷射机操作手、拌料工等。喷射机数量完全满足施工需求。

施工时保证喷射速度适当,并调节水量,使混凝土具有适宜的稠度,并降低回弹量。喷嘴与坡面保持适当距离,喷射角度尽可能接近 90°,以获得最大压实和最小回弹。正确地掌握喷射顺序,不使角隅处及钢筋背面出现蜂窝或砂囊。南村隧道出口洞口边、仰坡防护喷射混凝土设计厚度为 10cm,强度等级为 C20。

当开始或停止喷射时,给喷射手信号。当料不能从喷嘴均匀喷出时,通知喷射手停止作业,及时清除受喷面上的砂囊或下垂的混凝土,以便重新喷射混凝土。喷射工作结束时,认真清洗喷嘴。

3) 洞口防排水

隧道口位处冲沟地段,场地内两侧为低山,洞口土石方开挖前,根据洞口地形情况事先在洞顶边、仰坡刷坡线以外 5~10m 修筑截水沟一道,以拦截地表水,截水沟出水口设在洞口仰坡和边坡交线 5m 以外。洞口土石方开挖后,按要求在较高端洞口外 2m 设横向盲沟一道,以拦截地面水,洞外侧沟做成 2.5% 的排水坡,以利排水畅通。截、排水沟严格按施工规范、检验评定标准和设计要求施工。在施工中,必须注意排水工程与周围排水系统连通,保证路基安全稳定,水流畅通,避免污染农田。

4) 明洞与暗洞的衔接

明洞开挖及边坡防护完成后进行暗洞掘进,暗洞掘进前先进行超前预支护,暗洞掘进一段长度后,由洞内向洞外方向施做明洞衬砌。

5) 明洞衬砌及洞门

明洞仰拱施工由明暗交接处向洞口方向进行;明洞衬砌采用衬砌台车立模浇筑,钢筋集中制作,现场安装。混凝土由拌和站集中拌和,输送车运输,泵送入模,机械振捣。在明洞施工完毕、不影响洞内施工的情况下适时做洞门。

6) 明洞回填

明洞衬砌混凝土强度达到设计强度的 70% 后方可拆模。外模拆除后及时施工明洞外防水设施,拱圈背部用砂浆涂抹平整,铺设复合式 PVC 防水板,敷设时粘贴紧密,相互搭接错缝,搭接长度不小于 100mm,并向隧道内拱背延伸不小于 0.5m,再涂抹 2cm 厚水泥砂浆。明洞回填采用碎石土,施工时对称分层夯实。每层厚度 0.3m,两侧回填的土面高差不大于 0.5m。回填至拱顶后分层满铺填筑。顶层回填 50cm 厚夯实黏土,以利于隔水。

7) 洞口失稳控制措施

洞口失稳控制措施简单表述为表 4-2-29。

洞口失稳控制措施　　　　　　　　　　　　　　　表 4-2-29

序　号	作业内容	控　制　措　施
1	监控量测	增加地表下沉监控量测频率,分析洞口变形发展趋势
2	开挖	控制开挖量等,减少围岩扰动。超前支护应及时到位,严格按照设计施工,中间围岩开挖后及时封闭初期支护;临时支撑拆除后,及时做二次衬砌;同时在施工过程中,加强第三方监控量测,做到及时预测预警。采用合理的开挖面高度,特别是用台阶法开挖时,第一步开挖的台阶高度不宜超过 1/3 的开挖高度
3	支护	加强超前支护,提高支护结构整体性,对东洞口考虑到后期拆除临时支撑后初期支护稳定性,建议加强Ⅴ围岩初期支护的强度,由钢格栅改为 20b 的钢拱架。拱脚设置锁脚锚杆,并控制锁脚锚杆的施工质量,二次衬砌紧跟。支护结构脚部处理,提高基底承载力
4	排水	洞口顶部做好防排水处理

2.6.3.3 坍塌控制措施

1) 钻孔安全保证措施

(1) 钻眼前,检查工作面是否处于安全状态,灯光照明是否良好,支护、顶板及两帮是否牢固,有无松动的岩石。

(2)凿岩机钻眼时,采用湿式凿岩机。

(3)风钻钻眼前,对设备工具作下列检查:不合格的立即修理或更换;机身、螺栓、卡套、弹簧、支架是否完好;管路是否良好,连接是否牢固;钻杆有无不直、带伤以及钻孔是否有堵塞孔现象。

(4)使用支架的风钻钻眼时,确保将支架安置稳妥。站在碴堆上钻眼时,注意石渣的稳定,防止操作中滑塌伤人。

(5)严禁在残眼中继续钻眼,严禁在工作面拆卸修理钻孔工具。

(6)进洞施工人员戴好安全帽、防护手套、穿工作服;电工和电钻工穿绝缘鞋和戴绝缘手套。

2)开挖及钻孔安全保证措施

(1)开挖人员到达工作地点时,首先检查工作面是否处于安全状态,并检查支护是否牢固,顶板和两帮是否稳定,如有松动的石、土块或裂缝先予以清除或支护。

(2)风钻钻眼时,先检查机身、螺栓、卡套、弹簧和支架是否正常完好;管子接头是否牢固,有无漏风;钻杆有无不直、带伤以及钻孔堵塞现象;湿式凿岩机的供水是否正常。不合要求者应予修理或更换。

(3)带支架的风钻钻眼时,必须将支架安置稳妥,风钻卡钻时用扳钳松动拔出,不可敲打,未关风机前不得拆除钻杆。

3)爆破施工安全保证措施

(1)爆破器材加工房设在洞口50m以外的安全地点。严禁在加工房以外的地点改制和加工爆破器材。

(2)爆破作业和爆破器材加工人员必须穿棉质工作服,严禁穿着化纤衣物。

(3)装药前检查爆破工作面附近的初期支护是否牢固;炮眼内的泥浆、石粉吹洗干净;刚打好的炮眼热度过高,不得立即装药。如遇有照明不足,发现流沙、流泥未经妥善处理,或可能有大量溶洞涌水时,严禁装药爆破。

(4)洞内爆破作业做到统一指挥信号,人员撤离到安全距离外,不受有害气体冲击。其安全距离为:半断面开挖不少于400m;全断面开挖不少于500m。

(5)隧道施工放炮,由取得"安全技术合格证"的爆破工担任,严格防护距离和爆破警戒。放炮后10min才准放人员进入工作面,经找顶清除危石、锚喷支护后方能继续施工。

(6)每日放炮时间及次数根据施工条件明确规定,装药离放炮时间不应过久。爆破前爆破人员严格检查爆破网络,确保一次起爆。

(7)遇到下列情况严禁装药爆破:照明不足;工作面岩石破碎尚未支护,发现可能有岩爆及高压水涌出地段。

(8)爆破后必须经过15min通风排烟后,并经过以下各项检查和妥善处理后,其他工作人员才准进入工作面:有无瞎炮及可疑现象,有瞎炮由原爆破人员按规定处理;有无残余炸药或雷管;顶板两帮有无松动石块;支护有无损坏与变形。

(9)装炮时严禁火种,严禁明火点炮,严禁装药与打眼同时进行。

(10)两端工作面接近贯通时,加强两端的联系与统一指挥。当两端工作面距离保持20m以上,停止一端作业,并将人员机具撤走,在安全距离处设立警告标志。

(11)抓好现场管理,搞好文明施工,保持现场管线整齐。灯明、路平、无积水,对易燃、易爆等危险品按规定保存和堆放,并进行标示。严格发放制度,切实做好防洪、防火、防淹亡等工作,杜绝重大伤亡,减少一般性事故。

4) 装渣与运输安全保证措施

(1)运输车辆严禁人、料混装。

(2)机械装渣时,断面尺寸满足装渣机械安全运转,并符合下列要求:装渣不准高于车厢,装渣机与运渣车之间不准有人;为确保运渣车就位良好和安全进出,派专人指挥。

(3)运输车辆限制速度执行表4-2-30所示的规定。

运输车辆限制速度　　　　表4-2-30

项　　目	作业地段	非作业地段	成洞地段
正常行车	10km/h	20km/h	20km/h
会车	5 km/h	10km/h	10km/h

(4)洞口和狭窄的施工场地,设置"缓行"标志,必要时安排人员指挥交通。

(5)车辆行驶遵守下列规定:严禁超车,同向行驶车辆保持20m的距离,洞内能见度较差时,加大距离;车辆启动前看望与鸣笛,驾驶室不得搭载其他人员;车辆不得带故障运行。

(6)车辆在洞内行驶时,施工人员遵守下列规定:不准与车辆机械抢道,不准扒车、追车和强行搭车。

(7)洞外卸渣时,在渣堆边缘内80cm处设置挡木及标志。

(8)洞内倒车与转向,要开灯、鸣笛并派专人指挥。

5) 初期支护安全保证措施

(1)隧道各部开挖后,除围岩完整坚硬,以及设计文件中规定的不需支护者外,都必须根据围岩情况、施工方法采取有效的支护。

(2)施工期间,现场施工负责人会同有关人员对支护各部定期进行检查。在不良地质地段每班设专人随时检查,当发现支护变形或损坏时,立即修整和加固;当变形或损坏情况严重时,先将施工人员撤离现场,再行加固。

(3)洞内支护,随挖随支,支护至开挖面的距离一般不得超过4m;如遇石质破碎、风化严重和土质隧道时,尽量减小支护工作面;当短期停工时,将支撑直抵工作面。

(4)不得将支撑立柱置于废渣或活动的石头上。软弱围岩地段的立柱加设垫板或垫梁,并加木楔塞紧。

(5)钢支架安装选用小型机具进行吊装,并遵守本规程"起重吊装"的规定。

(6)喷锚支护时危石清除,脚手架牢固可靠,喷射手佩戴防护用品;机械各部分完好正常,压力保持在0.2MPa左右;注浆管喷嘴严禁对人放置。

(7)当发现已喷锚区段的围岩有较大变形或锚杆失效时,立即在该区段增设加强锚杆,其长度不小于原锚杆长度的1.5倍。如喷锚后发现围岩突变或围岩变形量超过设计允许值时,用钢支架支护。

(8)当发现测量数据有不正常变化或突变,洞内或地表位移值大于允许位移值,洞内或地面出现裂缝以及喷层出现异常裂缝时,均视为危险信号,必须立即通知作业人员撤离现场,待制定处理措施后才能继续施工。

6) 衬砌施工安全保证措施

(1)衬砌使用的脚手架、工作平台、跳板、梯子等应安装牢固,不得有露头的钉子和突出的尖角。靠近通道的一侧有足够的净空,以保证车辆、行人安全通过,衬砌台车下的净空确保运输车辆正常通行,并悬挂明显的限界标志。

(2)脚手架及工作平台上的铺板,钉铺结实。木板的端头,必须搭于支点上。高于2m的工作平台上设置不低于1m的栏杆,跳板设防滑条。

(3)机械转动部分设置防护罩,电动机必须有接地装置,移动或修理机器及管线路时,先停电,并切断电源、风源。

(4)使用台车注意下列条件:台车走行轨中心线确保与隧道中心线重合,两侧轨面在同一水平面;台车上不准堆放料具;工作台面板满铺,混凝土两端挡头板,安装牢固可靠不漏浆,灌注时两侧对称进行,不得使台车受到偏压,台车前后轮的相反方向固定牢靠,防止位移。

(5)混凝土灌注时,必须两侧对称进行。台车上不得堆放料具,工作台满铺底板,并设安全栏杆。拆除混凝土输送软管时,必须停止混凝土泵的运转。

7) 坍塌事故控制措施

坍塌事故控制措施如表4-2-31所示。

坍 塌 控 制 措 施　　　　　　　表4-2-31

序 号	作业内容	控制措施
1	开挖方式	严格按照设计要求,禁止超挖、欠挖
2	清除危石	应分段仔细检查爆破段并清除危石
		钻孔作业前后、爆破后、废渣处理时及处理后,仔细检查去除
3	钢拱架支护	CD法开挖时加强临时支撑与保证初期支护的施工质量;围岩为V级围岩的变质泥岩时,建议由钢格栅改为20b钢拱架。采用台阶法开挖时,保证锁脚锚管的施工质量以及钢拱架的搭接施工及时封闭
		使用适合围岩条件的底板、垫板
4	初喷	开挖后迅速喷射混凝土
5	监控量测	根据地质条件和施工情况选择监控量测
6		增加监控量测频度
7		根据监控量测、观察的结果,变形超过允许值时,应采取有效的加固措施
8	二次衬砌	二次衬砌在浇筑过程中,振捣密实,拱部预留注浆孔及时补浆,养护要到位。保证二次衬砌的施工质量、强度与厚度
9	防坍塌培训	坍塌事故的危险性
		防止事故发生的对策及注意事项
		坍塌来临时的预兆及发生险情时的应急措施

附　录

关于开展公路桥梁和隧道工程施工安全风险评估试行工作的通知

(交质监发〔2011〕217号)

各省、自治区、直辖市、新疆生产建设兵团交通运输厅(局、委),天津市市政公路管理局,天津市、上海市交通运输和港口管理局:

为加强公路桥梁和隧道工程施工安全管理,优化施工组织方案,提高施工现场安全预控有效性,经研究,决定在施工阶段实行公路桥梁和隧道工程安全风险评估制度。现将有关事项通知如下:

一、目的与适用范围

(一)公路桥梁和隧道工程施工环境条件复杂,施工组织实施困难,作业安全风险居高不下,一直以来是行业安全监管的重点环节。在施工阶段建立安全风险评估制度符合国际通行做法。在工程实施前,开展定性或定量的施工安全风险估测,能够增强安全风险意识,改进施工措施,规范预案预警预控管理,有效降低施工风险,严防重特大事故发生。这项工作也是公路桥梁和隧道工程设计风险评估结果在施工阶段的落实和深化。

(二)列入国家和地方基本建设计划的新建、改建、扩建以及拆除、加固等高等级公路桥梁和隧道工程项目,在施工阶段,应按本通知要求,进行施工安全风险评估。其他公路工程项目,可参照执行。

二、评估范围

公路桥梁和隧道工程施工安全风险评估范围,可由各地根据工程建设条件、技术复杂程度和施工管理模式,以及当地工程建设经验,并参考以下标准确定。

(一)桥梁工程

1. 多跨或跨径大于40m的石拱桥,跨径大于或等于150m的钢筋混凝土拱桥,跨径大于或等于350m的钢箱拱桥,钢桁架、钢管混凝土拱桥;

2. 跨径大于或等于140m的梁式桥,跨径大于400m的斜拉桥,跨径大于1 000m的悬索桥;

3. 墩高或净空大于100m的桥梁工程;

4. 采用新材料、新结构、新工艺、新技术的特大桥、大桥工程;

5. 特殊桥型或特殊结构桥梁的拆除或加固工程;

6. 施工环境复杂、施工工艺复杂的其他桥梁工程。

（二）隧道工程

1. 穿越高地应力区、岩溶发育区、区域地质构造、煤系地层、采空区等工程地质或水文地质条件复杂的隧道，黄土地区、水下或海底隧道工程；

2. 浅埋、偏压、大跨度、变化断面等结构受力复杂的隧道工程；

3. 长度3 000m及以上的隧道工程，VI、V级围岩连续长度超过50m或合计长度占隧道全长的30%及以上的隧道工程；

4. 连拱隧道和小净距隧道工程；

5. 采用新技术、新材料、新设备、新工艺的隧道工程；

6. 隧道改扩建工程；

7. 施工环境复杂、施工工艺复杂的其他隧道工程。

三、评估方法

（一）公路桥梁和隧道工程施工安全风险评估分为总体风险评估和专项风险评估。

1. 总体风险评估。桥梁或隧道工程开工前，根据桥梁或隧道工程的地质环境条件、建设规模、结构特点等孕险环境与致险因子，估测桥梁或隧道工程施工期间的整体安全风险大小，确定其静态条件下的安全风险等级。

2. 专项风险评估。当桥梁或隧道工程总体风险评估等级达到Ⅲ级（高度风险）及以上时，将其中高风险的施工作业活动（或施工区段）作为评估对象，根据其作业风险特点以及类似工程事故情况，进行风险源普查，并针对其中的重大风险源进行量化估测，提出相应的风险控制措施。

（二）评估方法应根据被评估项目的工程特点，选择相应的定性或定量的风险评估方法。具体评估方法的选择，可参照《公路桥梁和隧道工程施工安全风险评估指南（试行）》（见附件）。

四、评估步骤

公路桥梁和隧道工程施工安全风险评估工作包括制定评估计划、选择评估方法、开展风险分析、进行风险估测、确定风险等级、提出措施建议、编制评估报告等方面。评估步骤一般为：

（一）开展总体风险评估。根据设计阶段风险评估结果（若有），以及类似结构工程安全事故情况，用定性与定量相结合的方法初步分析本项目孕险环境与致险因子，估测施工中发生重大事故的可能性，确定项目总体风险等级。

（二）确定专项风险评估范围。总体风险评估等级达到Ⅲ级（高度风险）及以上桥梁或隧道工程，应进行专项风险评估。其他风险等级的桥梁或隧道工程可视情况开展专项风险评估。

（三）开展专项风险评估。通过对施工作业活动（施工区段）中的风险源普查，在分析物的不安全状态、人的不安全行为的基础上，确定重大风险源和一般风险源。宜采用指标体系法等定量评估方法，对重大风险源发生事故的概率及损失进行分析，评估其发生重大事故的可能性与严重程度，对照相关风险等级标准，确定专项风险等级。

（四）确定风险控制措施。根据风险接受准则的相关规定，对专项风险等级在Ⅲ级（高度风险）及以上的施工作业活动（施工区段），应明确重大风险源的监测、控制、预警措施以及应急预案。其他风险等级的桥梁、隧道工程可根据工程实际情况,按照成本效益原则确定相应的风险控制措施。

五、评估组织与评估报告

（一）公路桥梁和隧道工程施工安全风险评估工作原则上由项目施工单位具体负责。当被评估项目含多个合同段时,总体风险评估应由建设单位牵头组织,专项风险评估工作仍由合同施工单位具体实施。

当施工单位的施工经验或能力不足时,可委托行业内安全评估机构承担相关风险评估工作。

（二）评估工作负责人应当具有5年以上的工程管理经验,并有参与类似工程施工的经历。

（三）风险评估工作应形成评估报告。评估报告应反映风险评估过程的主要工作。报告内容应包括评估依据、工程概况、评估方法、评估步骤、评估内容、评估结论及对策建议等。评估结论应当明确风险等级、可能发生事故的关键部位、区域或节点、事故可能性等级、规避或者降低风险的建议措施等内容。

六、实施要求

（一）施工单位应根据风险评估结论,完善施工组织设计和危险性较大工程专项施工方案,制定相应的专项应急预案,对项目施工过程实施预警预控。专项风险等级在Ⅲ级（高度风险）及以上的施工作业活动（施工区段）的风险控制,还应符合下列规定：

1.重大风险源的监控与防治措施、应急预案经施工企业技术负责人和项目总监理工程师审批后,由建设单位组织论证或复评估。

2.施工单位应建立重大风险源的监测及验收、日常巡查、定期报告等工作制度,并组织实施。

3.施工项目经理或技术负责人在工程施工前应对施工人员进行安全技术教育与交底；施工现场应设立相应的危险告知牌。

4.适时组织对典型重大风险源的应急救援演练。

5.当专项风险等级为Ⅳ级（极高风险）且无法降低时,必须提高现场防护标准,落实应急处置措施,视情况开展第三方施工监测；未采取有效措施的,不得施工。

（二）监理单位在审查工程施工组织设计文件、危险性较大工程专项施工方案、应急预案时,应同时审查施工安全风险评估报告；无风险评估报告,不得签发开工令。

工程开工后,监理单位应督查施工单位安全风险控制措施的落实情况,并予以记录。对施工中存在的重大隐患应及时指出并督促整改,对施工单位拒不整改的,应及时向建设单位及公路工程安全生产监督管理部门报告。

（三）风险评估报告经监理单位审核后应向建设单位报备。建设单位应对极高风险（Ⅳ级）的施工作业,组织专家或安全评估机构进行论证或复评估,提出降低风险的措施建议；当风险无法降低时,应及时调整设计、施工方案,并向公路工程安全生产监督管理部门备案。

（四）各级交通运输主管部门在履行施工安全监督检查职责时,应将施工安全风险评估实施情况纳入检查范围。对极高风险(Ⅳ级)的施工作业应切实加强重点督查。

(五)公路桥梁和隧道工程施工安全风险评估应遵循动态管理的原则,当工程设计方案、施工方案、工程地质、水文地质、施工队伍等发生重大变化时,应重新进行风险评估。

(六)施工安全风险评估工作费用应在项目安全生产费用中列支。

(七)鉴于此项工作是施工安全预控管理的一项新措施,各地均无成熟经验和做法,部将专门组织对施工、监理、建设、咨询、质监等单位的人员开展培训工作,请各地组织有关人员参加。培训工作将另行通知。

(八)施工阶段公路桥梁和隧道工程安全风险评估制度及《公路桥梁和隧道工程施工安全风险评估指南(试行)》,自2011年8月1日起施行。

各省级交通运输主管部门要高度重视,加强领导,结合本地区和工程建设实际,认真组织开展公路桥梁和隧道工程施工安全风险评估,并将评估工作中发现的问题和建议及时函告部质监总站,以便对《指南》进行修订和完善。

附件:公路桥梁和隧道工程施工安全风险评估指南(试行)

中华人民共和国交通运输部(章)
二〇一一年五月五日

附件

公路桥梁和隧道工程施工安全风险评估指南
（试行）

中华人民共和国交通运输部
2011 年 5 月

前　言

《公路桥梁和隧道工程施工安全风险评估指南》(以下简称《指南》)旨在指导和规范全国公路桥梁、隧道工程施工安全风险评估工作,预防公路施工重特大生产安全事故发生,提高工程施工安全风险控制能力。

本《指南》学习和借鉴了国外风险评估通行做法,吸取了国内铁路、城市地铁、公路桥隧工程设计阶段风险评估的成果,总结了我国公路桥梁隧道建设经验和教训,结合行业发展实际,按照从全局出发、抓住重点、解决突出问题的思路,提出了公路桥梁、隧道工程施工安全风险评估的方法和程序,建立了风险评估指标体系,列出了典型的重大风险控制措施建议(供参考)。

本《指南》分总体风险评估和专项风险评估两个层次。总体风险评估从桥梁或隧道的工程规模、建设条件、技术难度等因素考虑,静态评估桥梁或隧道工程整体施工安全风险大小。专项风险评估以具体施工作业活动为对象,从分析施工作业活动特点入手,辨识常见事故类型,列出风险源清单,通过风险分析与估测,确定重大风险源,并对重大危险源进行量化的动态评估。

本《指南》共分7章,主要内容包括:总则、术语、总体风险评估、专项风险评估、重大风险源风险估测、风险控制、风险评估报告编制等。

目 录

1 总则 ……………………………………………………………………………………… 218
2 术语 ……………………………………………………………………………………… 219
3 总体风险评估 …………………………………………………………………………… 221
  3.1 一般要求 …………………………………………………………………………… 221
  3.2 桥梁工程 …………………………………………………………………………… 221
  3.3 隧道工程 …………………………………………………………………………… 222
4 专项风险评估 …………………………………………………………………………… 225
  4.1 一般要求 …………………………………………………………………………… 225
  4.2 风险源辨识 ………………………………………………………………………… 225
  4.3 风险分析 …………………………………………………………………………… 228
  4.4 风险估测 …………………………………………………………………………… 230
5 重大风险源风险估测 …………………………………………………………………… 231
  5.1 一般要求 …………………………………………………………………………… 231
  5.2 桥梁工程 …………………………………………………………………………… 232
  5.3 隧道工程 …………………………………………………………………………… 239
6 风险控制 ………………………………………………………………………………… 243
  6.1 一般要求 …………………………………………………………………………… 243
  6.2 一般风险源控制 …………………………………………………………………… 244
  6.3 重大风险源控制 …………………………………………………………………… 244
7 风险评估报告编制 ……………………………………………………………………… 245
附录1 常用评估方法特点 ………………………………………………………………… 246
附录2 公路桥梁工程主要施工作业活动与典型事故类型对照表 ……………………… 250
附录3 公路隧道工程钻爆法施工作业活动与典型事故类型对照表 …………………… 251
附录4 公路桥梁典型的重大风险源风险控制建议 ……………………………………… 254
附录5 公路隧道典型的重大风险源风险控制建议 ……………………………………… 261
附录6 施工安全风险评估报告格式 ……………………………………………………… 265

1 总 则

1.0.1 为指导公路桥梁、隧道工程施工安全风险评估工作,有效控制施工安全风险,减少重特大生产安全事故的发生,降低人员伤亡和经济损失,保障公路桥梁、隧道工程建设的安全,编制本《指南》。

1.0.2 本《指南》适用于新建公路桥梁工程和以钻爆法为主要开挖手段的新建公路隧道工程的施工安全风险评估工作,改扩建公路桥梁、隧道工程可参照执行。

1.0.3 本《指南》确定了公路桥梁、隧道工程施工阶段安全风险评估的工作原则、操作程序、评估方法、风险估测标准和风险评估报告形式要求。

1.0.4 施工安全风险评估分为总体风险评估和专项风险评估。

总体风险评估指开工前根据桥梁或隧道工程的地质环境条件、建设规模、结构特点等孕险环境与致险因子,评估桥梁或隧道工程整体风险,估测其安全风险等级。属于静态评估。

专项风险评估指是将总体风险评估等级为Ⅲ级(高度风险)及以上桥梁或隧道工程中的施工作业活动(或施工区段)作为评估对象,根据其作业风险特点以及类似工程事故情况,进行风险源普查,并针对其中的重大风险源进行量化估测,提出相应的风险控制措施。属于动态评估。

1.0.5 施工安全风险评估应根据项目工程特点,选择定性和定量相结合的评估方法(常用评估方法特点见附录1)。本《指南》推荐量化评估方法为指标体系法。

1.0.6 本《指南》规定了施工安全风险评估的通用原则,考虑到工程个案间差异性较大,具体评估时可对评估指标、分级标准、评估方法等进行相应改进。

1.0.7 公路桥梁、隧道工程施工安全风险评估工作除遵守本《指南》外,还应符合国家、行业和地方相关法律、法规、标准、规范和规程的规定。

2 术　　语

2.0.1　事故 Accident

可能造成工程发生人员伤亡、经济损失、环境影响、工期延误或工程耐久性降低等不利事件。本《指南》重点考虑人员伤亡和经济损失的事故。

2.0.2　风险 Risk

某一事故发生的可能性和严重程度的组合。

2.0.3　孕险环境 Risk Surroundings

潜在发生事故的各种工程场地区域、周边环境、施工工艺及管理方案等。

2.0.4　风险源 Risk Factors

也可称为致险因子,是指可能导致事故发生的直接因素,如:施工方案、作业活动、施工设备、危险物质、作业环境等。

2.0.5　风险源辨识 Risk Factors Identification

通过对工程施工过程进行系统分解,调查各施工工序潜在的事故类型的过程。

2.0.6　风险分析 Risk Analysis

采用系统安全工程的方法对风险源可能导致的事故进行分析,找出可能受伤害人员、致害物、事故原因等,确定主要的物的不安全状态和人的不安全行为。

2.0.7　风险估测 Risk Evaluation

采用定性或定量的方法,对风险事故发生的可能性及严重程度进行数量估算,并根据制定的风险分级标准和接受准则,对工程风险进行等级分析、危害性评定和风险排序的过程。

2.0.8　施工安全风险评估 Construction Safety Assessment

针对工程施工过程中各项作业活动、作业环境、施工设备、危险物品等所潜在风险进行风险源辨识、风险分析、风险估测的系列工作。

2.0.9　本质安全 Intrinsic Safety

在施工设备、施工技术工艺中含有的、内在的能够从根本上防止事故发生的功能。即使作业人员失误或者设备发生故障,仍能保证不发生安全事故。

2.0.10 单位作业 Unit Construction Procedure

单位作业是具有一定专业特征,在施工中由相应工种完成并与其他作业活动间有较清晰界面的施工作业活动,如:模板作业、钻孔作业、爆破作业、吊装作业等。

2.0.11 一般风险源 Normal Risk Factors

指风险源相对简单,影响因素间关联性较低,运用一般知识与经验即可防范的风险源。

2.0.12 重大风险源 High Risk Factors

指风险源相对比较复杂,存在较大的不可预见性,引发的事故严重性较大,必须从结构设计、环境因素、施工方法、安全管理等角度进行控制和防范的风险源。

3 总体风险评估

3.1 一般要求

3.1.1 公路桥梁、隧道工程施工安全总体风险评估,是指开工前根据桥梁或隧道工程的地质环境条件、建设规模、结构特点等孕险环境与致险因子,评估桥梁或隧道工程整体风险,估测其安全风险等级。属于静态评估。

3.1.2 经总体风险评估,对于Ⅲ级(高度风险)及以上等级的桥梁或隧道工程,应组织开展专项风险评估。其他风险等级的桥梁或隧道工程,视情况确定是否开展专项风险评估。

3.1.3 本《指南》推荐采用风险指标体系法进行总体风险评估。评估小组可根据工程实际情况,并结合自身经验,对本《指南》推荐的总体风险评估指标体系进行改进。

3.2 桥梁工程

3.2.1 桥梁工程施工安全风险总体评估主要考虑桥梁建设规模、地质条件、气候环境条件、地形地貌、桥位特征及施工工艺成熟度等评估指标,评估指标的分类、赋值标准可参见表1。

桥梁工程总体风险评估指标体系　　　　表1

评估指标	分　　类		分值	说　　明
建设规模(A_1)	单孔跨径L_k(总长L)超过或达到国内外同类桥型最大单孔跨径L_k(总长L)		6~8	应结合各地工程建设经验及水平,综合判定,其中拱桥应按高限取值
	$L_k \geq 150m$ 或 $L \geq 1000m$		4~5	
	$40m \leq L_k < 150m$ 或 $100m \leq L < 1000m$		2~3	
	$L_k < 40m$ 或 $L < 100m$		0~1	
地质条件(A_2)	不良地质灾害多发区域(包括岩溶、滑坡、泥石流、采空区、强震区、雪崩区、水库坍岸区等)		4~6	特殊性岩土主要包括:冻土、膨胀性岩土、软土等
	存在不良地质灾害,但不频发或存在特殊性岩土,影响施工安全及进度		2~3	
	地质条件较好,基本不影响施工安全因素		0~1	
气候环境条件(A_3)	极端气候事件多发区域(洪水、强风、强暴雨雪、台风等)		4~6	应结合施工工艺特征综合判定
	气候环境条件一般,可能影响施工安全,但不显著		2~3	
	气候条件良好,基本不影响施工安全		0~1	
地形地貌条件(A_4)	山岭区	峡谷、山间盆地、山口等险要区域	4~6	应结合勘察资料,综合判定
		一般区域	1~3	
	平原区		0~1	

续上表

评估指标	分 类		分值	说 明
桥位特征(A5)	跨江、河、海湾	通航等级1级~3级	4~6	跨线桥应综合考虑交叉线路的交通量状况
		通航等级4级~6级	2~3	
		通航等级7级及等外	0~1	
	陆地	跨线桥(公路、铁路等)及其他特殊桥	3~6	
施工工艺成熟度(A6)	新技术、新工艺、新设备国内首次应用		2~3	应考虑施工企业工程经验
	施工工艺较成熟,国内有相关应用		0~1	

3.2.2 桥梁工程施工安全总体风险大小计算公式为:

$$R = A_1 + A_2 + A_3 + A_4 + A_5 + A_6$$

式中:A_1——桥梁建设规模所赋分值;

A_2——工程所处地质条件所赋分值;

A_3——工程所处气候环境条件所赋分值;

A_4——工程所处地形地貌所赋分值;

A_5——桥位特征所赋分值;

A_6——施工工艺成熟度所赋分值。

评估指标体系中各指标所赋分值应结合工程实际,综合考虑各种因素的影响程度而定,数值应取整数。评估指标也可以根据工程实际进行相应的增加或删减,同时风险分级标准也须进行相应调整。

3.2.3 计算得到总体风险值 R 后,对照表2确定桥梁工程施工安全总体风险等级。

桥梁工程施工安全总体风险分级标准   表2

风 险 等 级	计 算 分 值 R
等级 Ⅳ(极高风险)	14分及以上
等级 Ⅲ(高度风险)	9~13分
等级 Ⅱ(中度风险)	5~8分
等级 Ⅰ(低度风险)	0~4分

3.2.4 总体风险等级在 Ⅲ 级(高度风险)及以上的桥梁工程,应纳入专项风险评估范围。评估小组应根据总体风险评估情况,提出专项风险评估中需要重点评估的风险源。其他风险等级的桥梁工程,也应视情况确定是否开展专项风险评估。

3.3 隧道工程

3.3.1 隧道工程施工安全总体风险评估主要考虑隧道地质条件、建设规模、气候与地形条件等评估指标。评估指标的分类、赋值标准可参见表3。

隧道工程总体风险评估指标体系　　　　　　　　表3

评估指标	分类		分值	说明
地质 G = (a + b + c)	围岩情况 a	1. Ⅴ级、Ⅵ级围岩长度占全隧长度70%	4～5	根据设计文件和施工实际情况确定
		2. Ⅴ级、Ⅵ围级岩长度占全隧长度40%以上、70%以下	3	
		3. Ⅴ级、Ⅵ级围岩长度占全隧长度20%以上、40%以下	2	
		4. Ⅴ级、Ⅵ级围岩长度占全隧长度20%以下	1	
	瓦斯含量 b	1. 隧道洞身穿越瓦斯地层	2～3	
		2. 隧道洞身附近可能存在瓦斯地层	1	
		3. 隧道施工区域不会出现瓦斯	0	
	富水情况 c	1. 隧道全程存在可能发生涌水突泥的地质	2～3	
		2. 有部分可能发生涌水突泥的地质	1	
		3. 无涌水突泥可能的地质	0	
开挖断面 A	1. 特大断面(单洞四车道隧道)		4	
	2. 大断面(单洞三车道隧道)		3	
	3. 中断面(单洞双车道隧道)		2	
	4. 小断面(单洞单车道隧道)		1	
隧道全长 L	1. 特长(3 000m以上)		4	
	2. 长(大于1 000m、小于3 000m)		3	
	3. 中(大于500m、小于1 000m)		2	
	4. 短(小于500m)		1	
洞口形式 S	1. 竖井		3	
	2. 斜井		2	
	3. 水平洞		1	
洞口特征 C	1. 隧道进口施工困难		2	从施工便道难易、地形特点等考虑
	2. 隧道进口施工较容易		1	

注：1. 指标的取值针对单洞。

2. 表中"以上"表示含本数，"以下"表示不含本数，下同。

3.3.2 隧道工程施工安全总体风险大小计算公式为：

$$R = G(A + L + S + C)$$

式中：G——指隧道、竖井、斜井路线周围的地质所赋分值；

A——指标准的开挖断面所赋分值；

L——指隧道入口到出口的长度所赋分值(计算隧道长度时将隧道竖井、斜井长度计算在内)；

S——指成为通道的隧道出入口的形式所赋分值；

C——指隧道洞口地形条件所赋分值。

评估指标体系中各指标所赋分值应结合工程实际，综合考虑各种因素的影响程度而定，数值取整数。评估指标也可以根据工程实际情况进行相应的增加或删减，同时风险分级标准也须进行相应调整。

3.3.3 计算得到总体风险值 R 后,对照表 4 确定隧道工程施工安全总体风险等级。

隧道工程施工安全总体风险分级标准　　　　表4

风　险　等　级	计 算 分 值 R
等级Ⅳ(极高风险)	22 分及以上
等级Ⅲ(高度风险)	14～21 分
等级Ⅱ(中度风险)	7～13 分
等级Ⅰ(低度风险)	0～6 分

3.3.4 总体风险等级在Ⅲ级(高度风险)及以上的隧道工程,应纳入专项风险评估范围。评估小组根据总体风险评估情况,提出专项风险评估中需要重点评估的风险源。其他风险等级的隧道工程,也应视情况确定是否开展专项风险评估。

4 专项风险评估

4.1 一般要求

4.1.1 专项风险评估是将总体风险评估等级为Ⅲ级（高度风险）及以上桥梁或隧道工程中的施工作业活动（或施工区段）作为评估对象，根据其作业风险特点以及类似工程事故情况，进行风险源普查，并针对其中的重大风险源进行量化估测，提出相应的风险控制措施。专项风险评估属于动态评估。

4.1.2 专项风险评估前，首先，应按照施工组织设计所确定的施工工法，分解施工作业程序，结合工序（单位）作业特点、环境条件、施工组织等致险因子，辨识施工作业活动中典型事故类型，从而建立风险源普查清单，并通过风险分析和估测，确定重大风险源。其次，按照本《指南》推荐的指标体系法评估重大风险源的风险等级，并对照风险可接受准则确定相应的风险控制措施。

4.1.3 专项风险评估的基本程序包括：风险源普查、辨识、分析，并针对重大风险源进行估测、控制。具体流程见下页图1。

4.2 风险源辨识

4.2.1 风险源辨识是风险评估的基础，包括三个步骤：工程资料的收集整理、施工作业程序分解、施工作业可能发生的安全事故辨识。

4.2.2 评估小组应先进行现场踏勘，收集风险评估相关的基础资料，主要包括：

(1) 类似工程事故资料；
(2) 本工程相关设计及施工文件资料；
(3) 工程区域内水文、地质、气候等资料；
(4) 工程可行性研究报告、工程地质勘察报告、初步设计文件、施工图设计文件及工程施工组织设计文件等资料；
(5) 工程区域内的建（构）筑物（含管线、民防设施、铁路、公路等）资料；
(6) 上阶段风险评估的成果；
(7) 其他与风险源辨识对象相关的资料。

4.2.3 施工作业程序分解包括分部分项工程及工序（单位）作业划分。可参照《公路工程质量检验评定标准》（JTG F80），以及施工组织设计文件所确定的施工工艺，将公路桥梁或隧道工程按照单位工程—分部工程—分项工程—工序（单位）作业的层次进行分解，明确单位作业主要工序、施工方法、作业程序、机械设备和建筑材料等特点。

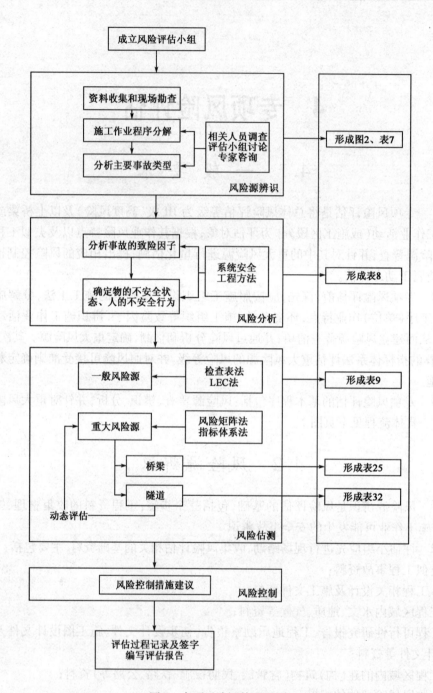

图 1 专项风险评估流程图

4.2.4 专项风险评估单元可以是分部工程、分项工程、工序（单位）作业，评估单元大小视风险评估具体需求而定。作业程序分解情况应作为风险评估过程的记录之一，如图 2 所示。

4.2.5 为方便风险评估，公路桥梁工程施工作业活动一般分解到分项工程。公路桥梁工程主要分项工程可参见表 5。

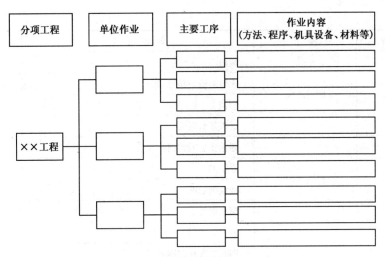

图 2 施工作业程序分解框图

公路桥梁工程主要分项工程 表5

序 号	施工作业活动	序 号	施工作业活动
1	基坑施工	9	预应力混凝土工程施工
2	沉入桩施工	10	砌体工程施工
3	灌注桩施工	11	墩(柱)塔施工
4	沉井基础施工	12	钢筋混凝土和预应力混凝土梁式桥上部结构施工
5	地下连续墙施工	13	拱桥上部结构施工
6	锚碇施工	14	悬索桥上部结构施工
7	钢筋工程施工作业	15	斜拉桥上部结构施工
8	混凝土工程施工作业		

4.2.6 钻爆法施工的公路隧道工程施工作业程序分解情况可参见表6。

公路隧道工程钻爆法施工作业程序分解示例 表6

分部工程	分项工程	单位作业	作业内容
洞口工程	洞口开挖	清表作业	略
		挖掘作业	
		爆破作业	
		超前管棚	
		支护钢拱架	
		喷射混凝土	
	洞口边仰坡防护	地锚布设	
		混凝土隔框施工	
		危石清除	
		截水沟施工	
		边坡植被	
洞身开挖	钻爆作业	人工钻孔/凿岩车钻孔	
		装药与起爆	
		通风	
		危石清除(找顶)	

227

续上表

分部工程	分项工程	单位作业	作业内容
洞身开挖	洞内运输	装渣	略
		无轨运输/有轨运输	
		卸渣	
		爆破器材运输	
洞身衬砌	初期支护	超前支护或超前小导管	
		立拱架	
		铺设钢筋网	
		喷射混凝土	
	二次衬砌	铺设防水层	
		绑扎二次衬砌钢筋	
		浇筑二次衬砌混凝土	
		填充仰拱混凝土	
隧道路面	基层面层	(沥青)混凝土浇筑	
		养生	
交通工程	交通安全设施	高处作业	
	机电设施	机电安装	

4.2.7 施工作业程序分解后,通过相关人员调查、评估小组讨论、专家咨询等方式,分析评估单元中可能发生的典型事故类型,并形成风险源普查清单(格式见表7)。公路桥梁工程主要施工作业活动与典型事故类型对照表见附录2,公路隧道工程钻爆法施工作业活动与典型事故类型对照表见附录3。

公路桥梁、隧道工程施工安全风险源普查清单 表7

序号	风险源	判断依据
1	风险源1	
2	风险源2	
…	…	
N	风险源N	

4.3 风险分析

4.3.1 评估小组应从人、机、料、法、环等方面对可能导致事故的致险因子进行分析,重点分析:

①致险因子。包括:
a. 人员活动、作业能力及其他因素
b. 作业场所内设施、设备及物料等

c.作业场所外对施工人员安全的影响

②可能受到事故伤害的人员类型。包括：

a.作业人员本身

b.同一作业场所的其他作业人员

c.周围其他人员

③事故发生的原因。包括：

a.机械设备故障

b.人为失误

c.自然灾害等

④人员伤害程度。包括：

a.死亡

b.重伤

c.轻伤

4.3.2 致险因子分析应采用系统安全工程的方法，通过评估小组讨论会的形式实施。可采用鱼刺图法、危害及操作性评估（HAZOP）、故障模式与影响分析（FMEA）、故障树分析法、事件树分析法等方法进行分析。图3为采用鱼刺图法进行事故原因分析的示例。

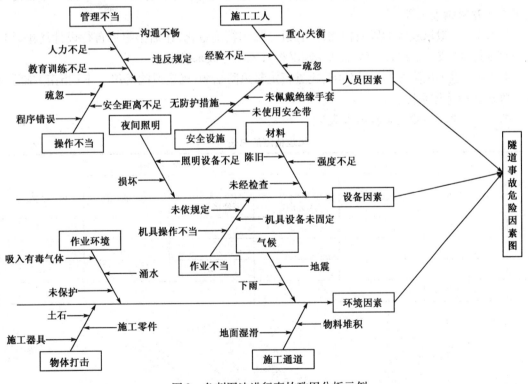

图3 鱼刺图法进行事故致因分析示例

4.3.3 分析致险因子时应找出可能导致事故发生的物的不安全状态和人的不安全行为。不安全状态和不安全行为分类见国家标准《企业职工伤亡事故分类》（GB 6441）。

4.3.4 风险分析的结果应填入表8。

风险源风险分析表 表8

单位作业内容	潜在的事故类型	致险因子	受伤害人员类型	伤害程度	不安全状态	不安全行为	备注
…	…	…	…	…	…	…	…

4.4 风险估测

4.4.1 风险估测是采用定性或定量的方法对风险事故发生的可能性及严重程度进行数量估算。风险大小＝事故发生可能性×事故严重程度。"×"表示事故发生可能性和事故严重程度的组合。

4.4.2 风险估测方法应结合工程施工内容、安全管理方案、可能发生的事故特点等因素确定。事故可能性评估可选用专家调查法、故障树分析法、事件树分析法等，事故严重程度评估可选用专家调查法等。

4.4.3 一般风险源的风险估测，不宜过分强调精确量化，评估小组可自行设计简单风险等级判定标准，或参考检查表法、LEC法，以相对风险等级来确定。

4.4.4 重大风险源的风险估测，应进行定量风险估测，确定风险等级。本《指南》推荐风险矩阵法和指标体系法。

4.4.5 风险估测结果应填入表9。

风险估测汇总表 表9

编号	风险源		风险估测			
	作业内容	潜在的事故类型	严重程度		可能性	风险大小
			人员伤亡	经济损失		
…	…	…	…	…	…	…

5 重大风险源风险估测

5.1 一般要求

5.1.1 重大风险源应按照本《指南》推荐的风险矩阵法和指标体系法进行动态风险估测。

5.1.2 事故可能性应重点考虑物的状态、人的因素及施工管理缺陷。其中物的状态主要考虑气候环境、地形地貌、施工难度等工程客观条件;人的因素及施工管理主要考虑:总包企业资质、专业及劳务分包企业资质、历史事故情况、作业人员经验、安全管理人员配备及安全投入情况。

5.1.3 人的因素及施工管理对公路桥梁、隧道工程施工安全影响较大,可作为风险抵消的因素。

5.1.4 事故可能性取决于物的状态引起的事故可能性与人的因素及施工管理引起的风险抵消的耦合。

5.1.5 事故可能性的等级分成四级,如表10所示。

事故可能性等级标准　　　　表10

概率范围	中心值	概率等级描述	概率等级
>0.3	1	很可能	4
0.03~0.3	0.1	可能	3
0.003~0.03	0.01	偶然	2
<0.003	0.001	不太可能	1

注:(1)当概率值难以取得时,可用频率代替概率。
　　(2)中心值代表所给区间的对数平均值。

5.1.6 事故严重程度的等级分成四级。本《指南》主要考虑人员伤亡和直接经济损失。评估小组可根据实际情况考虑工期延误、环境破坏、社会影响等方面的后果。当多种后果同时产生时,应采用就高原则确定事故严重程度等级。

①人员伤亡是指在施工活动过程中人员所发生的伤亡。依据人员伤亡的类别和严重程度进行分级,等级标准如表11。

人员伤亡等级标准　　　　表11

等级	1	2	3	4
定性描述	一般	较大	重大	特大
人员伤亡	人员死亡(含失踪)人数<3 或重伤人数<10	3≤人员死亡(含失踪)人数<10 或10≤重伤人数<50	10≤人员死亡(含失踪)人数<30 或50≤重伤人数<100	人员死亡(含失踪)人数≥30 或重伤人数≥100

②直接经济损失是指事故发生后造成工程项目发生的各种费用的总和,包括直接费用和事故处理所需(不含恢复重建)的各种费用,等级标准如表12。

直接经济损失等级标准　　表12

等级	1	2	3	4
定性描述	一般	较大	重大	特大
经济损失(万元)	$Z<10$	$10 \leqslant Z<50$	$50 \leqslant Z<500$	$Z \geqslant 500$

5.1.7 专项风险等级分为四级:低度(Ⅰ级)、中度(Ⅱ级)、高度(Ⅲ级)、极高(Ⅳ级),如表13。

专项风险等级标准　　表13

严重程度等级 可能性等级	一般	较大	重大	特大
	1	2	3	4
很可能　4	高度Ⅲ	高度Ⅲ	极高Ⅳ	极高Ⅳ
可能　3	中度Ⅱ	高度Ⅲ	高度Ⅲ	极高Ⅳ
偶然　2	中度Ⅱ	中度Ⅱ	高度Ⅲ	高度Ⅲ
不太可能　1	低度Ⅰ	中度Ⅱ	中度Ⅱ	高度Ⅲ

5.2 桥梁工程

5.2.1 桥梁工程重大风险源风险估测采用定性与定量相结合方法。事故严重程度的估测方法推荐采用专家调查法。事故可能性的估测方法推荐采用指标体系法。

5.2.2 事故严重程度,主要从人员伤亡、直接经济损失两个方面进行估算,等级标准如表11、表12所示。当两种后果同时产生时,应采用就高原则确定事故严重程度等级。

5.2.3 物的不安全状态引起的事故可能性评估指标选取时,目前主要考虑某些典型事故类型,如坍塌事故、起重事故等可能导致重大人员伤亡及财产损失的事故类型。

5.2.4 物的不安全状态引发的事故可能性评估,本《指南》建立了以下典型的重大风险源评估指标体系:(1)人工挖孔桩施工;(2)基坑施工;(3)水上群桩施工;(4)墩(柱)塔施工;(5)支架法浇筑作业;(6)悬臂浇筑法作业;(7)悬臂拼装法作业;(8)架桥机安装作业。其他重大风险源可参照本《指南》原则与思路自行确定评估指标。

5.2.5 人工挖孔桩施工事故可能性评估

人工挖孔桩评估指标主要基于坍塌事故、瓦斯爆炸事故等,见表14。

人工挖孔桩作业事故可能性评估指标　　表14

序号	评估指标	分类	分值	说明
1	桩长	$L \geqslant 15m$	4~6	应结合工程经验进行判定
		$10m \leqslant L < 15m$	2~3	
		$L < 10m$	0~1	

续上表

序号	评估指标	分类	分值	说明
2	地形条件	山岭区	2~3	应结合作业场地条件综合考虑,进行判定
		平原区	0~1	
3	土石条件	四类-六类土(常采用爆破法)	3	土石条件不均时,应以最不利条件作为判定基准
		一类土(松土、砂类土等)	3	
		二类土(粘性土,密实砂性土等)	0	
4	地质条件	施工区域内地质条件不良,如存在岩溶、滑坡等	2~3	应结合工程经验,针对特定的不良地质条件进行判定
		施工区域内地质条件好	0~1	
5	地下水	地下水丰富,浅层分布,施工可能需穿越	2~3	应结合施工区域地下水分布特征综合判断
		地下水深层分布,施工基本不可能穿越	0~1	
6	有毒有害气体	存在有毒有害气体分布	1~3	有毒有害气体主要包括、硫化氢、瓦斯等,应结合施工区域整体综合判定
		无有毒有害气体分布	0	
7	地下构筑物	存在军事和民用光缆等可能引发巨大财产损失、工期延误等地下构筑物	1~3	不能明确时,应根据可能性判定
		无地下构筑物分布	0	

5.2.6 水上群桩施工事故可能性评估

水上群桩施工事故可能性评估指标主要基于船撞作业平台、起重事故、临时结构坍塌事故,见表15。

水上群桩作业施工事故可能性评估指标体系 表15

序号	评估指标	分类	分值	说明
1	水域通航条件	航道等级1、2、3级	4~6	无
		航道等级4、5、6级	2~3	
		航道等级7级及等外	0~1	
2	水文条件	水文条件不良,冲刷大,水位变化大	3~6	应综合考虑水深、流速、冲刷水平等不利水文条件,其中冲刷水平应结合地质条件、河道压缩等考虑
		水文条件较好,冲刷小,对施工安全基本无影响	0~2	
3	气候环境条件	峡谷、沿海等极端气候事件多发区域(强风、暴雨雪等)	4~6	应重点考虑风对施工安全影响
		气候环境条件一般,对施工安全有影响,但不显著	2~3	
		气候环境较好,对施工安全基本无影响	0~1	
4	河床地质	工程地质条件不良、影响工期	0~1	地质条件主要考虑不良条件对施工进度影响程度
5	施工期	汛期、高温、严寒等季节	2~3	应结合工程施工组织设计文件,综合评估
		施工期适宜,基本不影响施工安全	0~1	
6	临时结构	采用以往经验设计方案	2~3	应综合考虑临时结构设计及制作状况
		采用专业设计验证方案,并由具有相关资质的企业制作	0~1	

5.2.7 基坑施工事故可能性评估

基坑施工事故可能性评估指标体系主要基于基坑坍塌,见表16。

基坑施工事故可能性评估指标体系 表16

序号	评估指标	分类	分值	说明
1	基坑深度	$H \geq 5m$	4~6	按基坑实际深度,比照基准分综合判定
		$3m \leq H < 5m$	2~3	
		$H < 3m$	0~1	
2	岩土条件	一类土	0~1	松土(砂类土、松散土)
		二类土	0	普通土(黏性土,密实砂性土等)
		四类~六类土	1~3	需用爆破法开挖
3	地下水	地下水浅层分布,需降水处置,施工中可能带水作业	2~3	临河、湖、塘等水系且可能发生渗流的情况时,可参照判定
		地下水深层分布,对施工安全基本无影响	0~1	
4	基坑支护	采用经验设计支护方案	2~3	无
		采用专业设计支护方案	0~1	
5	作业季节	雨季、冻土消融等不利季节	2~3	主要考虑季节因素对土体力学特性影响程度
		较适宜施工作业季节	0~1	
6	开挖方式	筑岛围堰开挖	2~3	筑岛围堰开挖应考虑洪水、潮汐及冲刷水平等因素
		放坡台阶法开挖	0~1	

5.2.8 支架现浇法施工事故可能性评估

支架现浇施工事故可能性评估指标主要基于支架坍塌及跨线桥事故,见表17。

支架现浇法施工事故可能性评估指标体系 表17

序号	评估指标	分类	分值	说明
1	支架规模	支架高 $H \geq 8m$,搭设跨度18m及以上,施工总荷载15kPa及以上;集中线荷载20kPa及以上	4~6	按支架实际高度,比照基准分综合判定
		$5m \leq$支架高$H < 8m$,搭设跨度10m及以上;施工总荷载10kPa及以上;集中线荷载15kPa及以上;高度大于支撑水平投影宽度且相对独立无联系构件的混凝土模板支撑工程	2~3	
		支架高 $H < 5m$,跨度10m以下,施工总荷载不超过$10kN/m^2$、集中线荷载不超过$15kN/m^2$	0~1	
2	地质及基础岩土条件	不良地质灾害多发区域(包括岩溶、滑坡、泥石流、采空区、强震区、雪崩区、水库坍岸区等)	3~6	主要考虑地质灾害及不良岩土条件对支架结构安全性的影响
		基础岩土为特殊性岩土(冻土、膨胀性岩土、软土等)	3~6	
		地质条件较好,基本不存在影响施工安全的因素	0~1	

续上表

序号	评估指标	分类	分值	说明
3	气候环境条件	极端气候事件多发区域(强风、强暴雨雪等)	4~6	主要考虑风荷载、雪荷载对支架结构安全及水对支架基础承载力的影响
3	气候环境条件	气候环境条件一般,可能影响施工安全,但不显著	2~3	主要考虑风荷载、雪荷载对支架结构安全及水对支架基础承载力的影响
3	气候环境条件	气候条件良好,基本不影响施工安全	0~1	主要考虑风荷载、雪荷载对支架结构安全及水对支架基础承载力的影响
4	支架设计	采用经验设计方案	2~3	无
4	支架设计	采用专业设计方案	0~1	无
5	交通状况	跨越公路、铁路等开放交通及无覆盖危险化学品管线	3~6	应结合交通水平综合判定
5	交通状况	无开放交通,仅存在与施工相关交通	0~1	应结合交通水平综合判定
5	交通状况	封闭环境,无交通	0	应结合交通水平综合判定

5.2.9 墩柱(塔)施工事故可能性评估

墩柱(塔)施工事故可能性评估指标主要基于支架坍塌事故,临时结构坍塌事故及高处坠落事故,见表18。

墩柱(塔)施工事故可能性评估指标体系　　表18

序号	评估指标	分类	分值	说明
1	墩柱(塔)高度	$H \geq 30m$	4~6	应结合当地施工经验及施工水平,按墩柱(塔)实际高度,比照基准分综合判定
1	墩柱(塔)高度	$10m \leq H < 30m$	2~3	应结合当地施工经验及施工水平,按墩柱(塔)实际高度,比照基准分综合判定
1	墩柱(塔)高度	$H < 10m$	0~1	应结合当地施工经验及施工水平,按墩柱(塔)实际高度,比照基准分综合判定
2	气候环境条件	极端气候事件多发区域(强风、强暴雨雪等)	4~6	应主要考虑强风、大雾等对施工作业安全的影响
2	气候环境条件	气候环境条件一般,可能影响施工安全,但不显著	2~3	应主要考虑强风、大雾等对施工作业安全的影响
2	气候环境条件	气候条件良好,基本不影响施工安全	0~1	应主要考虑强风、大雾等对施工作业安全的影响
3	施工方法	支架模板法	0~3	应综合考虑作业人员的施工经验
3	施工方法	机械滑模法(爬升模板法、提升模板法等)	0~1	应综合考虑作业人员的施工经验
4	临时结构设计	采用经验设计支护方案	2~3	无
4	临时结构设计	采用专业设计支护方案	0~1	无

5.2.10 悬臂浇筑施工事故可能性评估指标体系

悬臂浇筑施工事故可能性评估指标主要基于挂篮坍塌事故,见表19。

悬臂浇筑施工事故可能性评估指标体系　　表19

序号	评估指标	分类	分值	说明
1	挂篮形式	菱形挂篮	2~3	无
1	挂篮形式	三角挂篮	2~3	无
1	挂篮形式	牵索挂篮	0~1	无
2	行走方式	两次走行到位	2~3	无
2	行走方式	一次走行到位	0~1	无

续上表

序号	评估指标	分类	分值	说明
3	节段尺寸	节段长度5m以上(不含)或节段宽度15m以上(不含)	2~3	无
		节段长度5m以下(含)或节段宽度15m以下(含)	0~1	
4	气候环境条件	极端气候事件多发区域(强风、强暴雨雪等)	4~6	主要考虑风荷载对挂篮稳定性的影响
		气候环境条件一般,可能影响施工安全,但不显著	2~3	
		气候条件良好,基本不影响施工安全	0~1	
5	设计与制作	采用经验设计方案	2~3	无
		采用专业设计方案	0~1	
6	交通状况	跨越公路、铁路等开放交通及无覆盖危险化学品管线	3~6	应结合交通水平综合判定
		封闭环境,基本无交通	0~1	

5.2.11 悬臂拼装施工事故可能性评估指标体系

悬臂拼装施工事故可能性评估指标主要基于起重吊装事故,见表20。

悬臂拼装施工事故可能性评估指标体系 表20

序号	评估指标	分类	分值	说明
1	吊具及锚具设计、制作	采用经验设计方案	3~6	无
		采用专业设计验证方案或相关合格且可靠产品	0~1	
2	吊装方式	采用卷扬机吊装	2~3	无
		采用浮运吊装	0~1	
3	气候环境	极端气候事件多发区域(强风、强暴雨雪等)	4~6	主要考虑风对吊装作业的影响
		气候环境条件一般,可能影响施工安全,但不显著	2~3	
		气候条件良好,基本不影响施工安全	0~1	
4	施工位置	水上或山区	2~3	主要考虑梁运输机定位困难引起的施工风险
		陆地	0~1	

5.2.12 架桥机安装法施工事故可能性评估

架桥机安装法施工事故可能性评估指标主要基于架桥机倒塌事故,见表21。

架桥机安装法施工事故可能性评估指标体系 表21

序号	评估指标	分类		分值	说明
1	行走方式	横向	墩顶移梁	2~3	无
			整机吊装横向移动	0~1	
		纵向	拖拉式	2~3	
			步履式	0~1	

续上表

序号	评估指标	分类	分值	说明
2	导梁形式	钢索斜拉式(悬臂式)	1~3	无
		单导梁	2~3	
		双导梁	0~1	
3	喂梁方式	侧向取梁型	2~3	应考虑侧向法中吊装作业的风险
		尾部喂梁型	0~1	
4	桥梁线形	弯桥(曲线超高),纵坡大影响施工安全	2~3	弯桥应结合曲线半径大小对施工作业安全影响程度,综合判定
		直桥	0~1	
5	气候环境	存在强风、多雨等不良气候条件,影响施工安全	2~3	主要考虑雨水对土基承载力的影响及峡谷、沿海等地风荷载对架桥机行走的影响
		气候环境条件好,基本不影响施工安全	0~1	
6	设计与制作	采用经验设计方案	3~6	无
		采用专业设计验证方案或相关合格且可靠产品	0~1	

5.2.13 人的因素及施工管理引发的事故可能性的评估指标体系,见表22,将评估指标分值通过公式 $M = A + B + C + D + E + F + G + H$ 进行计算。根据分值对照表23找出折减系数 γ,再计算事故可能性。

安全管理评估指标体系 表22

评估指标	分类	分值	说明
总包企业资质 A	三级	3	
	二级	2	
	一级	1	
	特级	0	
专业及劳务分包企业资质 B	无资质	1	针对当前作业的主要分包企业
	有资质	0	
历史事故情况 C	发生过重大事故	3	指项目部主要管理人员从事过的工程项目上曾经发生的事故情况
	发生过较大事故	2	
	发生过一般事故	1	
	未发生过事故	0	
作业人员经验 D	无经验	2	从特种作业人员、一线施工人员的工程经验考虑
	经验不足	1	
	经验丰富	0	
安全管理人员配备 E	不足	2	从"三类人"的持证、在岗情况考虑
	基本符合规定	1	
	符合规定	0	
安全投入 F	不足	2	
	基本符合规定	1	
	符合规定	0	

续上表

评估指标	分类	分值	说明
机械设备配置及管理 G	不符合合同要求	2	
	基本符合合同要求	1	
	符合合同要求	0	
专项施工方案 H	可操作性较差	2	
	可操作性一般	1	
	可操作性强	0	

安全管理评估指标分值与折减系数对照表 表23

计算分值 M	折减系数 γ
$M>12$	1.2
$9 \leq M \leq 12$	1.1
$6 \leq M \leq 8$	1
$3 \leq M \leq 5$	0.9
$0 \leq M \leq 2$	0.8

5.2.14 典型重大风险源事故可能性等级划分见表24,其中 $P = R \times \gamma$,其中 R 为表14～表21中各重大风险源评估指标分值累加,按四舍五入计算取整。

典型重大风险源事故可能性等级划分 表24

计算分值 P	等级描述	等级
$P \geq 14$	等级Ⅳ(很可能)	4
$6 \leq P < 14$	等级Ⅲ(可能)	3
$3 \leq P < 6$	等级Ⅱ(偶然)	2
$P < 3$	等级Ⅰ(不太可能)	1

5.2.15 根据事故发生的可能性和严重程度等级,采用风险矩阵法确定桥梁具体施工作业活动的风险等级,划分标准见表13。

5.2.16 评估人员根据工程进度,宜绘制施工安全风险分布图,将重大风险源的风险等级用不同颜色在桥梁施工形象进度图中标示出来,并附到评估报告中,同时以列表方式将重大风险源汇总,填入表25。

重大风险源风险等级汇总表 表25

重大风险源	事故可能性等级	严重程度等级		风险等级	评定理由
		人员伤亡	经济损失		
重大风险源1					
重大风险源2					
……					
重大风险源 n					

5.3 隧道工程

5.3.1 隧道工程施工安全重大风险源风险估测采用定性与定量相结合方法。事故严重程度的估测方法推荐采用专家调查法。事故可能性的估测方法推荐采用指标体系法。

5.3.2 事故严重程度,主要从人员伤亡、直接经济损失两个方面进行估算,等级标准如表11、表12所示。当多种后果同时产生时,应采用就高原则确定事故严重程度等级。

5.3.3 物的不安全状态引起的事故可能性,应根据事故类型选择适当的评估指标来确定其等级,本《指南》列出了坍塌、涌水突泥、瓦斯爆炸事故的评估指标,其他事故类型可参考本《指南》的原则和思路自行确定评估指标。

5.3.4 人的因素及施工管理引发的事故可能性的评估指标体系见表22。将评估指标分值通过公式 $M = A + B + C + D + E + F + G + H$ 进行计算。根据分值对照表23找出折减系数γ,再计算事故可能性。

5.3.5 隧道坍塌事故的可能性,可从施工区段的围岩级别、断层破碎带、渗水状态、地质符合性、施工方法、施工步距等指标进行估算。具体评估指标可参见表26,评估时可根据工程实际情况对评估指标分类和分值进行改进。

隧道施工区段坍塌事故可能性评估指标　　　　表26

评估指标	分　类	分值	说　明
围岩级别 A	V、VI级	4~5	可根据围岩节理发育情况和岩性适当调整分值
	IV级	3	
	III级	2	
	I、II级	0~1	
断层破碎情况 B	存在宽度50m以上的大规模断层破碎带	3~4	
	存在宽度20m以上、50m以下的中等规模断层破碎带	2	
	存在宽度20m以下小规模断层破碎带	1	
	不存在断层破碎带	0	
渗水状态 C	岩溶管道式涌水	1.5	渗水状态应考虑天气影响因素
	线状—股状	1.2	
	线状	1.0	
	干—滴渗	0.9	
地质符合性 D	工程地质条件与设计文件相比较差	2~3	由监理工程师确认
	工程地质条件与设计文件基本一致	1	
	施工控制与设计	0	
施工方法 E	施工方法不适合水文地质条件的要求	2~3	可参照有关技术标准确定是否适合
	施工方法基本适合水文地质条件的要求	1	
	施工方法完全适合水文地质条件的要求	0	

续上表

评估指标	分类		分值	说明
施工步距 $F=A+B$	a	V、VI级围岩衬砌到掌子面距离在200m以上或全断面开挖衬砌到掌子面距离在250m以上	4~5	二次衬砌距离掌子面的距离是影响隧道稳定性的一个重要因素。本指标主要考虑施工时台阶法施工、全断面法施工二次衬砌是否及时跟上
		V、VI级围岩衬砌到掌子面距离在120m以上、200m以下或全断面开挖衬砌到掌子面距离在160m以上、250m以下	3	
		V、VI级围岩衬砌到掌子面距离在70m以上、120m以下或全断面开挖衬砌到掌子面距离在120m以上、160m以下	2	
		V、VI级围岩衬砌到掌子面距离在70m以下或全断面开挖衬砌到掌子面距离在120m以下	0~1	
	b	一次性仰拱开挖长度在8m以上	2~3	
		一次性仰拱开挖长度在8m以下	0~1	

5.3.6 隧道施工区段坍塌事故可能性分值计算公式为：$P=\gamma \cdot (C \times A + B + D + E + F)$。计算结果要四舍五入为整数。分值大小确定后，对照表27确定坍塌事故可能性等级。

隧道施工区段坍塌事故可能性等级标准 表27

计算分值P	事故可能性描述	等级
$P \geq 15$	很可能	4
$8 \leq P < 15$	可能	3
$3 \leq P < 8$	偶然	2
$0 \leq P < 3$	不太可能	1

5.3.7 瓦斯爆炸事故的可能性，可从施工区段的瓦斯含量、洞内通风情况、机械设备防爆情况、瓦斯监测体系等指标进行估算。具体评估指标见表28。

隧道施工区段瓦斯爆炸事故可能性评估指标 表28

评估指标	分类	分值	说明
瓦斯含量A	存在瓦斯突出危险	4	可根据设计文件、现场监测结果进行判断
	瓦斯涌出量$\geq 0.5m^3/min$	2~3	
	瓦斯涌出量$< 0.5m^3/min$	1	
	无瓦斯	0	
洞内通风B	洞内掌子面最小风速未达标	2~3	由现场监测结果进行判定
	洞内掌子面最小风速达标	1	
机械设备防爆情况C	未采用防爆设备	3	对出渣机械、机电设备等综合判定
	采用防爆设备	1~2	
瓦斯监测体系D	洞内瓦斯监测体系不完备	2~3	由评估小组按照有关技术标准判定
	洞内瓦斯监测体系完备	1	

5.3.8 隧道施工区段瓦斯爆炸事故可能性分值计算公式为：$P=\gamma \cdot A \times (B+C+D)$。分值大小确定后，对照表29确定瓦斯爆炸事故可能性等级。

隧道施工区段瓦斯爆炸事故可能性等级标准　　　表29

计算分值 P	事故可能性描述	等 级
$P \geqslant 12$	很可能	4
$7 \leqslant P < 12$	可能	3
$3 \leqslant P < 7$	偶然	2
$0 \leqslant P < 3$	不太可能	1

5.3.9 隧道涌水突泥事故的可能性，可从施工区段的岩溶发育程度、断层破碎带、外水压力水头等指标进行估测。具体评估指标见表30。

隧道施工区段涌水突泥事故可能性评估指标　　　表30

评估指标	分 类	分值	说 明
岩溶发育程度 A	岩溶极发育，有宽大岩溶洞穴、地下暗河、塌陷坑等	4~5	根据设计文件和超前预报结果判定
	岩溶发育，有宽大岩溶发育带和大岩溶洞穴	3	
	岩溶较发育，有岩溶裂隙带和较大岩溶洞	2	
	岩溶不发育，有岩溶裂隙、小溶洞发育	0~1	
断层破碎带 B	施工区段及附近存在断层破碎带或较大裂隙	2~3	根据设计文件和超前预报结果判定
	施工区段不存在断层破碎带或较大裂隙	0~1	
周围水体情况 C	隧道上方存在湖泊、河流、水库等水体	3	根据现场调查情况判定
	隧道附近存在补给性水体	2	
	隧道周围不存在补给性水体	0~1	

5.3.10 隧道施工区段涌水突泥事故可能性分值计算公式为：$P = \gamma \cdot B \times (A + C)$。分值大小确定后，对照表31确定涌水突泥事故可能性等级。如果施工区段存在盆状地形，同时施工期间有大雨、暴雪等强降水天气时，则事故可能性等级为4级。

隧道施工区段涌水突泥事故可能性等级标准　　　表31

计算分值 P	事故可能性描述	等 级
$P \geqslant 12$	很可能	4
$6 \leqslant P < 12$	可能	3
$3 \leqslant P < 6$	偶然	2
$0 \leqslant P < 3$	不太可能	1

5.3.11 根据事故发生的可能性和严重程度等级，采用风险矩阵法确定隧道施工区段发生某种重大风险源风险等级，划分标准见表13。

5.3.12 完成重大风险源估测后，应根据隧道工程进度表，绘制施工安全风险分布图，将重大风险源的风险等级用不同颜色在隧道纵断面上的分布情况标示出来，并附到评估报告中。同时将不同施工区段的重大风险源列表说明，如表32所示。

××隧道重大风险源风险等级表 表32

序号	施工区段(里程桩号)	坍塌			涌水突泥			瓦斯爆炸			洞口失稳			岩爆			大变形		
		可能性等级	严重程度等级	风险等级	可能性等级	严重程度等级	风险等级	可能性等级	严重程度等级	风险等级	可能性等级	严重程度等级	风险等级	可能性等级	严重程度等级	风险等级	可能性等级	严重程度等级	风险等级

6 风险控制

6.1 一般要求

6.1.1 根据风险评估结果,按照风险接受准则,提出风险控制措施。公路桥梁、隧道工程施工安全风险接受准则如表33所示。

风险接受准则 表33

风险等级	接受准则	处理措施
低度	可忽略	不需采取风险处理措施和监测
中度	可接受	一般不需采取风险处理措施,但需予以监测
高度	不期望	必须采取风险处理措施降低风险并加强监测,且满足降低风险的成本不高于风险发生后的损失
极高	不可接受	必须高度重视,采取切实可行的规避措施并加强监测,否则要不惜代价将风险至少降低到不期望的程度

6.1.2 风险控制应根据工程特点、风险评估结果、成本效益比等,选择合适的风险控制措施。措施建议应具体翔实并具操作性。按照针对性和重要性的不同,措施建议可分为应采纳和宜采纳两种类型。

6.1.3 一般风险源控制措施由施工单位按常规制订。重大风险源控制措施应按照预案、预警、预防三个阶段逐一明确要求。经专项风险评估达到高度风险及以上的施工作业活动或施工区段,应采取完善专项施工方案及应急预案、开展施工监测与预警、提高现场防护条件、加强施工安全技术交底和危险告知等措施,防止重大险情或事故发生。

6.1.4 选择风险控制措施时应按照如下顺序进行:

1) 本质安全

控制措施宜首先从本质安全的角度,来消除风险源或将风险降低到可接受的程度。
(1)重新评估工程设计中残留的风险:
①是否可变更设计以降低风险?
②是否可以选择不同施工方法避开风险源或降低风险?
(2)评估施工临时结构的本质安全。

2) 安全隔离或防护

不能从本质安全进行控制的风险,应优先采用隔离或防护的手段降低风险,其顺序是:
(1)施工方法的残留风险能否通过合理安排施工顺序而避开?

(2)必须面对的风险源应采取隔离或保护全体作业人员的措施。
(3)个体防护措施。

3)警告或标示

上述措施采取后残留的风险,应采取警告或标示等辅助措施降低:
(1)自动监测并发出警告。
(2)设立警告标志。
(3)人工观测、警戒、监视或专人指挥。

4)教育培训

将确定的安全措施在施工前通过安全技术交底等方式,传递给安全管理和施工作业人员,减少和避免人的不安全行为。

6.2 一般风险源控制

6.2.1 一般风险源控制措施应根据有关技术标准、安全管理要求来制订。

6.2.2 一般风险源对应的触电、高处坠落、物体打击、车辆伤害、火药爆炸、火灾等事故的风险控制措施应简明扼要,明确安全防护、安全警示、安全教育、现场管理等方面的具体内容。

6.3 重大风险源控制

6.3.1 重大风险源应按照公路桥梁、隧道工程专项风险评估的结论,充分考虑工程实际情况,按照不同风险等级,制定相适宜的风险控制措施。典型的重大风险源控制措施建议可参见附录4、附录5。

6.3.2 现场施工应建立重大风险源监控和预警预报体系,明确预警预报标准,通过对施工监控数据的动态管理,及时掌握其发展状态,发现异常或超过警戒值,应及时采取规避措施,做好风险事故处理准备工作。

6.3.3 专项风险等级达到Ⅲ级(高度风险)及以上的施工作业活动或施工区段,其重大风险源的监控与防治措施、应急预案,应按规定组织论证或复评估后方能实施。

7 风险评估报告编制

7.0.1 风险评估报告是施工安全风险评估过程的记录,应反映风险评估过程的全部工作,将风险评估过程中的记录表格、采用的评估方法、获得的评估结果、推荐的控制措施等写入评估报告中。

7.0.2 风险评估报告应内容全面,文字简洁,数据完整,客观公正,提出的风险控制措施具有可操作性。

7.0.3 风险评估报告应包含以下内容:

1) 编制依据

(1) 项目风险管理方针及策略;
(2) 相关的国家和行业标准、规范及规定;
(3) 项目设计和施工方面的文件;
(4) 项目各阶段(工程可行性研究、初步设计、详细设计等)审查意见;
(5) 设计阶段风险评估成果。

2) 工程概况

3) 评估过程和评估方法

4) 评估内容

(1) 总体风险评估;
(2) 专项风险评估,包括风险源普查、辨识、分析以及重大风险源的估测;

5) 对策措施及建议

6) 评估结论

(1) 重大风险源风险等级汇总;
(2) Ⅲ级和Ⅳ级风险存在的部位、方式等情况;
(3) 分析评估结果的科学性、可行性、合理性及存在的问题。

7.0.4 风险评估报告格式见附录6,应包括:

(1) 封面(包括评估项目名称、报告完成日期、评估组长签名);
(2) 著录项(评估人员名单,并应亲笔签名);
(3) 目录;
(4) 编制说明;
(5) 正文(章节设置参见7.0.3条);
(6) 附件。

附录1 常用评估方法特点

本附录总结了风险评估常用的技术方法,供风险评估人员参考。评估人员应根据评估目的、评估对象特点,确定可行的评估工作组织形式,合理选用评估方法,也可选用本附录以外的其他方法,鼓励创新。

分类	名称	优　点	缺　点	适用范围
定性分析方法	专家评议法	简单易行,比较客观。所得结论比较全面、正确,能够对各种模糊的、不确定的问题作出较为准确的回答	易受主观因素的影响,有可能使结果产生偏差,容易偏保守	该方法适用于难以借助精确的分析技术而可依靠专家的集体直观判断进行预测的危险源分析问题
定性分析方法	专家调查法（包括智暴法、德尔菲法）	可防止由于专家多而产生当面交流困难、效率低。避免了因权威作用或人数多而压倒其他意见而多次征询意见	由于专家不能当面交流,缺乏沟通,可能会坚持错误意见。由于是函询法,且又多次重复,会使某些专家最后不耐烦而不仔细考虑填写。具有专家评议法的缺点	难以借助精确的分析技术而可依靠集体的直观判断进行预测的风险分析问题。问题复杂、专家代表不同的专业并没有交流的历史。受时间、经费限制,或因专家之间存有分歧、隔阂不宜当面交换意见
定性分析方法	"如果…怎么办"法（if…then）	经济有效,可充分发挥专业人员的知识特长、集思广益,可找出一个工程所存在的危险、有害性及其程度,提出消除或降低其危险性、有害性的对策措施,比较醒目、直观	该方法要求参与人员要熟悉工艺、设备,并且要收集类似工程的有关情况,以便分析、综合判断。该方法对于较大的系统进行分析时,表格数量多,工作量大,且容易产生错漏	该方法既可适用于一个系统,也可以适用于系统中某一环节,适用范围较广。但不适用于较大系统分析,只适用于系统中某一环节或小系统分析
定性分析方法	失效模式和后果分析法	对于一个系统内部每个不见的失效模式或不正常运行模式都可进行详细分析,并推断它对于整个系统的影响、可能产生的后果及如何才能避免或减少损失	只能用于考虑非危险性失效,花费时间,一般不能考虑各种失效的综合因素	可用在整个系统的任何一级,常用于分析某些复杂的关键设备
半定量分析法	事故树法	对导致灾害事故的各种因素及逻辑关系能作出全面、简洁和形象的描述便于查明系统内固有的或潜在的各种危险因素,为设计施工和管理提供科学依据,便于进行逻辑运算,进行定性、定量分析和系统评价	事故树法步骤较多,计算较复杂	事故树法应用比较广,非常适合于复杂性较大的系统。在工程设计阶段对事故查询时,都可以使用此法对它们的安全性作出评价。事故树法经常用于直接经验较少的危险源辨识

续上表

分类	名称	优 点	缺 点	适用范围
半定量分析方法	事件树法	事件树法是一种图解形式,层次清楚、阶段明显,可进行多阶段、多因素复杂事件动态发展过程的分析,预测系统中事故发生的趋势	在国内外数据较少,进行定量分析还需做大量的工作;用于大系统时,容易产生遗漏和错误;该方法不能分析平行产生的后果,不能进行详细分析。 事件树的大小随着问题中变量个数呈指数增长	事件树可以用来分析系统故障、设备失效、工艺异常、人的失误等,应用比较广泛。 事件树法不能分析平行产生的后果,不适用于详细分析
半定量分析方法	影响图方法	影响图能够明显地表示一个决策分析问题中变量之间的条件独立关系。 影响图能够清晰地表示变量之间的时序关系、信息关系和概率关系。这种图形表示方式适合决策者认识问题的思维过程。 影响图的网络表示形式便于用计算机存储信息与操作处理	节点的边缘概率和节点间的条件概率难得到。 进行主观概率估计时,可能会违反概率理论	影响图方法与事件树法适用性类似,由于影响图方法比事件树法有更多的优点,因此,也可以应用于较大的系统分析
半定量分析方法	原因—结果分析法	原因—结果分析法实质是事件树法和事故树法的结合使用,因此,它同时具有这两种方法的优点和缺点		其适用性与事故树法和事件法类似,适用于在设计、操作时用来辨识事故的可能结果及原因。不适用于大型系统
半定量分析方法	风险评价矩阵法	根据系统层次按次序揭示系统、分系统和设备中的危险源,做到不漏任何一项,并按风险的可能性和严重性分类,以便分别按轻重缓急采取措施,更适合现场作业,可以进行定性和定量分析	主观性比较强,如果经验不足,会对分析带来麻烦。 风险严重等级及风险发生频率是研究者自行确定的,存在较大的主观误差	该方法可根据使用的需求对风险等级划分进行修改,使其适用不同的分析系统,但要有一定的工程经验和数据资料作依据。其即适用于整个系统,又适用于系统中某一环节
定量分析方法	模糊综合评判法	模糊数学综合评判法给出了一个数学模型,它简单,容易掌握,是对多因素、多层次的复杂问题评判效果比较好的方法,其适用性较广	模糊数学综合评判法隶属函数或隶属度的确定、评价因素对评价对象的权重的确定都有很大的主观性,其结果也存在较大的主观性。 同时对于多因素、多层次的复杂评价,其计算比较复杂	模糊数学综合评判方法适用于任何系统的任何环节,其适用性比较广
定量分析方法	层次分析法	具有适用、简洁、实用和系统的特点	AHP得出的结果是粗略的方案排序。对于那种有较高定量要求的决策问题,单纯应用APH的使用过程中,无论建立层次结构还是构造判断矩阵,人的主观判断、选择、偏好对结果的影响极大,判断失误即可能造成决策失误,这就使得用APH进行决策主观成分很大	应用领域比较广阔,可以分析社会、经济以及科学管理领域中的问题。适用于任何领域的任何环节,但不适用于层次复杂的系统

247

续上表

分类	名称	优 点	缺 点	适 用 范 围
定量分析方法	蒙特卡洛模拟法	它能够用于包括随机变量在内的任何计算类型。考虑的变量数目不受限制。用于计算的随机变量可以根据具体数据采用任何分布形式。可以更有效地发挥专家的作用	能够在实际中采取的模拟系统非常复杂,建立模型很困难。没有计入风险因素之间的相互影响,使得风险估计结果可能偏小	比较适合在大中型项目中应用。优点是可以解决许多复杂的概率运算问题,以及适合于不允许进行真实试验的场合。对于那些费用高的项目或费时长的试验,具有很好的优越性。一般只在进行较精细的系统分析时才使用,他适用于问题比较复杂,要求精度较高的场合,特别是对少数可行方案实行精选比较时十分必要
定量分析方法	等风险图法	该方法的优点是方便直观、简单有效,对任何一个具体项目,只要得出其风险发生概率和风险后果,就可直接得到其风险系数	该方法需要得到风险发生概率和风险后果两个变量值,而这两个值在实际操作中不易得到,需要借助其他分析方法,因此,也含有其他分析方法的缺点。同时,根据等风险图只能确定风险系数位于哪一个区间内,如果想得到具体数值,还需要进行计算	该方法适用于对结果要求精确度不高,只需要进行粗略分析的项目,同时,如果只进行一个项目一个方案分析,该方法相对繁琐,所以该方法适用于多个类似项目同时分析或一个项目的多个方案比较分析时使用
定量分析方法	控制区间记忆模型	该方法用直方图代替变量的概率分布,用"和"代替函数积分,变量的概率分布采取经验分布形式,使风险因素量化过程变得简单、直观,并且易于实现概率的加法和乘法计算	该方法只适合于各变量间相互独立的情况,且最终结果的精确与否所取区间大小有很大关系	该模型适用于结果精确要求不高的项目,且只适用于变量间相互独立或相关性可忽略的项目
定量分析方法	神经网络方法	具有很强的学习能力、抗故障性和并行性	神经网络综合评估模型在已知数据不足或无法准确构造训练样本集的情况下,需要结合其他综合评估方法得到训练样本集,才能实现对网络的训练	①预测问题,原因和结果的关系模糊的场合。②模式辨识,设计模糊信息的场合。③不一定非要得到最优解,主要是快速求得与之相近的次优解的场合。④组合数量非常多,实际求解集合不可能的场合。⑤对非线性很高的系统进行控制的场合
定量分析方法	主成分分析法	能将多个指标转化为少数几个指标进行降维处理。能够将指标之间的关联性考虑在内,但计算比较简单。在大样本的情况下,个别样本对主成本的影响不会很大	评价标准的不可继承性。评价工作的盲目性。评价结果和评价指导思想的矛盾性。需借助较多的统计资料	主成分分析法可适用于各个领域,但其结果只是在比较相对大小时才有意义
综合分析方法	专家信心指数法	具有德尔菲法的优点,一定程度上克服了德尔菲法受个人主观因素影响大的缺点	同德尔菲法	同德尔菲法

续上表

分类	名称	优 点	缺 点	适 用 范 围
综合分析方法	模糊层次综合评估方法	同时拥有了层次分析法和模糊数学综合评判法的优点 该方法克服了模糊数学综合评判法中评价因素对评价对象的权重确定主观性强等缺点	除了模糊数学综合评判法的权重确定的主观性的缺点之外,同时具有层次分析法和模糊数学综合评判法的缺点。	其适用范围与模糊数学综合评判法一致
	模糊事故树分析法	兼有模糊数学综合评判法和事故树法的优点。 避免了对统计资料的强烈依赖性,为事故概率的估计提供了新思路	除了对统计资料的强烈依赖性之外,同时具有模糊数学综合评判法和事故树法的缺点	适用范围与事故树法相同,与事故树法相比,更适用于那些缺乏基本统计数据的项目
	事故树与模糊综合评判组合分析法	兼有事故树法和模糊综合评判法的优点。 避免了在确定因素集过程中出现错漏。 对风险影响系数大的因素进行分析,得到的结果更科学、合理	除了模糊综合评判法的权重确定的主观性的缺点之外,同时具有事故树法和模糊综合评判法的缺点	适用范围与事故树法相同

附录2 公路桥梁工程主要施工作业活动与典型事故类型对照表

施工作业 \ 事故类型	坍塌	起重伤害	物体打击	高处坠落	机械伤害	触电	淹溺	车辆伤害	中毒窒息	容器爆炸
深基坑施工	○		○	○						
人工挖孔灌注桩	○		○	○					○	
水上机械钻孔灌注桩		○	○			○	○			○
沉井基础施工		○		○						
墩塔模板法施工	○		○	○						
模板、支架和拱架安装与拆除	○		○	○						
钢筋工程作业			○		○	○				○
砌体工程施工	○		○	○						
猫道施工		○	○	○						
满堂脚手架现浇法作业	○	○	○	○						
顶推法作业			○	○						
悬臂拼装法作业	○	○	○	○						
悬臂现浇法作业	○	○	○	○						
满堂拱架法作业	○		○	○						
劲性骨架法作业	○	○	○	○						
缆索吊装法作业	○		○	○						
转体安装作业	○			○						
架桥机安装作业	○			○						
浮吊安装作业		○								
模板、支架和拱架安装与拆除	○		○	○						
临时设施(塔吊、龙门架等)拆除	○		○	○						
防护栏、隔离墩施工				○	○	○				
桥面防水施工				○						
桥面与人行道铺装				○	○					

附录3 公路隧道工程钻爆法施工作业活动与典型事故类型对照表

主要作业内容及程序 \ 事故类型	物体打击	高处坠落	触电	起重伤害	瓦斯爆炸	冒顶片帮	涌水突泥	放炮	火灾	机械伤害	车辆伤害	倒塌	其他
一、临时工程													
1.场地平整													
a.便道施工及危险点处理		○	○							○			
2.施工场地布置													
a.临时建筑	○		○									○	
b.混凝土拌和场		○	○									○	
c.钢拱架、锚杆等加工场			○							○			
d.弃渣场		○									○		
e.重型机具进场				○						○			
二、洞口边坡工程													
1.边坡开挖及防护													
a.地表清除(清表)		○								○			
b.坡面开挖	○	○								○		○	
c.弃土运输	○									○			
d.打设锚杆		○											
e.喷射混凝土		○											
f.截水沟开挖		○											
2.洞口施工													
a.洞口测量													
b.架设钢拱架		○	○							○		○	
c.洞口管棚或小导管施工		○	○				○						
d.注浆										○			
e.洞口开挖(爆破或机械开挖)						○	○	○		○		○	
f.锚喷支护	○	○											

续上表

主要作业内容及程序 \ 事故类型	物体打击	高处坠落	触电	起重伤害	瓦斯爆炸	冒顶片帮	涌水突泥	放炮	火灾	机械伤害	车辆伤害	倒塌	其他
g.明洞工程	○	○	○									○	
三、洞身开挖													
1.隧道开挖													
a.中心线及高程测量	○	○											
b.布孔		○				○	○						
c.钻孔		○	○			○	○	○		○			
d.装药及结线	○		○				○						
e.启爆	○					○	○						
f.通风			○										
g.盲炮检查和危石清理(找顶)	○				○	○				○			
h.出渣	○				○	○	○	○					
2.初期支护													
a.初喷	○		○		○	○				○			
b.立钢拱架	○	○	○		○	○						○	
c.钢筋网铺设		○	○		○	○						○	
d.打锚杆		○			○	○				○			
e.喷射混凝土	○	○			○	○							
3.仰拱施工													
a.仰拱开挖										○	○		
b.仰拱钢拱架施工		○			○								
c.绑扎钢筋		○											
d.混凝土浇筑		○			○	○							
4.监控量测													
a.监测仪器装设及量测	○	○											
四、二次衬砌													
1.防水层工程													
a.搭设施工台车		○	○									○	
b.初期支护表面处理	○	○											
c.土工布铺设		○								○	○		
d.防水板铺设		○								○	○		
2.二次衬砌工程													
a.钢筋绑扎	○	○	○									○	
b.模板架设		○											
c.混凝土浇筑		○	○							○	○		

续上表

事故类型\主要作业内容及程序	物体打击	高处坠落	触电	起重伤害	瓦斯爆炸	冒顶片帮	涌水突泥	放炮	火灾	机械伤害	车辆伤害	倒塌	其他
d.养生			○							○			
e.拆模	○	○											
五、其他工程													
1.管沟施工													
a.管沟混凝土工程			○							○			
2.路面工程													
a.沥青或混凝土路面摊铺			○							○	○		
3.交通工程													
a.机电工程	○	○								○			
b.安全设施	○									○		○	

附录4 公路桥梁典型的重大风险源风险控制建议

人工挖孔桩施工风险防控对策及建议　　　　　　　　　　　　　　　　　　　　　表 4-1

说　明
人工挖孔桩为隐蔽工程,风险防控应重点考虑坍塌事故、物体打击事故、高处坠落事故以及中毒窒息事故类型

序号	风险防控对策及建议
1	人工挖孔桩施工前,应根据桩的直径、桩深、土质、现场环境等状况进行混凝土护壁结构的设计,编制施工方案和相应的安全技术措施,并经企业负责人和技术负责人签字批准
2	人工挖孔桩施工前应对现场环境进行调查,掌握以下情况: (1)地下管线位置、埋深和现况。 (2)地下构筑物(人防、化粪池、渗水池、古坟墓等)的位置、埋深和现况。 (3)施工现场周围建(构)筑物、交通、地表排水、振动源等情况。 (4)高压电气影响范围
3	人工挖孔桩施工前,工程项目经理部的主管施工技术人员必须向承担施工的专业分包负责人进行安全技术交底并形成文件。交底内容应包括施工程序、安全技术要求、现况地下管线和设施情况、周围环境和现场防护要求等
4	人工挖孔作业前,专业分包负责人必须向全体作业人员进行详细的安全技术交底,并形成文件
5	施工前应检查施工物质准备情况,确认符合要求,并应符合下列要求: (1)施工材料充足,能保证正常的、不间断的施工。 (2)施工所需的工具设备(辘轳、绳索、挂钩、料斗、模板、软梯、空压机和通风管、低压变压器、手把灯等)必须完好、有效。 (3)系入孔内的料斗应由柔性材料制作
6	当土层中有水时,必须采取措施疏干后方可施工
7	人工挖孔桩必须采用混凝土护壁;首节护壁应高于地面20cm;相邻护壁节间应用锚筋相连。护壁强度达5MPa后方可开挖下层土方。施工中必须按施工设计要求的层深,挖一层土方施做一层护壁,严禁超要求开挖、后补做护壁的冒险作业
8	人工挖孔作业过程中应满足下列要求: (1)每孔必须两人配合施工,轮换作业。孔下人员连续作业不得超过2h,孔口作业人员必须监护孔内人员的安全。 (2)孔下操作人员必须戴安全帽。 (3)桩孔周围2m范围内必须设护栏和安全标志,非作业人员禁止入内。3m内不得行驶或停放机动车。 (4)严禁孔口上作业人员离开岗位,每次装卸土、料时间不得超过1min。 (5)土方应随挖随运,暂不运的土应堆在孔口1m以外,高度不得超过1m。孔口1m范围内不得堆放任何材料。 (6)料斗装土、料不得过满。

续上表

序号	风险防控对策及建议
8	(7)孔口上作业人员必须按孔内人员指令操作辘轳。向孔内传送工具等必须用料斗系放,严禁投扔。 (8)必须自上而下逐层开挖,每层挖土深度不得大于100cm,松软土质不得大于50cm,严禁超挖。 (9)作业人员上下井孔必须走软梯。 (10)暂停作业时,孔口必须设围挡和安全标志或用盖板盖牢,阴暗时和夜间应设警示灯
9	施工中孔需用垫板时,垫板两端搭放长度不得小于1m,垫板宽度不得小于30cm,板厚不得小于5cm。孔径大于1m时,孔口作业人员应系安全带并扣牢保险钩,安全带必须有牢固的固定点
10	料斗和吊索具应具有轻、柔、软性能,并有防坠装置
11	孔内照明必须使用36V(含)以下安全电压
12	人工挖孔作业中,应检测孔内空气质量,确认符合国家现行标准的要求,并应满足下列要求: (1)孔内空气中氧气浓度应符合现行《缺氧危险作业安全规程》(GB 8958)的有关要求;有毒有害气体浓度应符合本《规程》附录N的有关要求。 (2)现场必须配备气体检测仪器。 (3)开孔后,每班作业前必须打开孔盖通风,经检测氧气、有毒有害气体浓度在要求范围内并记录,方可下孔作业;检测合格后未立即进入孔内作业时,应在进入作业前重新进行检测,确认合格并记录。 (4)孔深超过5m后,作业中应强制通风
13	施工现场应配有急救用品(氧气等)。遇塌孔、地下水涌出、有害气体等异常情况,必须立即停止作业,将孔内处人员立即撤离危险区。严禁擅自处理、冒险作业
14	两桩净距小于5m时,不得同时施工,且一孔浇筑混凝土的强度达5MPa后,另一孔方可开挖
15	夜间不得进行人工挖孔施工
16	人工挖孔过程中,必须设安全管理人员对施工现场进行检查监控,掌握各桩孔的安全状况,消除隐患,保持安全施工
17	挖孔施工中遇岩石爆破时,孔口应覆盖防护,爆破施工应符合有关安全作业要求
18	人工挖孔施工过程中,现场应设作业区,其边界必须设围挡和安全标志、警示灯,非施工人员禁止入内

基坑施工风险防控对策及建议　　　　　　　　　　　　　　　　　　　　表4-2

说　明
基坑施工的风险防控应重点考虑基坑坍塌事故、淹溺事故及爆炸事故等

序号	风险防控对策及建议
1	基坑尺寸应能满足基础安全施工和排水要求,基坑顶面应有良好的运输通道
2	当挖土深度超过5m或发现有地下水和土质发生特殊变化时,应根据现场实际情况确定边坡坡度或采取支护措施;基坑支护应根据土质情况、施工荷载、施工周期和现场情况进行施工专项设计,并符合现行《建筑基坑支护技术规程》(JGJ 120)的有关要求
3	开挖中发现危险物、不明物等严禁敲击和擅自处理
4	基坑临近各类管线、建(构)筑物时,开挖前应按施工组织设计的要求实施拆移、加固或保护措施,经检查符合要求后,方可开挖
5	土层中有水时,应在开挖前进行排降水,先疏干再开挖,不得带水挖土
6	开挖中,出现基坑顶部地面裂缝、坑壁坍塌或涌水、涌沙时,必须立即停止施工,人员撤离危险区,待采取措施确认安全后,方可恢复施工
7	基坑开挖与支撑、支护交叉进行时,严禁开挖作业碰撞、破坏基坑的支护结构
8	施工现场附近有电力架空线时,应设专人监护

续上表

序号	风险防控对策及建议
9	基坑外堆土时,堆土应距基坑边缘1m以外,堆土高度不得超过1.5m
10	人工清基应在挖掘机停止运转,且挖掘机指挥人员同意后进行,严禁在机械回转范围内作业
11	基坑内应设安全梯或土坡道等攀登设施
12	基坑排降水时应: (1)基坑范围内有地下水,需降水施工时,应根据水文地质和现场环境状况进行施工设计。 (2)在水深超过1.2m的水域作业,必须选派熟悉水性的人员,并应采取防止溺水的措施
13	导流施工时: (1)宜在枯水季节进行。 (2)施工前应对现场情况进行调查,掌握现场的工程地质、水文地质情况和河湖的水深、流速、最高洪水位、上下游堤闸情况与施工范围内的地上、地下设施现况,编制导流施工设计,制订相应的安全技术措施。 (3)施工前应向海事管理部门申办施工手续,并经批准
14	地基处理时: (1)爆破施工应符合现行《爆破安全指南》(GB 6722)的有关要求。 (2)施工前,必须由具有相应爆破设计资质的企业进行爆破设计,编制爆破设计书或爆破说明书,并制订专项施工方案,要求相应的安全技术措施,经市、区政府主管部门批准,方可实施。 (3)爆破施工必须由具有相应爆破施工资质的企业承担,由经过爆破专业培训、具有爆破作业上岗资格的人员操作。 (4)爆破前应对爆破区周围的环境状况进行调查,了解并掌握危及安全的不利环境因素,采取相应的安全防护措施。 (5)露天爆破装药前,应与气象部门联系,及时掌握气象资料,遇雷电、暴雨雪来临;大雾天气,风力大于六级等恶劣天气时,必须停止爆破作业

水上群桩施工风险防控对策及建议　　　　　　　　　　表4-3

说　明
水上群桩施工的风险防控应重点考虑起重事故、船撞事故,平台坍塌事故等

序号	风险防控对策及建议
1	应根据桩径、桩深、工程和水文地质与现场环境等状况选择适宜的施工方法和机具,并要求制订相应的安全技术措施
2	作业平台应根据施工荷载、水深、水流、工程地质状况进行施工专项设计,其高程应在施工期间的最高水位70cm以上
3	施工中应与海事管理部门密切沟通,确保航道运输安全
4	施工中应密切关注气候环境变化情况,尤其需重点关注风速、潮汐等不利因素
5	泥浆护壁成孔时,孔口应设护筒。埋设护筒后至钻孔之前,应在孔口设护栏和安全标志
6	护壁泥浆应满足下列要求: (1)泥浆原料应为性能合格的黏土或其他符合环保要求的材料。 (2)泥浆不断循环使用过程中应加强管理,始终保持泥浆性能符合要求。 (3)现场应设泥浆沉淀池,泥浆残渣应及时清理并妥善处理,不得随意排放,污染环境。 (4)泥浆沉淀池周围应设防护栏杆和安全标志
7	钻孔作业应满足下列安全要求: (1)施工场地应平整、坚实;现场应划定作业区,非施工人员禁止入内。 (2)施工现场附近有电力架空线路时,施工中应设专人监护。 (3)钻机运行中作业人员应位于安全处,严禁人员靠近和触摸钻杆;钻具悬空时严禁下方有人。

续上表

序号	风险防控对策及建议
7	(4)钻孔过程中,应经常检查钻渣并与地质剖面图核对,发现不符时应及时采取安全技术措施。 (5)钻孔应连续作业,建立交接班制,并形成文件。 (6)成孔后或因故停钻时,应将钻具提至孔外置于地面上,关机、断电并应保持孔内护壁措施有效,孔口应采取防护措施。 (7)钻孔作业中发生坍孔和护筒周围冒浆等故障时,必须立即停钻;钻机有倒塌危险时,必须立即将人员和钻机撤至安全位置,经技术处理并确认安全后,方可继续作业。 (8)施工中严禁人员进入孔内作业。 (9)冲抓钻机钻孔,当钻头提至接近护筒上口时,应减速、平稳提升,不得碰撞护筒,作业人员不得靠近护筒,钻具出土范围内严禁有人。 (10)正、反循环钻机钻孔均应减压钻进,即钻机的吊钩应始终承受部分钻具质量,避免弯孔、斜孔或扩孔。 (11)使用全套管钻机钻孔时,配合起重机安套管人员应待套管吊至安装位置,方可靠近套管辅助就位,安装螺栓;拆套管时,应待被拆管节吊牢后方可拆除螺栓

支架法施工风险防控对策及建议　　　　　　　　　　表4-4

说　明
支架法施工的风险防控应重点考虑坍塌事故、高处坠落事故等类型

序号	风险防控对策及建议
1	支架法施工前,应根据结构特点、混凝土施工工艺和现行的有关要求对支架进行施工专项安全设计,并制订安装、拆除程序及安全技术措施
2	使用材料应满足下列要求: (1)制作支架的材质,应符合现行国家相关技术标准的要求。 (2)钢管支架及其配件应由具有资质企业生产,具有合格证,并经验收确认质量合格。 (3)周转使用的钢管支架及其配件,使用前应经检查,不得有裂纹、变形和腐蚀等缺陷
3	支架立柱应置于平整、坚实的地基上,立柱底部应铺设垫板或混凝土垫块扩散压力;支架地基处应有排水措施,严禁被水浸泡
4	支架的立柱应设水平撑和双向斜撑,斜撑的水平夹角以45°为宜;立柱高于5m时,水平撑间距不得大于2m,并在两水平撑之间加剪刀撑
5	支架高度较高时,应设一组缆风绳
6	在河水中支搭支架应设防冲撞设施,并应经常检查防冲撞设计和支架状况,发现松动、变形、沉降应及时加固
7	支架跨越公路时应满足下列要求: (1)施工前,应制订模板、支架支设方案和交通疏导方案并经道路交通管理部门批准。 (2)模板、支架的净高、跨度应依道路交通管理部门的要求确定,并设相应的防撞设施和安全标志。 (3)位于路面上的支架四周和路面边缘的支架靠路面一侧必须设防护桩和安全标志,阴暗时和夜间必须设警示灯。 (4)安装时必须设专人疏导交通。 (5)施工期间应设专人随时检查支架和防护设施,确认符合方案要求
8	支架跨越铁路时应满足下列要求: (1)施工前,应制订模板、支架支设方案,并经铁路管理部门。 (2)模板、支架的净空、跨度必须符合铁路管理部门的要求。 (3)模板、支架安装前,铁路管理单位派出的监护人员必须到场。 (4)施工过程中必须符合铁路管理部门的要求。 (5)列车通过时,严禁安装模板、支架和在铁路限界内作业。 (6)铁路管理部门允许施工作业的限界,应采取封闭措施,保持铁路正常运行和现场人员的安全

续上表

序号	风险防控对策及建议
9	支架搭设应满足下列要求： (1)立杆应竖直,2m高度的垂直偏差不得大于1.5cm；每搭完一步支架后,应进行校正。立杆的纵、横间距应符合施工设计的要求,每搭完一步支架后,应进行校正。 (2)可调底座的调节螺杆伸出长度超过30cm时,应采取可靠的固定措施。 (3)满堂红支架的四边和中间每隔四排立杆应设置一道纵向剪刀撑,由底至顶连续设置。 (4)高于4m的满堂红支架,其两端和中间每隔四排立杆应从顶层开始向下每隔两步设置一道水平剪刀撑
10	支架安装完成后,应对节点和支撑进行检查、确认符合设计要求,经验收合格,并形成文件
11	支架应按照施工设计要求的方法、程序拆除；严禁使用机械牵引、推倒的方法拆除
12	拆除前,应先清理施工现场,划定作业区。拆除时应设专人值守,非作业人员禁止入内；拆除作业必须由作业组长指挥,作业人员必须服从指挥,步调一致,并随时保持作业场地整洁、道路畅通
13	拆除作业应自上而下进行,不得上下多层交叉作业
14	支架的拆除时间,应根据结构的特点、部位和混凝土达到的强度确定
15	拆除支架时,必须确保未拆除部分的稳定,必要时应对未拆部分采取临时加固、支撑措施,确认安全后,方可拆除
16	拆除跨公路的支架应满足下列要求： (1)拆除前,应指定支架拆除方案和交通疏导方案,并经道路交通管理部门批准。 (2)拆除时应设专人疏导交通。 (3)拆除材料应及时运出现场,经检查确认道路符合交通管理部门要求,方可恢复交通
17	拆除跨铁路的模板、支架应符合下列要求： (1)拆除前,应制订支架拆除方案,并经铁路管理部门批准。 (2)拆除前,铁路管理部门派出的监护人员必须到场。 (3)拆除过程中必须符合铁路管理部门的要求,列车通过时,严禁拆除作业。 (4)拆除材料应及时运出现场,严禁占用铁路限界放置；拆除完毕,应由铁路管理部门派人验收,确认合格,并办理手续
18	支架法施工中应对各种不良气候因素的密切监测,并应对支架立柱基础沉降做好监控

墩柱(塔)施工风险防控对策及建议　　　　　　　　　　　表4-5

说　明
墩柱(塔)施工的风险防控应重点考虑坍塌事故、高处坠落事故等类型

序号	风险防控对策及建议
1	采用液压滑动模板施工应符合下列安全要求： (1)滑模施工应符合现行《液压滑动模板施工安全技术规程》(JGJ 65)的有关要求。 (2)参加滑模作业的人员必须进行安全技术培训,考核合格方可上岗。 (3)滑模施工中应经常与当地气象台站取得联系,遇有雷雨、六级(含)以上大风时,必须停止施工,并将作业平台上的设备、工具、材料等固定牢固,人员撤离,切断通向平台的电源。 (4)采用滑模施工的墩台周围必须划定防护区,警戒线至墩台的距离不得小于结构物高度的1/10,且不得小于10m。不能满足要求时,应采取有效的安全防护措施。 (5)滑模施工应根据墩台结构、滑模工艺、使用机具和环境状况对滑模进行施工设计,制订专项施工方案,采取相应的安全技术措施。 (6)液压滑动模板应由具有资质的企业加工,具有合格证书和全部技术文件,进场前应经验收确认合格,并形成文件。

续上表

序号	风险防控对策及建议
1	(7)滑升作业前,应检查模板和平台系统,确认符合设计要求;检查电气接线;检查液压系统,确认各部油管连接牢固、无渗漏,并经试运行确认合格,形成文件。 (8)滑模系统应由专业作业组操作,经常维护,发现问题及时处理。 (9)浇注和振捣混凝土时不得冲击、振动模板及其支撑;滑升模板时不得进行振捣作业。 (10)滑升过程中,应随时检查,保持作业平台和模板的水平上升,发现问题应及时采取措施。 (11)夜间施工应有足够的照明。便携式照明应采用36V(含)以下的安全电压。固定照明灯具距平台不得低于2.5m。 (12)拆除滑模装置必须按专项方案要求进行
2	采用支架模板法时应根据结构特点、混凝土施工工艺和现行的有关要求对支架进行施工专项安全设计,并对安装、拆除程序和安全技术措施提出要求

悬臂拼装施工风险防控对策及建议　　　　表4-6

说　明
悬臂拼装施工的风险防控应重点考虑坍塌事故、物体打击事故等类型

序号	风险防控对策及建议
1	悬拼施工应对墩顶段浇注托架、墩顶段临时锚固、悬拼吊装系统、挠度控制和合拢进行施工设计
2	悬拼吊装前应对悬拼吊装系统进行检查、试运转,并按至少130%设计荷载进行试吊,确认符合要求并形成文件后,方可正式起吊;吊机每次移位后必须检查其定位和锚固,确认符合要求后,方可起吊
3	桥墩两侧悬拼施工进度应一致,保持对称、平衡,不平衡偏差必须符合设计要求
4	大雨、大雪、大雾、沙尘暴和六级(含)风以上等恶劣天气必须停止作业
5	悬拼法架设连续梁、悬臂梁时,墩顶现浇段与桥墩之间应设临时锚固或临时支承,使其能承受悬拼施工节段产生的不平衡力矩,待全部块件安装完毕后方可拆除临时锚固或支承
6	T型刚构或悬臂梁的挂孔架设中,移运挂孔预制梁需经过悬臂端时,应对悬臂梁结构进行验算,确认符合设计要求,并形成文件
7	跨越通行的公路、铁路及航道架梁时应与相关主管部门取得联系,商定方案和安全防护措施,并经批准
8	梁段拼装完毕后,应按设计要求程序拆除拼装施工临时设施

悬臂浇筑施工风险防控对策及建议　　　　表4-7

说　明
悬臂浇筑的风险防控应重点考虑坍塌事故、高处坠落事故等类型

序号	风险防控对策及建议
1	挂篮应进行施工设计,其强度、刚度、稳定性应满足施工各阶段最大荷载组合的要求
2	悬臂浇注应满足下列安全要求: (1)施工前应对墩顶段浇注托架、梁墩锚固、挂篮、梁段模板、挠度控制和合拢等进行施工设计。 (2)墩身预埋件等应在施工过程中进行工序检查,确认位置准确和材质、规格符合施工设计要求。 (3)浇注墩顶段(0号段)混凝土前,应对托架、模板进行检验和预压,消除杆件连接缝隙、地基沉降和其他非弹性变形。 (4)挂篮的抗倾覆、锚固和限位结构的安全系数均不得小于2。 (5)挂篮组拼后应检查锚固系统和各杆件的连接状况,经验收并进行承重试验确认合格,并形成文件后,方可投入使用。

续上表

序号	风险防控对策及建议
2	(6)挂篮行走滑道应平顺、无偏移;挂篮行走应缓慢,速度宜控制在0.1m/min以内,并应由专人指挥。 (7)桥墩两侧梁段悬臂施工进度应对称、平衡,其不平衡偏差应符合设计要求
3	梁桥混凝土浇筑过程中,应随时检查钢筋、波纹管和预埋件,发现位移或松动必须及时修复,且应设专人监测模板和支架、挂篮的稳定状况,发现异常必须立即停止浇注,并及时采取安全技术措施,经检查确认合格后,方可恢复施工
4	大雨、大雪、大雾、沙尘暴和六级(含)风以上等恶劣天气必须停止架梁作业

架桥机施工风险防控对策及建议　　　　　　　　　　　　　　　　　　　　　　表4-8

说　明
架桥机施工的风险防控应重点考虑坍塌事故

序号	风险防控对策及建议
1	应根据现场条件,通航要求和河床情况,梁板外形尺寸、质量,梁桥宽度,桥梁高度,构件存放位置,施工季节和工期要求等因素选择适宜的架梁机械,制订合理的架设方案和相应的安全技术措施
2	使用定型架梁设备应符合生产企业使用说明书的要求,正式吊装前应经试吊,确认合格并形成文件。非定型架梁设施应进行施工设计,其强度、刚度、稳定性应满足桥梁吊装过程中荷载的要求;组拼完成后应进行验收并形成文件;在正式吊装前应经试吊,确认合格,并形成文件
3	架梁前应向全体作业人员(含机械操作工)进行安全技术交底,并形成文件
4	在架梁过程中,施工现场必须根据环境状况设作业区,并设护栏和安全标志,必要时应设专人值守,严禁非施工人员入内
5	架梁过程中,应严格执行相关安全操作规程
6	大雨、大雪、大雾、沙尘暴和六级(含)风以上等恶劣天气必须停止架梁作业
7	桥台位置、曲线超高段等不利位置架梁,应制订详细的安全技术措施,防止架桥机坍塌事故发生
8	在桥梁改、扩建工程中,架梁作业需占用现况桥面时,宜断绝交通。需不断绝交通时,桥面、道路通行部分的宽度应满足交通要求;作业区与通行道之间应设围挡、安全标志、警示灯;施工期间设专人疏导交通。施工前应与交通管理单位研究并制订疏导交通方案,经批准后实施
9	跨越通行的公路、铁路及航道架梁时应与相关主管部门取得联系,商定架设方案和安全防护措施,并经批准

附录5 公路隧道典型的重大风险源风险控制建议

按照专项风险评估确定的风险等级,隧道坍塌事故可从前期调查、开挖作业、支护方式、监控量测、二次衬砌、安全教育等方面分别制订具体措施,可参照表5-1。

隧道坍塌事故控制措施建议　　　　　　　　　　　　　　　　　　　表5-1

事故控制措施		等级 IV	等级 III	等级 II
(1)前期调查	①资料收集	收集相关地质资料及周边工程施工记录、事故记录(包括自然灾害)等		最好收集上述资料
	②洞口段	对有关滑坡、岩体崩塌等观测		对是否需要观测进行论证
	③断层、破碎带	接近断层、破碎带时,应采用超前地质预报等方式进行确认		
	④浅埋段	进行地表沉降、拱顶下沉等观测		
(2)开挖作业	①开挖方式	根据地质条件、施工条件选择适当的开挖方式,并根据情况进行超前支护	不良地质条件下应讨论改变施工方法及是否进行超前支护	
	②危石	a)应分段仔细检查爆破段并清除危石。 b)钻孔作业前后、爆破后、废渣处理时及处理后,应进行仔细检查,并去除。 c)地震后应检查以上地点		
(3)支护	①喷射混凝土	a)开挖后迅速喷射混凝土		
		b)根据情况对掌子面喷射混凝土	对于地质不良段应讨论确定	
		c)根据情况二次喷射混凝土	对于地质不良段应讨论确定	
		d)采用钢筋网、喷射混凝土进行加固	对于地质不良段应讨论确定	
	②锚杆	a)锚杆应根据地质条件,采用固结性好并便于施工的方式打设。 b)施工时,应进行拉拔试验确认其性能		
	③钢拱架支护	a)缩小钢拱架的间隔。 b)扩大钢拱架的断面。 c)使用适合围岩条件的底板、垫板。 d)讨论钢拱架的形状是否适合	不良地质路段应缩小。 不良地质路段扩大。 不良地质路段应使用合适的底板、垫板。 不良地质路段应讨论其形状	

续上表

事故控制措施	等级 IV	等级 III	等级 II
（4）监控量测	a）根据地质条件和施工情况进行适当的监控量测 b）缩小监控量测间隔。 c）增加监控量测频度 d）根据监控量测、观察的结果，初期支护发生变形时，应采取有效的加固措施	不良地质路段应缩小。 不良地质路段应增加频度	
（5）二次衬砌	a）讨论是否需要采用仰拱进行断面闭合及尽早浇筑衬砌等问题。 b）根据情况，可考虑是否采用临时性衬砌	不良地质路段应对是否闭合及尽早衬砌进行讨论 应对临时衬砌进行讨论	
（6）防坍塌的培训	应对以下内容进行相关培训： a）坍塌事故的危险性； b）防止事故发生的对策及注意事项； c）检查方法（检查内容及时间）； d）发生险情时的应急措施		

按照专项风险评估确定的风险等级，隧道瓦斯爆炸事故，可从前期资料收集、施工中调查、可燃气体检测、通风、警报装置、火源管理、应急措施、防瓦斯培训等方面制定具体对策措施，可参照表 5-2。

隧道瓦斯爆炸事故控制措施建议　　　　　　　　　　表 5-2

事故控制措施		等级 IV	等级 III	等级 II
（1）前期资料收集		根据地形、地质资料收集周边可燃性气体信息；收集周边已完工或在建隧道工程可燃性气体的产生状况、气体爆炸事故、气体爆炸的对策措施等资料		根据需要，收集周边已完工或在建隧道工程可燃性气体的情况
（2）施工中调查		根据开挖面的观察结果，进行钻探或超前地质预报，对气体的涌出量、气体压力、成分等进行调查	根据开挖面观察结果，讨论确定是否进行钻探或超前地质预报	
（3）可燃气体检测	①检测设备	同时使用便携式和固定式检测器		使用便携式检测器
		制订检测器的检查、标定要求		
	②检测方法	在开挖面顶端、隧道中间、模板台车、电气设备等附近，设定检测可燃气体浓度的位置。指定瓦斯检测员，进行检测		
		在可燃气体容易停滞的场所，设置固定式检测器，实时进行检测		施工开始后，如有需要应经常进行测定
		在作业开始前、爆破前后、地震后、低气压等情况，使用便携式检测器进行精确测定		在当天作业开始前等进行测定
		除可燃气体浓度外，氧气浓度、气压、洞内的温度、风速等也需测定		
	③信息沟通机制	确定检测结果的信息沟通机制。特别应明确出现异常值时，向现场负责人报告的渠道和机制		
	④记录、保存	记录并整理施工中的各种检测结果，分析可燃气体的变化趋势		
（4）通风	①设备、方式	选定适合隧道断面、长度的通风方式		
		在可能产生可燃性气体的施工区域，设置能充分稀释产生气体的换气设备		
	②通风竖井	通风设备不能将气体浓度控制在爆炸极限范围外时，应设置通风竖井	对通风竖井的设置进行论证	

续上表

事故控制措施		等级 IV	等级 III	等级 II
(5)警报装置		设置能检测瓦斯异常情况,并迅速通知附近作业人员的自动警报装置	讨论警报装置的种类、功能,采用在出现异常时能迅速向隧道内施工人员发出警报的装置	
		制订警报的标准、拉响警报时的行动要求,并向相关人员公告		
		制订警报装置的检查、维护标准		
		制订检查员,在每天作业前对警报装置进行检查		
(6)火源管理		制订隧道内用火标准,并向相关人员公告		
	①火的管理	将香烟、火柴、打火机、普通灯、相机用闪光灯等可能成为火源的物品在洞口标示,向相关人员公告,禁止将上述物品带入隧道内。另外,还应实施进洞前随身物品检查等具体措施	原则上禁止带入火源,并进行标示	
		在隧道内,将动火作业变更为不用火的方法或转移到洞外作业。 a)着火用具由作业主管进行保管。 b)动火前对周围的气体浓度进行测定并确保安全。 c)用火过程中,配监火人,由监火人进行气体浓度的测定。 制订包含以上要求的动火作业管理规定,并贯彻落实	在隧道内进行动火作业时,提前提出申请。 在作业前、作业中进行气体浓度测定,以确保安全	在隧道内用火时,应提前提出申请,并采取必要的措施
	②机电设备防爆	在可燃性气体浓度可能达到爆炸极限范围场合使用的机电设备应具有防爆性能。 制订防爆设备维护、检查的标准,以维持防爆性能。	在机电设备附近测定可燃气体浓度,并根据需要采用具有防爆性能的设备	
	③电气设备绝缘	为防止放电、电火花的发生,检查电气设备的绝缘情况		
		使用耐火性电缆	讨论使用耐火性电缆	根据需要讨论是否使用耐火性的电缆
	④爆破	爆破作业,采用三级以上煤矿许用炸药		
	⑤其他	为防止服装、通风管等的静电,采取防止带电、接地等措施		
(7)应急措施	①应急工具	在必要的场所设置应急处理用具,向相关人员公示设置场所和使用方法		
	②应急演练	模拟发生紧急事件,实施应急避难演练		
(8)防瓦斯培训		培训围绕下列内容: a)可燃性气体的性质; b)气体爆炸的危害; c)可燃性气体的检测; d)通风; e)火源管理; f)应急处置措施		

按照专项风险评估确定的风险等级,隧道涌水突泥事故可从前期资料收集、施工计划、开挖作业、警报装置、应急措施、防涌水突泥培训等方面分级制定具体对策措施,可参照表5-3。

隧道涌水突泥事故控制措施建议 表5-3

事故控制措施		等级 Ⅳ	等级 Ⅲ	等级 Ⅱ
(1)前期资料收集		收集项目周围已完工和在建隧道工程出现涌水情况的资料		根据需要,对周围隧道工程出现涌水情况的资料进行收集
(2)施工计划		在前期调查的基础上,选择适合地质条件的辅助施工方法,如钻排水孔、设置集水坑、降低地下水位、止水施工法		必要时,选择适当的辅助施工方法
(3)开挖作业	①水平钻孔	采取长距离钻孔,进行涌水调查及排水,根据需要可以改变开挖方法	进行短距离钻孔	
	②集水坑	采用水平钻孔进行排水,作业途中有障碍时,应设置集水坑	讨论集水坑是否设置	
	③止水施工法	排水较为困难时,使用帷幕注浆	根据需要,部分地段进行帷幕注浆	根据需要,讨论是否进行帷幕注浆
	④测量管理	测量洞内的涌水量、地下水位、水质的变化等		根据需要,测量洞内的涌水量、地下水位、水质的变化等情况
		采用洞外现有水井或设置观测井的方式,测量地下水位及水质		根据需要,采用调查现有水井或观测井的方法测量地下水位及水质
		连续调查开挖面的地质变化并进行图示	根据需要连续调查开挖面的地层变化并进行图示	
	⑤信息沟通机制	明确测量结果的联络及报告机制		
	⑥记录及保存	记录并整理施工中的各项测量结果,根据数据把握涌水的危险度		
(4)警报装置		应设置发生紧急情况的警报装置。 发出警报的标准、警报的种类、警报后的应急行动等应提前确定,并通知到相关人员。 应确定警报装置检修及维护的标准		
(5)应急措施	①应急器械	应将紧急情况下使用的器械设置在必要的位置上,并将其位置及使用方法通知相关人员		
	②排水设备	根据预测涌水量、隧道断面积、隧道长度、坡度等因素,设置有充分排水能力的排水设备		
	③避难训练	进行紧急情况避险训练		
	④救护训练	进行紧急情况的人员救护训练		
(6)防涌水培训		培训围绕下列内容: (1)涌水的危险性; (2)防止事故发生的措施及注意事项; (3)检查方法; (4)发生紧急情况时的对策		

附录6 施工安全风险评估报告格式

(1)封面
封面示例见图6-1。
(2)扉页一
①扉页一应注明:施工安全风险评估报告编制单位名称(加盖公章)。
②评估小组负责人,并应亲笔签名。
③扉页示例见图6-2。
(3)扉页二
评估小组人员名单和职称,并应亲笔签名。
(4)概述
(5)目录
(6)正文
(7)附件

评估项目名称(二号宋体)

施工安全风险评估报告(一号黑体加粗)

评估报告完成日期(三号宋体加粗)

图 6-1　评估报告封面示例

评估项目名称(三号宋体)

施工安全风险评估报告(二号黑体加粗)

编制单位:(四号宋体加粗)
评估小组负责人:(四号宋体加粗)
日期:(四号宋体加粗)

图 6-2 评估报告扉页示例

参 考 文 献

[1] 陈济丁,肖殿良.桥隧工程施工安全风险评估管理制度与试点研究[R].北京:交通运输部科学研究院,2011.7.
[2] 肖殿良.桥隧工程施工安全风险评估试点总结报告[R].北京:交通运输部科学研究院,2011.7.
[3] 肖殿良,李志强.辽宁庄盖高速公路戴峪岭2号隧道施工阶段安全风险评估报告[R].北京:交通运输部科学研究院,2010.7.
[4] 肖殿良,郭鹏.辽宁庄盖高速公路双喜岭隧道施工阶段安全风险评估报告[R].北京:交通运输部科学研究院,2010.8.
[5] 肖殿良,彭建华.内蒙古呼包高速公路改扩建项目矿铁公铁立交桥施工安全风险评估报告[R].北京:交通运输部科学研究院,2011.11.
[6] 彭建华,肖殿良.内蒙古呼包高速公路改扩建项目昆都仑大桥施工安全风险评估报告[R].北京:交通运输部科学研究院,2011.12.
[7] 中华人民共和国国家标准.GB 18218—2009 危险化学品重大危险源辨识[S].北京:中国标准出版社,2009.
[8] 中华人民共和国行业标准.JGJ/T 77—2003 施工企业安全生产评价标准[S].北京:中国建筑工业出版社,2003.
[9] 吴宗之,高进东,等.危险评价方法及其应用[M].北京:冶金工业出版社,2001.
[10] 陈平旭,尹儒熙.建筑业职业健康安全的危险源辨识[C]// OHSMS 认证认可工作研讨会资料选,2002.
[11] 姚建化.论"重大危险源"控制法在施工中的应用[J].建筑安全 No.1,2003.
[12] 吴宗之.国外危险评价软件研究进展[J].劳动保护科学技术,1994(3).
[13] 化工部劳保所.化工厂危险程度分级方法[R],1992年11月.
[14] 冯肇瑞.安全分析和评价方法论[M].北京:中国科学技术出版社,1988.
[15] 周长春.连续危险源危险性评价原理与方法及其在煤矿瓦斯在海中的应用研究[D].北京:中国矿业大学博士学位论文,1995年4月.
[16] 国际隧道协会.隧道风险管理指南(Guidelines for Tunneling Risk Management)[M],2004.
[17] 意大利 GEODATA 公司.深埋长隧道风险评价方法建议书[R],2007.
[18] 台湾亚新工程顾问股份有限公司.工程风险管理[M].
[19] 英国隧道学会,英国保险人协会.英国隧道工程风险管理联合作业守则[M],2003
[20] 国家安全生产监督管理局.安全评价[M].北京:煤炭工业出版社,2004.
[21] 戴树和.工程风险分析技术[M].北京:化学工业出版社,2007
[22] 王家远.建设项目风险管理[M].北京:中国水利水电出版社,2004
[23] 西本德生,新井忠.日本施工安全评价及计划申报制度[C]//台湾工业技术学院建筑工程技术系主办日本施工安全评价研讨会资料选,1996.

[24] Soren Degn Eskesen, etc,. Guidelines for tunnelling risk management: International Tunnelling Association, Working Group No. 2. Tunnelling and Underground Space Technology 19, 2004:217-237.

[25] The construction occupational health and safety management systems (COHSMS) guidelines, Japan Construction Safety and Health Association (JSCHA).

[26] Gregory Carter, Simon D. Smith. Safety hazard identification on construction projects, Journal of Construction Engineering and Management, 2006, Vol 132(No. 2).

[27] Advisory Committee on Major Hazards, first Report, Health &Safety Commission. 1979, London.

[28] Advisory Committee on Major Hazards, second Report, Health &Safety Commission. 1979, London.

[29] Advisory Committee on Major Hazards, third Report, Health &Safety Commission. 1979, London.

[30] AICHE, Dow's Fire & Explosion Index Hazard Classification Guide, seventh Edition, 1944.

[31] Jim. Whiting. The Risk Management Process. Ergonomics Society of Australia, May, 1992.

[32] J. L. Hawksley, Risk Analysis in Safety Reports. Required by Seveso Directive Reliability Engineering and system Safety, 1991.